陰陽五行

볕과 그림자 그리고 **다섯 원소**

陰陽五行

볕과 그림자 그리고 다섯 원소

김상연·이명훈·장필순 지음

역학과 한의학의 뿌리, 음양오행으로
세상의 이치를 읽는다

와이겔리

머리말

의역동원(醫易同源)[1]이라는 말이 있다. 한의학과 역학은 그 뿌리가 같다는 말이다. 한의학과 역학의 뿌리는 뭐니 뭐니 해도 음양오행이다. 역학에만 음양오행이 쓰이는 거로 생각하는 분들이 많겠지만, 한의학이야말로 음양오행을 근간으로 하고 있다. 한의학의 경전인 『내경(內經)』(『황제내경』)은 처음부터 끝까지 음양오행을 원소로 하여 기술하고 있다. 한의학에서 이야기하는 오장육부는 십간 십이지지가 인체 내장기관으로 표현된 것이다.

의역동원이라는 것을 한의학과 역학을 공부하는 모두가 알면서도, 한의학과 역학은 분야를 달리하여 각각 발전해왔다. 하지만 한의학과 역학이 같은 뿌리에서 나왔다는 것을 인정한다면, 이 둘을 묶어주는 뿌리인 음

---

[1] 의역동원(醫易同源)이란 말의 유래는 명나라 장개빈(張介賓)이 쓴 『류경부익(類經附翼)』이고, 이 말이 유명해진 것은 1993년 동원(東原) 이정래(李正來)가 쓴 『의역동원(醫易同源)』이다.

양오행을 먼저 이해할 필요가 있다는 생각이 들었다.

한의학과 역학을 같이 논하는 경우는 많지 않다. 그러다 보니 음양오행이라는 근본을 알고 싶어도 역학에서 바라보는 음양오행을 따로 연구하게 되고, 한의학에서 바라보는 음양오행을 따로 연구하게 된다. 그렇게 되면 결국 음양오행은 두 가지의 별도 학문이 되어버릴 것이다. 아니 이미 음양오행은 두 관점의 학문이 되어 있다. 예를 들어 역학 하는 사람이 한의학의 오운육기(五運六氣)를 아는 사람은 거의 없을 것이다. 그런데 오운육기 역시 음양오행의 이론이다.

유가(儒家)를 공부하는 사람이 유가에만 머무는 것보다 도가(道家)와 불가(佛家)를 공부한다면 유가를 입체적으로 이해할 수 있다. 유가경전 『중용(中庸)』에 나오는 '천명(天命)'을 이해하려면, 도가의 『노자(老子)』와 『장자(莊子)』를 같이 보면 더욱 좋다. 유가에서는 천(天, 하늘)에 대한 이야기를 많이 하지 않기 때문이다.

그런 의미에서 역학과 한의학을 같이 논하는 음양오행 서적이 있으면 좋겠다는 생각을 우리 필자들은 오래전부터 해왔다. 같은 뿌리에서 나온 다른 학문을 공부하는 것은 내 학문을 깊이 이해하는 데에도 도움이 된다. 그래서 수십 년간 역학과 한의학을 같이 공부해온 한의사와 역학자, 프로그래머가 공동으로 집필을 했다. 서로 다른 영역의 사람들이 자신의 영역에서 바라본 음양오행을 바탕으로 역학과 한의학의 뿌리를 같이 논하고자 하였다.

이 책이 일반 독자들에게 잘 전달될 수 있기를 바라는 마음이다. 혹 미흡한 점이 있다면 그것은 음양오행이란 학문이 부족해서가 아니라 이를 연구한 필자들이 부족해서이니 독자 제현들께서 많은 연구를 통해 바로 잡아주셨으면 하는 마음이다. 수학이 건축, 물리학, 통계학 등 여러 분야를 깨달을 수 있는 기초학문인 것처럼, 음양오행이 역학, 한의학, 천문, 지리 풍수를 넘어 IT와 첨단 과학에 이르기까지 주로 통용되는 과학이 될 수 있는 날이 오기를 진심으로 바란다.

목차

I

음양오행의 역사

음양오행의 시초,
내경

음양의 기원

음양(陰陽)의 기원은 어디에서 시작할까. 음양은 수많은 역학 문헌들에서 이야기하고 있지만, 군이 문헌에서 찾을 것 없이 역사와 문화에서도 찾을 수 있다. 우리 삶에서 느껴지는 낮과 밤, 남과 여, 선과 악, 있음과 없음, 늙음과 젊음, 높음과 낮음 등 상대적인 개념들을 이야기하는 것은 모두 음양이라 말할 수 있는바, 어쩌면 인류가 시작한 태고시대부터 음양의 개념은 존재해왔다고 할 수 있다.

『성경』에 나오는 아담과 이브 그리고 선악과(善惡果)는 그 자체로 음양의 상징이라고 볼 수 있다. 선악과가 무엇인가? 선악을 알게 해주는 열매다. 무엇이 좋고 무엇이 나쁜지 분별해주는 열매다. 그래서 아담과 이브는 뱀의 유혹으로 하느님이 먹지 말라고 경고했던 선악과를 먹었는데 어떤 일이 일어났을까. 『성경』 「창세기」에서는 다음과 같이 이야기하고 있다.

> 이에 그들의 눈이 밝아져 자기들이 벗은 줄을 알고 무화과나무 잎을
> 엮어 치마로 삼았더라.

선악과를 먹기 전에는 서로 벗고 있어도 부끄러운 줄 몰랐는데, 선악과를 먹고 나서는 눈이 밝아져서 부끄러움을 알게 돼서 바로 나뭇잎으로 치마를 만들어 부끄러운 부분을 가렸다고 말하고 있다. 즉 선악을 분별하게 된 것이다. 이 내용은 음양 이전의 무극(無極) 상태에서 음양으로 분별하게 되는 과정을 그리는 것으로, 실제 아담과 이브가 있었는지는 알 수 없지만 사람이 음양을 분별하게 되는 과정을 비유한 내용이라고 볼 수 있다.

음양(陰陽)이라는 개념이 형태를 갖추어 등장한 것은 복희씨(伏羲氏)가 만든 '복희팔괘'에서이다. 팔괘라는 개념이 처음 등장하는데 여기 나오는 음효(陰爻)와 양효(陽爻)가 공식적인 음양의 시초라고 볼 수 있다.

문헌적으로 음양의 기원을 찾는다면 어디에서부터 시작해야 할까. 공식적으로는 공자 이후 전국시대에 나온 것으로 추측되는 『주역(周易)』의 「십익(十翼)」에서 찾을 수 있다. 「십익」은 '자왈(子曰)'로 대표되는 공자의 설명을 인용한 일종의 『주역』 주석서이다. 「십익」에만 음양이란 단어가 등장하고, 『주역』 본경에서는 음양이 나오지 않는다.

하지만 비공식적으로는 『내경(內經, 황제내경)』이 음양을 가장 처음 논한 고전이라고 볼 수 있다. 『내경』에서는 음양에 대해 너무나도 많이 설명하고 있다.

『내경』에서 배우는 사주명리학

사주명리학을 공부하는 분들에게 『내경』(황제내경)은 많이 찾는 고전은 아니지만 우리는 『내경』이 사주명리학을 공부하는 사람들에게 중요한 책이라고 생각한다. 『내경』은 원래 의서이니 전체 81편을 다 볼 필요는 없다. 다만 『내경』 「소문(素問)」에서 음양오행에 관계된 부분은 공부해보는 것이 좋다고 생각한다. 해당 편은 다음과 같다.

> 제5편 「음양응상대론(陰陽應象大論)」, 제66편 「천원기대론(天元紀大論)」,
> 제67편 「오운행대론(五運行大論)」, 제68편 「육미지대론(六微旨大論)」,
> 제69편 「기교변대론(氣交變大論)」, 제70편 「오상정대론(五常政大論)」,
> 제71편 「육원정기대론(六元正紀大論)」, 제74편 「지진요대론(至眞要大論)」

『내경』은 사주명리학의 성립 이전에 나온 고전으로서, 사주명리학에서도 자주 쓰이는 이론들을 설명하고 있다. 그리고 음양오행에 대해 수많은 이야기를 하고 있는데 사주명리학에서도 취할 부분이 많이 있다고 생각한다. 『내경』의 내용을 한번 보자.

> 동방(東方)은 풍(風)을 생(生)하고, 풍은 목(木)을 생하고, 목은 신맛
> (酸)을 생하고, 신맛은 간(肝)을 생하고, 간은 근육(筋)을 생하고 근육은
> 심(心)을 생하고, 간은 눈(目)을 생한다. [2]

---

2) 東方生風, 風生木, 木生酸, 酸生肝, 肝生筋, 筋生心, 肝主目. 『내경』 「음양응상대론(陰陽應象大論)」.

사주명리학을 공부한 분들도 많이 보았던 내용일 것이다. 목(木)은 동방이고, 풍(風)이고, 신맛이고, 간(肝)이고, 근육이라는 것을 알고 있을 것이다. 그런데 이 내용이 처음 나온 것이 바로 『내경』이다. 『내경』에는 목(木) 외에도 오행에 관한 설명이 자세히 나온다. 또한 간합(干合)과 연관된 내용도 나온다.

> 토(土)는 갑(甲)과 기(己)를 주관하고, 금(金)은 을(乙)과 경(庚)을 주관하고, 수(水)는 병(丙)과 신(辛)을 주관하고, 목(木)은 정(丁)과 임(壬)을 주관하고, 화(火)는 무(戊)와 계(癸)를 주관한다.[3]

보통 우리는 사주명리학에서 갑기합토(甲己合土)로 알고 있는데, 『내경』에서는 '토주갑기(土主甲己)'라고 한다. 갑기합토(甲己合土)는 갑(甲)과 기(己)가 만나면 토(土)로 합(合)이 된다는 말이고, '토주갑기(土主甲己)'는 토(土)가 갑(甲)과 기(己)를 주관한다는 말이다. 주어가 다르지만 연결고리가 느껴지지 않는가. 이렇듯 『내경』과 사주명리학은 연결된 부분들이 있다. 사주명리학과 음양오행을 공부하는 데 있어서 우리가 『내경』을 참고해야 하는 이유다.

『내경』의 역사

우리는 『내경』이 최대 하나라 이전부터 최소 춘추시대 이전에 형성되었

---

3) 土主甲己, 金主乙庚, 水主丙辛, 木主丁壬, 火主戊癸. 『내경』 「오운행대론」.

다고 보고 있다. 그러나 공식적으로 내경은 전한시대에 나온 것으로 알려져 있다. 여러 책으로 나와 있는 한의학개론에서도 모두 내경은 전한시대에 등장했다고 이야기하고 있다. 우리는 이것이 잘못되었다고 생각한다. 왜 그런지 한번 이야기해보겠다.

춘추시대 명의인 편작(扁鵲, 진월인)이 지었다고 알려진『난경(難經)』이라는 의서가 있다. 편작은 기원전 4,5세기에 활동한 명의다. 그런데『난경』에서는 매 항목마다 '경언(經言)'이라고 하면서『내경』의 구절을 인용하고 있다. 예를 들어『난경』「십삼난(十三難)」편에 다음과 같은 구절이 나온다.

> 그 색(色)이 나타나는데 해당되는 그 맥(脈)이 나타나지 않고 상승(相
> 勝)하는 맥(脈)이 나타나면 곧 죽게 되고, 상생(相生)하는 맥(脈)이 나타
> 나면 병(病)이 곧 스스로 낫게 된다.[4]

그런데『내경』에서도 위와 같은 구절이 나온다.『난경』에서 '경언(經言)'이라고 했으니 여기서 인용된 경(經)은 분명『내경』이다. 그러면『난경』이『내경』을 인용한 것이라고 볼 수 있으니,『내경』은 기원전 4,5세기에 나온『난경』보다도 앞서 나온 의서(醫書)임이 분명하다. 그렇다면『내경』이 전한시대에 나왔다는 역사가들의 말은 잘못된 것이라고 말할 수 있다.

고대 중국에서는 왕조마다 정월의 시작을 달리 정했다. 1년이 무슨 월부터 시작하느냐의 의미다. 이를 세수(歲手)라고 하는데 왕조마다 정월은 각각 달랐다.

---

4) 經言, 見其色而不得其脈, 反得相勝之脈者卽死. 得相生之脈者, 病卽自已.『난경(難經)』.

— 하나라: 인월(양력 2월) 세수

— 은나라: 축월(양력 1월) 세수

— 주나라: 자월(양력 12월) 세수

— 진나라: 해월(양력 11월) 세수

— 한나라: 인월(양력 2월) 세수

진(秦)나라에서는 10월을 세수(歲首)로 하였고, 한(漢)나라에서는 처음에는 10월을 세수(歲首)로 했다가 나중에 하정(夏正)인 인월(寅月)로 고쳤다. 한(漢)나라 이후에는 태음태양력(太陰太陽曆)을 써 왔으니까 최근 새 태양력 사용 시기까지 하정(夏正)인 인월(寅月)을 세수(歲首)로 해왔던 것이다.

하(夏)나라는 세수를 인월(양력 2월)로 정했고, 은(殷)나라는 세수를 축월(양력 1월)로 정했으며, 주(周)나라는 세수를 자월(양력 12월)로 정했고, 진시황이 천하를 통일하고 나서 진나라는 세수를 해월(양력 11월)로 정했으며, 한(漢)나라가 들어오고 한무제 때가 되어서야 세수를 다시 하나라와 같이 인월로 정했다.

그런데 『내경』은 정월의 시작인 세수를 인월로 이야기하고 있는 것이다. 그렇다면 인월을 세수로 삼았던 하나라 아니면 한나라가 『내경』이 등장한 때가 되는 것이다. 하지만 『난경』에 『내경』의 내용이 인용되었다면 반대로 『내경』의 등장이 한나라일리가 없는 것이다. 그래서 『내경』의 등장은 하나라 때이거나 그 이전으로 추론해보는 것이다.

혹시 『내경』이 다른 시대에 등장하면서 하나라 때의 인월 세수로 이론을 쓸 수 있는 것 아니냐고 반문할 수도 있을 것이다. 하지만 이것은 생각하기 쉽지 않은 이유가 있다. 왜냐하면 하·은·주 모든 시대에서 역법의 발표는 임금의 칙령이다. 임금이 발표한 칙령은 누구도 거역할 수 없는 것이다. 만일 거역할 시에는 극형을 받을 수도 있기 때문에 감히 다른 이론을 거론할 수 없는 시대 상황이다. 예를 들어 주나라 때 임금은 세수를 자월로 발표했는데, 그 시대에 사는 백성이 『내경』을 쓰면서 인월 세수로 적었다? 이건 바로 극형감이다. 그래서 『내경』은 하나라 때 또는 그 이전에 나온 의서로 생각할 수 있는 것이다.

오행의 기원

오래된 유교 경정인 『서경(書經)』 「홍범(洪範)」에서도 오행에 대해 설명하고 있다. 『서경』이 발간된 것은 주나라 초기로 보인다. 공자(孔子)의 옛집 벽 속에서 발견된 『고문상서(古文尙書)』는 춘추시대 문자로 씌어 있었다고 한다. 그 내용은 다음과 같다.

> 무왕 13년에 왕께서 기자(箕子)를 방문하였다. (중략) 기자가 이에 말하였다. "내가 들으니 옛적에 곤(鯀)이 홍수를 막으면서 오행(五行)을 어지러이 펼치니, 임금이 진노하시어 곤에게 홍범구주(洪範九疇)를 주지 않으시니 이륜(彝倫)이 무너졌다. 곤이 귀양 가서 죽자 우(禹)가 이어서 일어나니, 하늘이 그에게 홍범구주를 주시어 이륜이 펼쳐지게 되었느니라. 그 하나는 오행이다. 5)

---

5) 惟十有三祀, 王訪于箕子. (중략) 箕子乃言曰, 我聞, 在昔, 鯀陻洪水, 汨陳其五行, 帝乃震怒, 不畀洪範九疇, 彝倫攸斁. 鯀則殛死, 禹乃嗣興, 天乃錫禹洪範九疇, 彝倫攸敍. 初一曰五行.『서경(書經)』 「홍범(洪範)」.

「홍범」에서 은나라 말기 기자(箕子)라는 성인이 주나라 무왕(武王)에게 천도(天道)에 대해 이야기하는 내용이다. 주나라 무왕이 기자를 방문하였다고 하는 내용에서 오행이 언급되고 있으니, 이미 은나라 말기에도 오행이 쓰였음을 알 수 있다. 그런데 기자는 오행의 기원을 하나라를 창시한 우임금(禹王)이 하늘로부터 오행을 받은 것으로 이야기하고 있다.『오월춘추(吳越春秋)』에서는 우임금이 꿈에서 현이(玄夷)의 창수사자(蒼水使者)에게 오행을 받은 것으로 설명하기도 한다. 하여튼 우임금 때에 오행을 시작한 것이 사실이라면 오행의 기원은 하나라 우임금이 된다.

앞에서도 이야기했지만 하나라는 정월을 인월(寅月)로 정하였는데,『내경』에서 정월을 인월이라고 하는 것으로 보아,『내경』의 출현은 하나라일 가능성이 있다고 이야기했다. 여기에서 하나라 우임금이 오행을 처음 받은 것이 맞는다면, 오행의 기원은 하나라까지 거슬러 올라갈 가능성도 있다.

> 오행에서 1은 수(水)를 말하고, 2는 화(火)를 말하고, 3은 목(木)을 말하고, 4는 금(金)을 말하고, 5는 토(土)를 말한다. 수(水)는 윤하(潤下)를 말하고, 화(火)는 염상(炎上)을 말하고, 목(木)은 곡직(曲直)을 말하고, 금(金)은 종혁(從革)을 말하고, 토(土)는 가색(稼穡)에 이른다.[6]

「홍범」에서는 수(水), 화(火), 목(木), 금(金), 토(土)의 오행에 대해 간단히 정의하고 있다. 수(水)는 윤하(潤下)라고 하고, 화(火)는 염상(炎上)이라고 하며, 목(木)은 곡직(曲直)이라고 하고, 금(金)은 종혁(從革)이라고 하

---

6) 五行, 一曰水, 二曰火, 三曰木, 四曰金, 五曰土. 水曰潤下, 火曰炎上, 木曰曲直, 金曰從革, 土爰稼穡.『서경』「홍범」.

며, 토(土)는 가색(稼穡)으로 설명하고 있다. 여기 「홍범」에 나온 오행에 관한 내용이 내경을 제외하면 가장 오래된 설명이고, 상수(象數) 역학의 중요한 내용이다.

하지만 「홍범」에서는 오행에 대해서만 언급하고 있다. 이에 비해 『내경』은 오행에 대한 좀 더 중요한 의미를 담고 있는데, 갑을병정무기경신임계(甲乙丙丁戊己庚辛壬癸)의 십간(十干)과 자축인묘진사오미신유술해(子丑寅卯辰巳午未申酉戌亥)의 십이지지(十二支地)를 모두 사용하고 있다는 것이 차별점이다. 그런 의미에서 진정한 의미의 오행서는 『내경』이라 할 수 있다. 『내경(內經)』「소문(素問)」·「음양응상대론(陰陽應象大論)」에는 각각의 오행에 대한 자세한 설명이 많이 나와 있다.

02

오행과 팔괘

오행과 팔괘의 차이

사람들이 사주와 『주역』을 비슷하게 생각하는 경우가 많다. 하지만 사실 사주와 『주역』은 전혀 다른 체계에서 형성된 것으로 보아야 한다. 사주는 오행을 기준으로 만들어진 것이고, 『주역』은 팔괘(八卦)를 기준으로 만들어진 것이다. 그래서 사주에는 팔괘가 나오지 않고, 『주역』에는 오행이 나오지 않는 것이다. 오행과 팔괘의 차이도 크다.

오행은 목(木), 화(火), 토(土), 금(金), 수(水) 다섯 가지 요소가 순환하면서 그 틀 안에서 서로 상생하고 상극하는 것을 논한다고 한다면, 팔괘는 0→1→2→4→8의 2의 제곱 무한 분화를 통하여 만물을 규명하는 것을 논한다. 그래서 무극(0)이 태극(1)이 되고, 태극(1)이 양의(2)가 되며, 양의(2)가 사상(4)이 되고, 사상(4)이 팔괘(8)가 되는 것이다.

근본적으로 오행과 팔괘는 모두 음양에서 나왔다고 볼 수 있다. 오행은 음양에서 양이 목(木)과 화(火)로 분화되고, 음이 금(金)과 수(水)로 분화되는 과정에서 목화(木火)와 금수(金水)의 사이를 조절하는 토(土)가 생긴 것이다. 반면 팔괘는 음양에서 계속 두 갈래로 분화되면서 사상을 거쳐 팔괘가 된 것이다. 그래서 오행은 토(土)의 조절이 있고, 팔괘는 토(土)의 조절이 없이 분화되는 것이 차이다.

오행과 팔괘의 야사

앞에서 오행의 기원에 대해 여러 고전에서 하나라 우임금이 받은 것으로 설명하고 있는데, 『부도지(符都志)』라는 책에서는 팔괘의 뿌리인 사상(四象)을 숭상했던 유호씨(有戶氏)와 오행을 숭상했던 우임금 간의 갈등을 구체적으로 그려내고 있다.

『부도지』는 신라 눌지왕 때의 재상 박제상(朴堤上)이 쓴 사서인 『징심록(澄心錄)』의 일부로 알려져 있는데, 현재 사료로 인정받고 있지 못하는 책이기는 하다. 하지만 야사로서 그럴 가능성이 있겠다는 정도로 생각한다면 한번 읽어볼 만한 내용이다.

"소위 오행(五行)이란 것은 천수(天數)의 이치에 아직 이런 법이 있지 않다. 방위에서 5중(中)이란 것은 교차(交叉)의 의미이지 변(變)하는 운행(運行)을 말하는 것이 아니다. 변(變)하는 것은 1에서 9까지로 5가 항상 중앙에 존재하는 것은 아니며 9가 윤회(輪回)하여 율려(律呂)가 서로 조화(調和)된 다음에 만물(萬物)이 생(生)하나니 이것은 기수(基數)[7]를 일컫는 것이다. 또한, 그 5와 7에 이른다면 크게 불리는 순환이라면 그 위

　　　　陰陽五行, 별과 그림자 그리고 다섯 원소

(位)가 5에만 한정된 것이 아니요, 4와 7도 또한 있는 것이다. 또 그 순역(順逆)과 생(生)하고 소멸(消滅)하는 순환하는 멱(輪羃)[8]은 4이지 5가 아니니, 즉 원수(原數)의 9는 변하지 않기 때문이다. 순환하는 멱(輪羃)을 분류해보면 1부터 끝수(9)의 사이에 있는 2~8 사이의 7개의 숫자 중에서도 가운데 있는 숫자 중 윤멱(輪羃)은 5가 아니다.

그 성(性)에 맞게 배열한 사물(事物)을 분류한 금(金), 목(木), 수(水), 화(火), 토(土)의 다섯 중에서 금(金)과 토(土)를 어찌하여 구별하여 세워 놓은 것 같은가! 그 약간의 차이 때문에 구별을 하고자 한다면, 기(氣), 풍(風), 초(草), 석(石)의 종류는 어찌 같이 열거하지 않는가!

그러므로 모두 다 열거하자면 셀 수가 없지만, 엄격하게 열거해보자면, 금목(金木), 수화(水火) 혹은 토목(土木), 수화(水火)의 넷이요, 다섯이 될 수 있는 것은 아니다. 더욱이 그 사물의 성(性)은 무엇 때문에 숫자의 성(性)에 배합이 되는가! 숫자의 성(性)을 가진 사물(事物)은 그 근원이 9이지 5가 아니다. 그러므로 오행(五行)의 설(說)은, 참으로 황당(荒唐)하여 일고(一考)의 생각할 가치가 없는 말인 것이다. 이것(五行)으

---

7) 기초로 하여 쓰는 수. 곧 1에서 9까지의 정수
8) 멱(羃)은 같은 수를 여러 번 곱한 수 또는 둘 이상의 수를 서로 곱한 수를 말함. 윤멱(輪羃)이란 바퀴처럼 순환하면서 돌고 돌기 위해 가장 기본적으로 필요한 숫자 중 서로 다른 숫자를 곱해서 이루어진 숫자를 말한다. 예를 들어, 1×5는 1이란 원수(原數)를 곱한 것이니 멱(羃)이 아니고 2×2 또는 3×3 또는 2×4 등이 되어야 멱(羃)이 되는 것이다. 만물은 음양이 같고 또 그것이 섞여야 순환이 된다고 가정한다면 이런 서로 간의 교류가 있는 멱(羃)이 되어야 순환의 이치로 쓰일 수 있는 숫자가 된다고 생각한 것이 유호씨(有戶氏)의 이론인 듯하다. 즉, 5=2+3으로 음(陰)과 양(陽)의 합(合)이지만 이러한 합(合)하는 +만으로는 음양이 합(合)하기는 하지만 섞인 것이 아니니 순환의 이치로 쓰는 멱(羃)과는 다르기 때문에 순환하는 근본 이치가 될 수가 없다고 판단한 것이 유호씨(有戶氏)의 이론이다.

로써 이치를 증명(證明)하는 인간 세상을 속이고 미혹(迷惑)하게 하여 이에 하늘의 재앙을 만드니 어찌 두려워하지 않을 수 있을 것인가!"

(중략) 유호(有戶)씨가 이와 같이 단단히 타일러서, 모든 (오행에 관한) 법(法)을 폐지하고, 부도(符都, 임검이 만든 도시)로 다시 돌아올 것을 권하였으나, 우(禹)가 완강하게 듣지 아니하고, 반대로 위협과 모욕이라고 받아들여 이에 무리를 이끌고 유호씨(有戶氏)를 공격하기를 여러 차례 하였으나 이기지 못하고 마침내 모산(茅山) 진지(陣地)에서 죽게 되었다. 이에 하(夏)나라 수많은 사람이 슬프고 분통이 터져서 죽기를 원하는 자가 수만 명이었다. 이들은 대개가 우(禹)와 치수(治水)[9]를 한 무리들이었다.

위 내용은 『부도지(符都志)』의 내용으로 임검(壬儉, 단군의 왕국)에게서 파견된 유호씨가 4를 숭상하고 5를 배척할 것을 주장하며 우임금을 질타하는 장면이다. 그런데 우임금은 5를 중심으로 하는 오행파이고, 이를 적대하는 유호씨는 4를 중심으로 하는 사상파로 서로 전쟁을 벌인다. 그리고 사상파가 승리하는 결말을 맺고 있다.

이 내용은 여러 가지 의미를 담고 있다. 현재 시대에도 사주 명리의 오행은 주역의 사상(四象) 보다 대우받지 못하고 있는데, 우임금의 시대에도 오행은 사상에 배격받고 있었던 것이다. 어쩌면 저 시대부터 오행은 지금까지 계속 천대받고 있었는지도 모른다. 오행을 쓰는 또 하나의 학문인 한의학도 수천 년을 대우받지 못하다가 근래 대우받기 시작한 것이 불과

---

9) 홍수가 난 것을 다스려서 홍수를 예방하는 치수(治水) 사업.

몇십 년 정도이다.

그리고 또 하나 재미있는 지점이 있다. 『부도지』의 내용대로라면 오행을 지키던 하나라의 후예들은 현재 중국이 되었고, 사상을 주장했던 임검의 후예들은 현재 대한민국이 되었다는 것이다. 이것이 진짜 맞는 말인지는 잘 모르겠으나, 우연스럽게도 오행의 후예인 중국은 5개의 별을 수놓은 오성홍기를 국기로 쓰고 있고, 사상의 후예인 대한민국은 4개의 주역 괘를 배치한 태극기를 국기로 쓰고 있다.

하지만 오행에 부정적인 태도를 취한 『부도지』에서도 우임금이 대홍수 때 치수(治水)를 했다는 것을 인정했고 여러 고전에도 나와 있듯이, 모두가 실패한 치수를 성공한 것은 우임금의 오행파이다. 오행을 처음 응용하여 시작한 것이 우임금이라는 것을 인정한다면, 오행학은 그 당시 누구도 성공하지 못했던 치수 사업을 성공시킨 대 학문이었다고 볼 수 있다.

여기까지 이야기를 서술했는데, 이 시점에서 『부도지』라는 책은 사료로서 충분하지 못한데 우리가 믿어야 하느냐는 반문이 있을 수 있지만, 여러 동양 고전들도 역사가들에게 사료로서 인정받지 못하고 있는 내용이 많다. 예를 들어 사서삼경 중 하나인 『맹자(孟子)』에 순(舜)임금과 주나라 문왕은 동이족이라고 말하고 있지만, 이 내용 또한 주류 역사에서 인정받고 있지 못하는 것은 마찬가지다. 그런 의미에서 고전에 나온 내용이 역사적 사실인지는 알 수 없지만, 가능성 있는 이야기 정도로 생각하면 어떨까 한다.

4원소설과 지수화풍

어떤 학자들은 원시 오행설에 대해 고대 그리스의 4원소설과의 연결을 이야기하는 경우도 있다. 고대 그리스의 4원소설은 모든 물질이 물, 불, 공기, 흙으로 구성되어 있다고 말하는 유명한 학설인데, 그리스의 철학자 탈레스가 주창한 것으로 알려져 있으나 가장 처음 이야기한 사람은 철학자 엠페도클레스다.

우리는 고대 그리스 4원소가 원시 오행설과 유사하다는 의견에는 동의하기 힘들다. 그리스 4원소설은 오행보다는 같은 4를 지향하는 사상(四象)에 가깝다. 차라리 그리스 4원소설에서 말하는 물, 불, 공기, 흙은 불교의 석가모니가 이야기한 지수화풍(地水火風)과 맥락이 비슷하다. 아래 표를 보면 그리스 4원소와 지수화풍은 딱 들어맞는다는 걸 알 수 있다.

그리스 4원소설	지수화풍
물	수(水)
불	화(火)
공기	풍(風)
흙	지(地)

지수화풍은 석가모니와 힌두교가 인체에 대해 설명하면서 꺼낸 이론이다. 지(地)는 땅을 뜻하는 말로서 인체에서는 육체를 의미하고, 수(水)는 물을 뜻하는 말로서 인체에서는 혈액과 진액을 의미하며, 화(火)는 불을 뜻하는 말로서 인체에서는 온기를 의미하고, 풍(風)은 공기를 뜻하는 말

로서 인체에서는 호흡을 의미한다. 『내경』이 인체를 오행으로 분류한 것과는 차이점이 뚜렷하다.

지수화풍은 인도에서 이야기했지만, 나중에는 서양의 타로카드에서 펜타클(Pentacle), 완드(Wand), 스워드(Sword), 컵(Cup)으로 발전하여 쓸 정도로 후대에 지대한 영향을 끼친 이론이다.

이와 같이 고대 그리스와 고대 인도에서 4원소를 이용하였다는 것을 본다면, 고대에서는 오행보다는 사상(四象)이론이 더욱 많이 쓰였다는 것을 알 수 있다. 『부도지』에 나온 내용처럼 정말 오행파와 사상파의 싸움이 있었던 것이 맞는지는 알 수 없지만, 최소한 오행과 사상이론체계가 양립하였다는 것은 느낄 수 있을 것이다.

오행과 팔괘의 역학

역학(易學) 분야도 크게 두 가지로 분류할 수 있다. 도가의 기을임(奇乙壬)과 유가의 주역(周易)이다. 여기서 기을임은 기문둔갑(奇門遁甲), 태을수(太乙數), 육임(六壬)의 3식(式)을 말하는데 그래서 기을임 3식이라고 말한다. 주역은 우리가 아는 유교 사서삼경 중 하나인 역경(易經)을 말한다. 그런데 기을임은 모두 오행을 기반으로 하고, 주역은 사상팔괘를 기반으로 한다. 즉 『부도지』에 나온 내용대로라면 오행파는 도가로 흘러 들어갔고, 사상파는 유가로 흘러 들어갔다고 볼 수 있다.

그런데 오행은 중국으로 흘러 들어갔으니 그래서 중국은 도교가 융성하고, 사상은 우리나라로 흘러 들어갔으니 우리나라는 유교가 융성한 것 아닌가 생각된다. 반대로 중국에서 유교는 점차 쇠퇴하였고, 우리나라에서 도교는 천시받았다.

다시 돌아와서 도가의 기을임 3식은 이후에 등장하는 모든 오행 역학의 뿌리와 같은 학문이다. 기을임 3식은 천지인(天地人) 삼재(三才)로 나눌 수 있는데, 기문둔갑은 땅에서 일어나는 것에 대한 역학이고, 태을수는 하늘에서 관장하는 것에 대한 역학이며, 육임은 사람의 일이 어떻게 일어나는지를 보는 역학이다. 기을임 3식은 황제(黃帝)가 만들었다는 이야기도 있고, 자부선인(紫府仙人)으로부터 시작했다는 이야기가 전해지고는 있으나 사실 잘 알 수 없는 부분이고, 중요한 것은 그 정도로 기을임 3식은 굉장히 오래되었다는 것이다.

陰陽五行, 별과 그림자 그리고 다섯 원소

음양오행의
역사

인체의 음양오행을 완성한 『내경』

앞에서 『내경』(『황제내경』)은 음양오행이 처음 나온 고전일 수 있다고 이야기했는데, 『내경』은 음양오행을 통해 인체를 규명하고 병을 치료하고자 한 의서다. 오행을 오장으로 배속하였는데, 목(木)에 해당하는 내장은 간(肝), 화(火)에 해당하는 내장은 심장(心臟), 토(土)에 해당하는 내장은 비장(脾臟), 금(金)에 해당하는 내장은 폐(肺), 수(水)에 해당하는 내장은 신장(腎臟)이라고 설명하고 있다.

이런 식으로 내장뿐만 아니라, 장부, 인체, 이목구비, 음성, 감정 등을 모두 오행으로 설명한 것이 『내경』의 특징이다. 그래서 『내경』은 뜻 그대로 인체의 내부에 관한 경(經)이다. 『내경』에서 오행으로 설명한 인체의 구성들은 다음과 같다.

오행	목(木)	화(火)	토(土)	금(金)	수(水)
장(臟)	간(肝)	심(心)	비(脾)	폐(肺)	신(腎)
부(腑)	담(膽)	소장(小腸)	위(胃)	대장(大腸)	방광(膀胱)
인체(人體)	근(筋)	맥(脈)	육(肉)	피모(皮毛)	골(骨)
오관(五官)	눈(目)	혀(舌)	입(口)	코(鼻)	귀(耳)
오성(五聲)	숨(呼)	웃음(笑)	노래(歌)	울음(哭)	읊조림(呻)
성정(性情)	노함(怒)	기쁨(喜)	근심(憂)	슬픔(悲)	두려움(恐)

인간에 관련된 모든 구성은 『내경』이 오행으로 규명하고 분류하였다. 특히 이 중에서 희노우비공(喜怒憂悲恐) 성정(性情)에 관한 것은 현재 명리학을 하는 사람들도 많이 사용하고 있다. 예를 들어 사주에서 목(木)이 많은 사람은 분노를 잘 터뜨리고, 화(火)가 많은 사람은 잘 웃고 웃기며, 토(土)가 많은 사람은 쓸데없는 걱정이 많고, 금(金)이 많은 사람은 슬픔이 많으며, 수(水)가 많은 사람은 겁이 많다.

기본적으로 이 세상 모든 만물은 오행으로 규명할 수 있다고 생각하는데, 이것도 모두『내경』에서 인체에 대한 오행 분류를 해주었기 때문에 가능할 수 있었다고 본다. 그런 의미에서『내경』은 진정 모든 음양오행서의 기준이 될 수 있다.

음양의 기틀을 잡은 『주역』「십익」

『주역』은 본경에서 음양에 대해 언급하고 있지 않지만, 「십익」에서는 여러 차례 음양을 언급하고 있다. 「십익」에서 소개하는 음양에 대한 설명은 다음과 같다.

> 음양으로 헤아리지 못하는 것을 일컬어 신(神)이라 한다. (陰陽不測之
> 謂神)
> 음(陰)을 하나로 하고, 양(陽)을 하나로 하는 것을 일컬어 도(道)라고
> 한다. (一陰一陽之謂道)
> 음양의 의(義)는 일월(日月)과 짝이 된다. (陰陽之義配日月)
> 음양은 덕(德)과 합하고 강유(剛柔)는 몸이 있다. (陰陽合德而剛柔有體)
> 음양에서 변화를 관하여 괘를 세운다. (觀變於陰陽而立卦)

『주역』은 음양(陰陽)에 대한 분류와 통합의 이론이 기본적으로 큰 뿌리
가 된다. "역(易)에는 태극(太極)이 있으니, 태극이 양의(兩儀)를 낳고, 양의
가 사상(四象)을 낳으며, 사상이 팔괘(八卦)를 낳는다(易有太極, 是生兩儀,
兩儀生四象, 四象生八卦)"고 하였으니, 음양을 제대로 규명해야만 음양을
토대로 생겨나는 사상과 팔괘를 설명할 수 있는 것이다.

여기서 「십익(十翼)」은 『주역』에 대한 열 가지 주석서인데, 「계사상전(繫
辭上傳)」, 「계사하전(繫辭下傳)」, 「설괘전(設卦傳)」, 「서괘전(序卦傳)」, 「잡괘
전(雜卦傳)」, 「문언전(文言傳)」, 「상단전(上彖傳)」, 「하단전(下彖傳)」, 「상상
전(上象傳)」, 「하상전(下象傳)」을 통틀어 말한다.

그런데 『주역』 본경에서는 음양에 대해 직접 언급을 하고 있지는 않지
만, 건괘(乾卦)와 곤괘(坤卦), 그리고 천지(天地)를 이야기하고 있다는 것
은 이 자체가 음양에 대한 논의라고 볼 수 있다.

사주의 시초 귀곡자

사주의 시초에 대해서는 여러 가지 견해들이 있다. 하지만 우리는 귀곡자(鬼谷子)가 사주의 시초라고 보고 있다. 귀곡자는 기원전 4세기경 전국시대 초나라 인물이다. 귀곡자는 제자백가 중 종횡가의 시조로 도가와 병가에도 정통했다고 알려져 있다. 귀곡자가 유명해진 건 그의 제자인 소진(蘇秦)과 장의(張儀)가 합종연횡책으로 중국 전역을 쥐고 흔들었던 인물들이었기 때문으로, 이는 사마천의『사기(史記)』에도 소개되어 있다.

사주(四柱)는 태월일시(胎月日時)이다.[10]

상기 내용은『이허중명서(李虛中命書)』에서『귀곡자유문(鬼谷子遺文)』에 나오는 문장이다. 이 내용대로라면 사주(四柱)라는 말은 귀곡자로부터 처음 등장했고, 사주의 시초는 귀곡자가 되는 것이다. 보통 사주의 기원을 말할 때 귀곡자, 낙록자(珞琭子), 원천강(袁天綱), 서자평(徐子平) 등을 논하는데, 그중에서 귀곡자가 가장 앞선 시대 인물이다. 그런데 원래 우리가 아는 사주는 연월일시(年月日時)인데, 귀곡자는 태월일시(胎月日時)라고 말한 것이 특이하다. 당시 사주에서는 태년(胎年, 아기가 어머니 태(胎)에 들어온 해)이 중요했던 것일까?

귀곡자 사주의 특징은 크게 세 가지다. 첫 번째는 연주(年柱)를 중심으로 보는 간명법이 있다는 것이고, 두 번째는 납음오행(納音五行)을 창시하였으며, 세 번째는 신살의 비중이 크다는 것이다. 상기 세 가지는 고법

---

10) 四柱者, 胎月日時.『이허중명서(李虛中命書)』.

(古法) 사주의 특징이며, 현재 자평명리 위주로 보는 신법(新法) 사주와는 큰 차이점이 있다.

『이허중명서』의 저자 이허중(李虛中)은 당나라 때 인물인데 서문에서 귀곡자가 남긴 글에 주석을 달았다고 설명하고 있다. 귀곡자가 사주에 대해 남긴 글도 실려 있다. 『이허중명서』에 귀곡자의 글을 실어놓았기 때문에 우리는 귀곡자의 글을 볼 수 있는 것이다.

왕조의 오행을 주창한 추연

제자백가 중 음양가(陰陽家)를 창시한 인물은 기원전 3세기경 인물인 추연(鄒衍)이다. 음양가는 제자백가의 수많은 학문 중에서 음양오행을 본격적으로 다루는 집단이라고 볼 수 있다. 추연이 쓴 저작은 남아있지 않다. 추연이 했던 말들을 다른 책에서 인용한 것이 남아있다.

추연이 주창한 내용 중에서 가장 유명한 것은 오덕종시설(五德終始說)이다. 오덕종시설은 왕조에 부여된 오행의 덕의 운행 논리에 따라 그 왕조의 운명이 필연적으로 교체된다고 하는 주장이다. 『회남자(淮南子)』「제속훈(齊俗訓)」에 대한 고유(高誘)의 주석에서 추연의 말을 인용하여 다음과 같이 말하고 있다.

"오덕(五德)의 차례는 이기지 못하는 바를 따른다. 따라서 우(虞, 순임금)는 토(土), 하나라는 목(木), 은나라는 금(金), 주나라는 화(火)이다."[11]

---

11) 五德之次, 從所不勝, 故禹土, 夏木, 殷金, 周火. 『회남자(淮南子)』「제속훈(齊俗訓)」.

상기 내용에 따르면 추연의 주장은 왕조마다 오행 중 하나가 배속되고, 그다음을 잇는 왕조는 이를 극하는 오행이 배속된다는 이론이다. 그래서 우(虞, 순임금)의 오행은 토(土)이고, 그다음에 오는 하나라의 오행은 목(木)이 되는 것인데, 이는 목이 토를 극한다는 목극토(木剋土) 이론 때문이다. 그 뒤에 오는 은나라의 금(金)은 하나라의 목(木)을 극하고, 그다음에 오는 주나라의 화(火)는 은나라의 금(金)을 극한다. 극이 되는 오행을 쓴다는 것은 평화로운 절차가 아닌 제압의 방법을 사용했다는 의미일 것이다.

추연 이후에 등장한 진(秦)나라의 진시황은 천하통일 이후에 진나라의 오행을 수(水)로 잡았는데, 이는 주나라의 화(火)를 극하기 위함일 것이다. 그래서 진시황은 수(水)의 오방색인 검은색 옷을 주로 입고 검은색 깃발을 주로 사용하였다고 한다.

여담이지만 순임금인 우(虞)가 토이고 우임금이 창건한 하나라가 목이라는 것은 목극토(木剋土) 관계가 되는데, 결국 하나라가 순임금을 치고 중원을 장악했다는 것을 의미한다. 현재 시속에는 순임금이 하나라의 우임금에게 왕위를 평화롭게 선양했다는 이야기가 주류를 이루고 있는데, 정말 왕위가 선양되었다면 목극토로 설정할 리는 없을 것이라고 생각한다. 왕위를 뺏었기 때문에 목극토가 된 것 아닐까.

왕상휴수사를 설명한 회남자

사주명리학에서는 오행 간의 관계를 왕(旺), 상(相), 휴(休), 수(囚), 사(死)의 5가지로 이야기하고 있는데, 보통은 춘하추동 계절과 상응하는 오행의 강약을 알아보는 것이라고 말한다. 우리는 왕(旺), 상(相), 휴(休), 수

(囚), 사(死)에 대해 다음과 같이 알고 있는 것이 일반적이다.

왕(旺)은 일간과 같은 오행

상(相)은 일간을 생하는 오행

휴(休)는 일간이 생하는 오행

수(囚)는 일간이 극하는 오행

사(死)는 일간을 극하는 오행

이와 같은 왕(旺), 상(相), 휴(休), 수(囚), 사(死)의 개념을 처음 소개한 것은 『회남자(淮南子)』「지형훈(墜形訓)」이다. 여기서는 장(壯), 생(生), 노(老), 휴(休), 사(死)로 용어가 약간 다른데 개념은 비슷하다.

목(木)이 장(壯)이면

수(水)는 노(老)이고

화(火)는 생(生)이고

금(金)은 수(囚)이고

토(土)는 사(死)이다.[12]

목(木)이 장대해지면, 목에게 기를 내주게 되는 수(水)는 늙어가고, 목에게 기를 받게 되는 화(火)는 생생해지고, 목을 극하는 금(金)은 답답하게 되고, 목에게 극을 당하는 토(土)는 점차 죽어가게 될 것이다. 단어는 다

---

12) 木壯, 水老火生金囚土死. 火壯, 木老土生水囚金死. 土壯, 火老金生木囚水死. 金壯, 土老水生火囚木死. 『회남자』「지형훈(墜形訓)」.

르지만 현대에 소개되는 왕(旺), 상(相), 휴(休), 수(囚), 사(死) 개념과 비슷
하다.

『회남자』가 소개한 장(壯), 생(生), 노(老), 휴(休), 사(死) 개념을, 현재의
왕(旺), 상(相), 휴(休), 수(囚), 사(死)라는 단어로 바꾼 것은 후한의 장제
(章帝)가 친히 참석한 백호관(白虎觀) 회의의 기록인『백호통의(白虎通義)』
다. 보통 유학에서는 오행을 잘 언급하지 않는 편이었는데, 이 회의에서
유학자들은 오행학설을 적극적으로 채용하고자 하였다. 이때에는 오행
설이 많이 공식화가 되었다는 이야기다. 물론 음양오행을 많이 이야기한
『회남자』의 저자인 유안도 한고조 유방의 손자였다.

그런데 앞에서 이야기한『이허중명서』의 귀곡자가 남긴 글에서도 왕
(旺), 상(相), 휴(休), 수(囚)의 단어가 등장하고 있다. 여기서는 상(相)이 생
(生)으로 나오지만 일맥상통하다. 그 내용은 다음과 같다.

> 본음(本音)이 생왕(生旺)하면 반드시 복(福)에 이름이 휴수(休囚)되는
> 때보다 뛰어나다. 13)

귀곡자가 남긴 생왕(生旺)과 휴수(休囚)가『백호통의』에서 말하는 왕
(旺), 상(相), 휴(休), 수(囚)와 같은 뜻인지는 확실하지 않다. 그래도 정황
상 같은 뜻일 가능성이 크다. 그 뜻이 같다고 한다면 왕(旺), 상(相), 휴
(休), 수(囚), 사(死)의 원조는 귀곡자가 된다.

---

13) 本音生旺, 須至福勝於休囚.『이허중명서』.

II

볕과 그림자,
그리고
다섯 원소

우주의 두 가지 변화의 기틀, 음양

다섯 가지 우주의 변화, 오행

우주의 두 가지 변화의 기틀,
음양

음양의 생성

음양의 의미

원래 음양(陰陽)이란 글자는 언덕으로 햇빛이 들어올 때 그늘과 밝은 볕으로 나뉘는 모습에서 유래된 글자이다.

> 陰(그늘 음) = 阝(언덕) + 今(지붕형상) + 云(내용물)
>
> 陽(볕 양) = 阝(언덕) + 日(해) + 一(한결같이) + 勿(빛이 내리쬐는 형상)

그늘을 뜻하는 음(陰)은 언덕에서 구름이 지붕처럼 빛을 가린 것을 상징하는 상형문자이고, 볕을 뜻하는 양(陽)은 언덕에 볕이 내리쬐는 것을 상징하는 상형문자이다. 햇볕을 받으면 따뜻해지고 열이 나며 만물이 흩어지고 팽창하고 커지며 길어지고, 그늘에서는 차가워지고 축축해지며 수축되며 작아지며 짧아진다.

이것에 착안해서 모든 만물을 대립으로 해석하는 음양 이론이 동양에서 나왔다. 한의학의 최고 고전인 『내경(內經)』 「음양응상대론(陰陽應象大論)」에 나오는 구절을 인용해보겠다.

> 수(水)는 음(陰)이고, 화(火)는 양(陽)이다. … 음이 세지면 양이 병들고, 양이 세지면 음이 병든다. 양이 세지면 열(熱)이 나게 되고, 음이 세지면 차가워(寒)진다. … 남방(南方)은 열을 생(生)하고 열은 화를 생하며 … 북방(北方)은 추위(寒)를 생하고 추위는 수(水)를 생한다. … 그러므로 가로되 하늘과 땅은 만물(萬物)의 위와 아래요, 음양(陰陽)은 혈(血)과 기(氣)의 남녀(男女)이다. 왼쪽과 오른쪽은 음양의 도로(道路)요, 수화(水火)는 음양의 징조이니 음양은 만물이 능히 시작할 수 있는 것이다. 그러므로 가로되 음(陰)이 안에 있으면 양(陽)은 지킴이이다. 양(陽)이 밖에 있으면 음(陰)은 심부름꾼이다.[14]

음양은 수화(水火)의 개념과 한열(寒熱)의 개념과는 떼려야 뗄 수가 없다. 애초에 음양이라는 글자는 해가 사물을 비추면서 일어나는 현상을 가지고 만든 글자이기 때문이다. 문제는 위의 글 앞부분에서 음양은 수화와 한열과 밀접한 관련이 있음을 계속 논하다가 끝부분에서 음양과 내외

---

14) 水爲陰, 火爲陽, … 陰勝則陽病, 陽勝則陰病. 陽勝則熱, 陰勝則寒, … 南方生熱, 熱生火, … 北方生寒, 寒生水, … 故曰, 天地者, 萬物之上下也. 陰陽者, 血氣之男女也; 左右者, 陰陽之道路也. 水火者, 陰陽之徵兆也. 陰陽者, 萬物之能始也. 故曰, 陰在內, 陽之守也. 陽在外, 陰之使也. 『내경』 「음양응상대론」.

(內外)의 개념에 대해 이야기한다. 내외란 한의학의 개념으로 본다면 표리 (表裏)라고 할 수 있다. 즉 겉과 속이 되는 것이다. 문장의 순서가 이렇게 된 이유는 위의 개념을 보면 음양이란 개념은 수화와 한열의 개념을 기본 바탕으로 보고 수화와 한열의 과정 속에서 기혈(氣血)이 겉과 속으로 이동하게 되는 것을 이야기한다는 것을 알 수 있다.

양(陽)이란 화(火) 또는 열(熱)의 반응으로 인해서 기혈이 위로 또는 겉으로 이동하는 것이고, 음(陰)이란 수(水) 또는 한(寒)의 반응으로 인해 기혈이 아래로 또는 속으로 이동하는 것을 말한다. 양(陽)의 반응으로 이동하는 지향점이 위와 겉인 경우가 많기 때문에 위와 겉을 양(陽)으로, 아래와 속이 음(陰)의 반응으로 인한 지향점이 많아서 그것을 음(陰)으로 보는 것이다. 즉 기혈이 위로, 겉으로 이동해서 뜨거워지는 것이 아니라 뜨거워져서 기혈이 위로, 겉으로 이동한다는 것이다.

음양과 양의의 차이

양의(兩儀)는 글자 그대로 해석을 하면 '두 개의 모습'이다. 즉, 두 개의 서로 다른 모습이다. 얼핏 보면 음양과 별로 다르지 않은 것 같다. 하지만 잘 보면 음양과 차이가 있음을 알 수 있다. 그렇다면 양의는 음양과 어떻게 다른 것일까?

음양은 햇빛을 통해서 볕과 그늘로 나뉘면서 일어나는 만물의 변화에 초점을 맞추고 있는데 비해, 양의는 그냥 대립하는 두 개의 모습에만 초점이 있고 변화에는 관심이 없다. 이것은 변화에 초점을 두느냐 아니냐에 따라 오행(五行)과 사상(四象)의 차이로 나뉘기도 한다. 다시 말하면 음양에서 오행이 나오는 것이고, 양의에서 사상이 나오는 것이다.

햇볕이 쬐면 쬐어지는 부분은 밝고 뜨겁다. 이 밝고 뜨거운 사실 자체는 변화가 아니니 양의라고 보면 된다. 하지만 기존에 어두웠던 부분이 밝아지는 변화가 생겼거나 햇볕 때문에 축축했던 부분이 바짝 말랐거나 사물이 전보다 팽창했거나 하는 이전과 다른 변화가 생기게 되면 이것은 음양으로 본다.

이처럼 동양에서는 음양과 양의로 현상 자체를 가지고 말하느냐 아니면 이전과 다른 변화를 가지고 논하느냐에 따라 용어를 달리 사용하고 있다. 후대에 가서는 서로 같이 통용되는 경우가 더 많기도 하였다. 일단 우리도 여기서는 양의를 음양의 단어로 설명하겠다.

음(陰)	여자	달	차가움	싫음	악(惡)	짧다	조용함	어두움	모임
양(陽)	남자	해	뜨거움	좋음	선(善)	길다	움직임	밝음	흩어짐

이렇게 대략 나열을 해봤지만 세상 모든 반대되는 것들을 나열하면 아마도 끝이 없을 것이다. 이 서로를 비교하는 마음이 음양을 판단하게 했다. 문제는 이 비교하는 마음은 상대방에 대한 시기 질투, 미움을 낳게 되었고 그로 인해 싸움과 전쟁이 만들어지게 되었다. 마치 성경에 처음에 인간은 선과 악, 좋고 싫은 것들을 구별하지 못하였는데 그것을 구별하는 선악과를 먹은 후 바로 이 음양을 구별하게 되었고 그로부터 악이 생기게 되었다는 것을 연상케 한다. 서로를 비교하는 마음이 없다면 좋고 나쁨도 없어지고 높고 낮음도 없어지고 많고 적음도 없어져서 서로 이기려고 하지 않았을 것인데, 이처럼 비교하는 마음이 생긴 후 서로를 이기려고 더 가지려고 하다 보니 인류의 전쟁과 범죄가 일어나게 된 것이다. 이것이 성

경에서 비유적으로 『창세기』에 실어놓은 일화와 무엇이 다를까. 이 비교하는 마음이 없어지면 세상은 법 없이 살 수 있게 바뀔 것이다. 어쨌든 이러한 비교하는 마음의 출발점이 바로 이 음양론(陰陽論)인 것이다. 비교하지 않고 하나로 통일하면 음양론도 생기지 않는다.

뱀의 혀가 두 갈래로 갈라져 있는 것을 보고, 마치 혀를 통해 나오는 말은 선과 악의 양면성을 지닌다는, 즉 음양을 확실히 나누어 이치에 맞는 말을 하는 것을 의미한다.

아담과 이브의 에덴동산은 그러한 비교의 마음이 없는 세상이었는데 그것을 비교하는 마음을 가지게 만든 존재가 하필이면 혀가 두 갈래로 갈라진 뱀인 것은 바로 음양(陰陽)으로 나누어져 비교하는 마음이 생기면서 도(道)에서부터 멀어지는 사람의 마음을 이야기하고 있다. 실제 있었던 실화가 아니라 신화와 상징으로 이해하면 동서양은 다르지 않음을 알 수 있다.

짝수 역

역(易)이란 이치를 통해서 모든 것을 헤아리는 학문이다. 역(易)은 운명뿐 아니라 세상 모든 것을 본다. 심지어는 운명뿐만 아니라 기계를 만들 수도 있고 생명을 치료할 수도 있는 것이 바로 역(易)이다. 지금은 과학을 통해서 여러 가지 기계를 만든다면 옛날에는 역(易)을 통해서 여러 가지 기구와 기계를 만들었다.

역(易)은 이치를 어떤 관점에서 보느냐에 따라 달라진다. 사물의 이치를 다루는 역학은 결국 모든 만물을 나누는 관점이 홀수냐 짝수냐에 따라 분류된다. 짝수로 이치를 보는 것은 음양이 근간이 되는 역(易)이다.

앞에서 이야기했듯 음양의 예를 나열해보면 끝이 없을 것이다. 이러한 음양론이 발전해서 음양을 또 음양으로 나눈 것이 바로 사상(四象)이다. 말 그대로 좋으면 아주 좋고 덜 좋고, 나쁘면 몹시 나쁘고 덜 나쁘고의 나뉨이 있다는 것이다.

예를 들어 계절을 음양으로 나누면, 추운 계절은 음(陰)이 되고 더운 계절은 양(陽)이 된다. 그런데 그 추운 계절도 다시 음양으로 나누면 매우 추운 계절인 겨울과 덜 추운 계절인 가을로 나눌 수 있다. 마찬가지로 더운 계절도 다시 음양으로 나누면 매우 더운 계절인 여름과 덜 더운 계절인 봄으로 나눌 수 있을 것이다. 이런 식으로 계절도 사상(四象)으로 나눌 수 있다.

이 사상(四象) 이론에 지구상의 근원적인 사물을 대입해서 설명하는 것이 바로 지수화풍(地水火風) 이론이다. 지구를 구성하고 있는 근원적인 사물을 물과 불과 흙과 공기로 본 것이다. 이 지수화풍을 이야기한 고대의 유명한 철학자가 두 분이 있다. 바로 싯다르타와 탈레스다. 싯다르타는 인도 불교의 창시자로서 지수화풍(地水火風) 사대(四大)를 사람의 구성요소에 비유하여 이야기하였고, 탈레스는 고대 그리스 철학의 아버지이자 서양 철학의 시조라 불리는 철학자로서, 지구를 구성하는 요소로 물·불·바람·흙의 4원소를 이야기했다.

이런 식으로 우주를 네 분류로 나눈 사상(四象)이라는 이론을 또 음양으로 나누게 되면 바로 8괘가 된다. 또한 8괘를 위아래로 중첩해서 다루는 것이 바로 64괘의 주역(周易) 이론이다. 이것이 오늘날 컴퓨터 이론의 근간을 이루는 라이프니츠가 개발한 이진법의 모태 이론이 되었다.

이러한 짝수 역(易)은 어떤 가치를 둘 중의 하나로 확실히 나눈다는 장점이 있는 것은 사실이다. 소위 이거면 이거고 저거면 저거로 확실히 흑과 백을 나누어서 애매하지 않다는 것이다. 하지만 우리가 표현하기 애매한 상황이 있는데 그러한 것들을 표현하기에는 너무 이분법적인 이론이라 그 부분이 단점이 된다. 소위 흑백논리가 되는 것이다. 말 그대로 이거면 이거고 저거면 저거지 중간이 없는 것이다.

이러한 단점 때문에 이쪽과 저쪽을 이어주는 매개체가 존재하는 홀수 역(易)의 등장은 인류 역사에서 필연적일 수밖에 없었다 하겠다. 홀수 역의 시작은 삼재(三才) 이론인 천지인(天地人) 이론이고, 그다음이 오행(五行) 이론이다.

음양과 카오스(Chaos)

여러분들은 음양(陰陽)이란 말을 많이 들어봤을 것이다. 사주를 공부하지 않은 사람도 음양이 무엇인지 대충은 안다. 음양을 설명하기는 힘들어도 그냥 무엇인지는 다 알 것이다. 우리는 배우지 않아도, 사람 얼굴을 보면 남자인지 여자인지 대체로 알 수 있는 경우가 많다. 남자와 여자에 대한 설명을 따로 들은 적이 없는데도 말이다. 이유가 무엇일까? 어쩌면 우리는 태초부터 음양을 느끼는 인자가 있는지도 모른다.

음양을 구분할 줄 아는 더욱 정확한 이유는, 음양은 두 가지로 분명히 구분되는 것이기 때문일 것이다. 하늘과 땅, 남과 여, 빛과 그림자, 산과 물 등처럼 세상의 모든 것은 음양 두 가지로 구분된다.

음양이 둘로 구분되기 전에는 하나로 뭉쳐져 있었다고 한다. 이를 두고 고전에서는 "태초에 혼돈(Chaos)이 있었다."라는 식으로 표현을 많이 한다. 희한하게도 이 표현은 고대 경전들에서 많이 발견된다. 『성경(Bible)』

창세기에도 나오고, 풍수 경전 『청오경(靑烏經)』에도 나오고, 사주 고전 『낙록자삼명소식부(珞琭子三命消息賦)』에도 비슷한 표현들이 나온다. 아마도 음양을 바라보는 선조들의 생각은 비슷하지 않았나 생각된다. 아무튼, 태초에는 혼돈이 있었는데 이는 음양이 둘로 나뉘기 이전의 상태를 의미한다. 그러다가 일정 시간이 지나서 음양으로 갈라지게 된다.

음양은 자연스러운 하나의 성질로 이해하면 된다. 예를 들어 토마토 주스를 마시기 위해 믹서기에 토마토와 물을 같이 넣어서 갈면 토마토와 물이 융합되어서 토마토 주스가 완성된다. 이것을 '혼돈'에 비유할 수 있다. 그런데 토마토 주스를 마시지 않고 놔두면 저절로 토마토 침전물과 물로 나뉘는 현상을 볼 수 있다. 이것이 음과 양으로 갈라진 것이다.

가벼운 것은 위로 떠오르고 무거운 것은 아래로 가라앉게 되어 있다. 이런 현상은 하늘과 땅이 형성된 이치에도 접목할 수 있다. 하늘은 가벼운 공기가 뜬 것이고, 땅은 무거운 먼지가 뭉쳐져서 흙이 되어 가라앉은 것이다. 이렇게 세상의 이치는 음양이 섞여서 합쳐졌다가 음양으로 나뉘었다가를 반복하면서 돌아가게 되어있다.

음양의 작용

음양 운동

음양은 서로 변한다. 음양으로 갈라지는 것은 자연스러운 현상이다. 합쳐져 있는 것은 시간이 지나면 나뉠 수밖에 없다. 영원히 그 형태를 유지할 수 있는 것은 없기 때문이다.

노자(老子)의 『도덕경(道德經)』에 이런 경구가 있다.

　　"도가도비상도(道可道非常道)."

『도덕경』 맨 첫 줄에 나오는 말로 "도(道)를 도라고 할 수 있다면 항상 (恒常)된 도(道)가 아니다"는 말이다. 어떤 것이든 도(道)라고 하는 순간 그때의 것은 그 형태 그대로 유지하지 않는다는 뜻이다. 즉 변할 수 있다는 것이다. 합쳐진 것은 다시 갈라질 수밖에 없는 운명인 것이다.

　조선시대 당파싸움을 예로 정권을 장악한 사림(士林) 사이에 분열이 일어나 동인과 서인으로 갈라졌고, 이후 동인이 남인과 북인으로 갈라지고, 노론과 소론으로 갈라지고, 시파와 벽파로 나뉘었다. 이렇듯 두 갈래인 음양으로 갈라지는 것이다. 음과 양으로 한 번 나뉘어도, 그 음(陰) 안에서 또다시 음과 양으로 분화한다. 그런 식으로 끊임없이 분화하여 양의 (兩儀)가 사상(四象)이 되고, 다시 팔괘(八卦)로 육십사괘(六十四卦)로 형성되는 것이다.

음양의 선후(先後)

　음양은 무엇이 먼저랄 것이 없다. 동시에 생긴 것이다. 양(陽)이 생기니까 음(陰)도 같이 생긴 것이다. 하늘과 땅도 마찬가지이다. 우리는 하늘을 높게 우러르지만, 하늘이 먼저고 땅이 나중에 생긴 것이 아니다. 하늘과 땅은 동등한 입장이다. 남자와 여자도 마찬가지로 같이 생긴 것이다. 그러므로 음양의 입장에서는 남자의 갈비뼈로 여자를 만들 수는 없는 것이다. 남자와 여자도 당연히 동등하다.

『주역(周易)』「계사전(繫辭傳)」의 첫 문장은 "천존지비(天尊地卑)"이다. "하늘은 높고 땅은 낮다."라는 뜻이다. 이것을 조선시대에 "남존여비(男尊女卑)"라는 말로 만들어버렸다. 하지만 천존지비는 맞아도 남존여비는 틀린 말이다. 왜냐하면 하늘이 높고 땅이 낮은 것은 위치적으로 맞는 말이지만, 남자가 높고 여자가 낮은 것은 위치적으로나 다른 어떤 것으로 봐도 맞는 말이 아니기 때문이다.

다음은『내경(內經)』「음양응상대론(陰陽應象大論)」의 내용이다.

> 하늘과 땅은 만물(萬物)의 위와 아래요, 음양(陰陽)은 혈(血)과 기(氣)의 남녀(男女)이다. 왼쪽과 오른쪽은 음양의 도로(道路)요, 수화(水火)는 음양의 징조(徵兆)이니 음양은 만물이 능히 시작할 수 있는 것이다.[15]

이 글을 잘 보면 하늘과 땅 천지(天地)를 말할 때 음양(陰陽)이라고 하지 않고 남녀(男女) 좌우(左右) 수화(水火)를 이야기할 때부터 음양(陰陽)이라는 용어를 사용한다. 좌우라는 것은 수평이지 상하(上下)의 개념이 아니다. 나중에 역학을 공부하다 보면 이해할 수 있겠지만 하늘과 땅은 아버지와 어머니의 개념이다. 부모(父母)는 음양과 남녀를 뛰어넘은 개념이다. 남녀(男女)란 서로 결혼해서 아기를 낳을 수 있는 이성을 말한다. 생물로 보면 암컷과 수컷인 자웅이 그 개념이다. 부모를 그러한 대상으로 여길 수가 없듯이, 하늘과 땅 역시 남녀(男女)의 대상이 아니라고 할 수 있

---

15) 天地者, 萬物之上下也. 陰陽者, 血氣之男女也. 左右者, 陰陽之道路也. 水火者, 陰陽之徵兆也. 陰陽者, 萬物之能始也. 故曰, 陰在內, 陽之守也. 陽在外, 陰之使也.『내경(內經)』「음양응상대론(陰陽應象大論)」.

다. 이는 주역의 팔괘에서 하늘과 땅을 뜻하는 건(乾)과 곤(坤)이 나머지 감(坎), 리(離), 진(震), 태(兌), 손(巽), 간(艮)의 6괘를 뛰어넘은 것과 같다.

이 『내경』의 구절에서 바로 한의학의 남좌여우(男左女右), 좌혈우기(左血右氣)의 이론이 나오게 된다. 음양이라는 개념 안에 혈(血)과 기(氣), 남자와 여자, 수(水)와 화(火), 오른쪽과 왼쪽의 개념이 들어가 있다고 위의 글에 명확히 명시되어 있고 그 이론 하에 남좌여우(男左女右) 좌혈우기(左血右氣)라는 개념이 나오게 되는 것이다. 이 이론에 따라 남자는 좌측에, 여자는 우측에 침을 주로 놓고, 남자는 기(氣)의 병보다는 혈(血)의 질병이, 여자는 혈(血)의 병보다는 기(氣)의 질병이 더 많다는 이론이 나오게 된다.

남자가 높고 여자가 낮은 것은 평균 신장 하나밖에 없다. 그렇다고 해서 남존여비(男尊女卑)라는 말을 신장 때문에 꺼낸 것은 아닐 것이다. 과거의 남녀불평등시대를 지나 오늘날에 이르러서는 자연의 원래 이치대로 세상이 제 길을 찾아가고 있다고 보면 될 것 같다.

음양의 대대(待對)

모든 사물은 음양의 구분이 있다. 사람을 그냥 사람으로 부를 수는 있다. 하지만 음양으로 갈라진 것을 물어보면, 우리는 이를 '남자'와 '여자'로 나누어 부른다. 모든 생물을 음양으로 나누라고 하면 암컷과 수컷이다. (위에서 천지는 부모이지 음양의 범주가 아니라고 이야기했으니 여기서는 암수로 표현함) 이처럼 모든 사물은 음양이나 암수의 구분이 있다. 심지어 언어에도 성의 구별이 있는데, 프랑스어와 독일어는 모든 명사에 남성 여성의 구분이 있을 정도다. (참고로 독일어는 남성과 여성에 속하지 않은 중성 명사도 있다) 우리가 음양을 구분하는 기준은 남자와 여자에 대입해보면 잘 알 수 있다.

음은 여자이고, 양은 남자이다.

음은 작고, 양은 크다.

음은 수축되고, 양은 돌출된다.

음은 조용하고, 양은 떠든다.

음은 가만히 있고, 양은 움직이다.

음은 아래를 향하고, 양은 위를 향한다.

음은 숨어있고, 양은 드러나 있다.

음은 춥고, 양은 따뜻하다.

음은 밤이고, 양은 낮이다.

음은 그림자이고, 양은 빛이다.

앞에서도 말했지만, 음양(陰陽)은 수화(水火)와 한열(寒熱)의 범주로 해석하면 될 것이다. 예를 들어 물은 차갑고 불은 뜨겁다. 여기서 한열(寒熱)의 개념이 나온다.

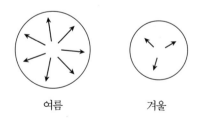

여름   겨울

여름은 뜨거우니 공을 가만히 놓아두면 공 안의 공기가 부풀어서 공이 커진다. 그런데 겨울은 추우니 공 안의 공기가 수축하여 공이 작아진다. 이처럼 음양(陰陽)에 따라 크고 작은 것이 나오게 된다. 양(陽)은 열로 부풀어 오르니 튀어나와서 돌출되고 음(陰)은 한기로 움츠리니 쪼그라들어 수축한다.

한열(寒熱)로 설명하기 어려운 것들은 수화(水火)의 개념으로 충분히 이해할 수 있다. 물은 가만히 두면 제일 낮은 곳으로 내려가서 조용히 고여서 수평을 이루게 된다. 그런데 불은 뜨겁게 계속 움직이면서 타오른다. 따라서 음(陰)은 조용하지만 양(陽)은 움직이고 시끄럽다.

뜨거우면 급하게 되고 차가우면 냉정하고 차분하게 된다. 사람의 성격을 이렇게도 볼 수가 있다. 즉, 성격이 급한 사람들은 속에 열이 많은 경우가 많고, 성격이 차분한 사람들은 속이 냉한 경우가 많다는 것이다. 마음이 따뜻하면 사람들에게 베풀고, 마음이 차가우면 사람들에게 한 톨의 좁쌀도 나눠주지 않는다. 이처럼 마음도 음양으로 볼 수 있다.

또한, 빛은 밝은 것이요 숨기지 않는 것이고, 그림자는 어두운 것이요 숨기는 것이다. 누구에게나 다 떳떳하게 밝힐 수 있는 것은 나쁜 것들이 아니라 좋은 것들이 많고, 사람들에게 드러내 보이기 싫은 치부들은 나쁜 것들이 많다. 이처럼 세상의 모든 것들을 음양으로 판단할 수 있다.

음양의 호역(互易)

해가 있으면 한쪽에는 햇빛이 비치고, 동시에 다른 한쪽에는 그림자가 생긴다. 이 그림자는 그냥 생긴 게 아니다. 햇빛이 비쳤기 때문에 그림자가 생긴 것이다.

최초의 우주는 아무것도 존재하지 않는 무극(無極)의 상태였다. 다만 기(氣)가 꽉 차 있었을 뿐이다. 이러한 무극 상태의 우주는 시간이 지나면서 서서히 형(形)을 갖추게 되는데, 이것이 바로 태극(太極)이다. 태극은 음양이 자연스럽게 혼합된 형태를 유지한다. 그러다가 태극의 기운이 서서히 음(陰)과 양(陽)으로 갈라지게 되는데, 무겁고 탁한 기운은 가라앉으면서 음(陰)이 되고 가볍고 깨끗한 기운은 떠오르면서 양(陽)이 된다. 이것이 음양이 생긴 시초라고 할 수 있다.

음과 양은 동전의 앞면과 뒷면처럼 항상 같이 공존한다. 예를 들어 햇볕이 나무를 쬘 때 볕(陽)과 그림자(陰)가 같이 발생하는 것으로 이해할 수 있을 것이다. 볕이 생기기에 자연스럽게 그림자가 있는 것이고, 그림자가 생기기에 볕이 있는 것이다.

음양이 같이 공존하는 것처럼, 길흉 또한 같이 공존한다. 길한 것이 흉하게 바뀔 수도 있고, 흉한 것이 길하게 바뀔 수도 있다. 새옹지마(塞翁之馬)의 속담을 떠올릴 수 있을 것이다. 처음에는 그 남자가 너무 좋아 죽고 못 살 것 같은데 시간이 지나 그 남자의 단점들이 보이면서 그것들이 너무 꼴 보기 싫어지기도 한다. 처음부터 그 남자의 밝은 면과 어두운 면을 다 볼 수 있는 현명함이 있었더라면 좀 더 올바른 판단을 할 수 있었을 것이라고 후회를 하기도 한다. 길(吉)과 흉(凶)을 동시에 보지 못하고 어느 한 쪽만 보다 보니 잘못된 판단을 하는 경우가 매우 많다. 우리는 세상의 밝음과 어두움을 동시에 보는 눈을 가져야 음양을 이해할 수 있다.

우리가 음(陰)과 양(陽)을 두 갈래로 나누는 것은 어디까지나 상대적이다. 어떤 물체 안에서 음과 양을 나눈다면 음(陰)은 양(陽)에 비해 음(陰)에 가까운 것이고 양(陽)은 음(陰)에 비해 양(陽)에 가까운 것이지, 처음부터 음과 양만이 존재하는 것은 아니다. 좋은 것 안에 나쁜 것을 볼 수 있는 지혜가 바로 음양론 안에는 들어있다.

　내가 음이라고 생각했던 것은 어떤 상황에서는 양이 될 수도 있는 것이다. 인생에서도 내가 잘 나갈 때는 오히려 사방에서 공격받고 위기가 시작될 수도 있으며, 반대로 내가 잘 나가지 못할 때는 오히려 나를 반성하고 성장시킬 수 있는 바탕이 될 수도 있다.

다섯 가지 우주의 변화,
오행

오행(五行)은 목성(Jupiter), 화성(Mars), 토성(Saturn), 금성(Venus), 수성(Mercury)이라는 별들의 기운이 이 땅에 던져져서 이루어지는 여러 현상을 다루는 이론이다.

별들이 이 땅에 오행의 기운을 던져주면 이 땅과 그 오행의 기운이 만나서 오운(五運)을 형성하여 생명에 영향을 미치고 그 오행에 이 땅의 기운이 하나 더 붙어서 육기(六氣)가 만들어져 오운과 육기가 우리의 모든 부분에 관여하게 된다. 오운은 말 그대로 목화토금수의 운으로 되어있고, 육기는 바람(風), 추위(寒), 더위(暑), 축축함(濕), 건조함(燥), 뜨거움(火)으로 되어있다. 즉, 이 오성(五星)에서 던져주는 오행 기운에 의해 지구의 모든 것들이 돌아간다고 생각할 수 있다.

이 오행 이론은 우리가 날마다 쓰고 있는 만세력에 나오는 갑을병정무기경신임계(甲乙丙丁戊己庚辛壬癸) 10간(干)과 자축인묘진사오미신유술해(子丑寅卯辰巳午未申酉戌亥) 12지(支)가 기본이론이다.

오행 이론은 여러 고전에서 나오는데 그중 가장 오래된 책이며 한의학 최고 고전인『내경(內經)』에는 매우 중요한 내용이 실려 있다. 『내경』은 이 오행에 대해 깊이 있는 이해를 할 수 있게 한다. 기존 사주 고전들은 음양 오행에 대한 설명이 많지 않지만『내경』은 음양오행에 대한 시각을 입체적 으로 보여준다.

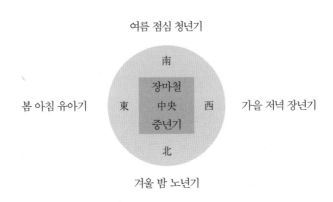

하루를 보면 11시 30분에서 1시 30분경 사이인 정오(正午)에 해가 남쪽 중천에 뜬다. 이것을 기준으로 해서 해가 있는 남쪽을 바라보았을 때 왼 쪽을 동쪽으로 보고, 오른쪽을 서쪽으로 보게 된다. 그리고 아래쪽을 북 쪽으로 보게 된다. 위의 그림은 방금 설명한 것을 기준으로 그림을 그린 것이다. 이 그림은 하루와 일 년과 사람의 일생은 그 순환 과정이 비슷하 다는 것을 알려주고 있다. 이 그림으로 하루의 과정을 볼 수 있고 또 일 년의 과정을 볼 수 있으며 사람의 평생의 과정을 볼 수 있다. 이 그림을 보 면서 이제부터 오행을 설명하고자 한다.

오행(五行)은 목화토금수(木火土金水) 5가지로 이루어져 있다. 흔히 목(木)은 나무, 화(火)는 불, 토(土)는 흙, 금(金)은 쇠, 수(水)는 물로 이해할 수 있다. 하지만 그 자체로 나무나 불과 같은 물질은 아니다. 오행은 나무나 불과 비슷한 기운이라 이해하면 된다.

그럼 목화토금수 오행은 대체 무엇인가? 일단 다음과 같이 간단하게 이해할 수 있다.

목(木)은 돌파(突破)이다.
화(火)는 분출(噴出)이다.
토(土)는 융합(融合)이다.
금(金)은 수렴(收斂)이다.
수(水)는 암장(暗藏)이다.

기운이 땅 밑에서부터 시작해서 지표면으로 돌파하는 것이 목(木)이고,
기운이 땅 위로 올라오면 사방으로 마구 분출하는 것이 화(火)이고,
기운이 분출을 끝내고 수렴으로 전환되는 과정이 토(土)이고,
기운이 다시 지표면으로 수렴되는 것이 금(金)이고,
기운이 지표 속으로 들어가서 암장되는 것이 수(水)이다.

이처럼 오행은 목화토금수 순서대로 계속 돌고 돈다. 기운이 어느 순서에 있느냐에 따라 오행이 결정되는 것이다.

목(木)

목의 특징

오행의 시작은 목(木)이다. 그 이유는 무엇일까? 먼저 일 년의 시작점을 살펴보자. 양력으로 1월 1일을 일 년의 시작으로 볼 수는 있지만 동양에서는 일 년의 시작이라고 보지 않는다. 일 년이 새롭게 시작하는 기운은 봄에서부터 나온다고 본다. 영어로 봄을 스프링(spring)이라고 하는데, 스프링은 누르면 누를수록 튀어나오는 힘이 강해지는 물건이다. 하루의 시작은 아침이다. 봄은 꽁꽁 언 땅의 압박을 새싹이 뚫고 나와서 위로 뻗기 시작하는 계절이다. 목(木)이라는 글자 역시 그러한 상(象)을 의미한다. 막힌 기운을, 단단한 것을 뚫어주는 것을 의미하기도 한다.

이러한 목(木)은 땅속의 영양분을 흡수하여서 땅의 기운이 골고루 순환되게 만들어준다. 소나무는 바위도 뚫고 자생한다. 그만큼 땅속의 기운을 뚫고 자라는 힘이 강하다고 볼 수 있다. 그리고 풀들은 심지어 아스팔트까지 뚫고 뿌리를 내려 자랄 정도로 그 뚫는 힘이 강하다. 이처럼 땅의 기운을 뚫고 흡수하여 위로 솟는 것을 목(木)이라 할 수 있다. 이러한 효능은 나중에 오행 중 토(土)의 막힌 기운을 목이 뚫어준다는 개념을 이해하는데 중요한 부분이다.

우리는 조용히 있다가 예상치 못한 상황에 깜짝 놀라게 되면 나도 모르게 눈을 크게 뜨게 되고, 가슴이 두근거리면서, 심하면 심장이 멈출 것 같은 느낌이 들기도 한다. 이와 마찬가지로 잠잠한 수면 위에 조약돌을 던지면 그림처럼 없었던 파문이 일어난다.

　조약돌 같은 외부의 어떤 자극이 들어왔을 때 물방울이 치솟아 오르고 그 끝은 동그랗게 되는 형상이 바로 목(木)이다. 봄에 피는 싹 역시 그 끝은 이파리로 처음에는 동그랗게 말렸다가 나중에 쫙 펴진다.

목의 인체

　근육과 인대는 수축하였다가 쫙 펴는 힘으로 움직이는 기관이니 눌렸다가 쫙 펴지는 스프링 같은 목(木)에 배당한 것이다. 실제로 근육과 인대의 이러한 특성 때문에 인체의 관절은 손목관절, 어깨관절, 발목관절, 고관절, 척추관절을 제외하고는 다 안쪽으로만 구부러지게 되어있다.

　손목관절, 어깨관절, 발목관절, 고관절 역시도 안쪽으로 구부리는 것이 더 편하고 관절이 움직이는 범위 역시 더 넓도록 근육과 인대가 구성되어 있음은 물론이다. 이것은 오그라들었다가 펴지는 목(木)의 특성으로 생긴 인체의 구조 때문이다.

　눈은 참 재미있는 부분이다. 한번 한의학에서 눈에 오장육부를 배속한 동의보감의 그림을 먼저 보고 시작해보겠다.

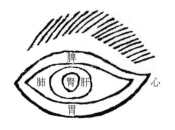
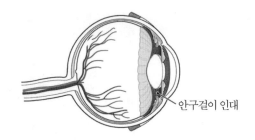

안구걸이 인대

안구걸이 인대(suspensory ligament of lens)는 눈동자 렌즈의 크기를 조절해주는 근육 인대이다. 『동의보감』에 나온 눈에 배속된 오장을 보면 눈의 검은 동자는 콩팥(腎)이고 그 주변의 푸른 부분은 간(肝)이다. 검은 동자는 소위 눈동자 렌즈에 해당하는 부분이라 할 수 있고 그 주변의 간 (肝) 부분이 바로 눈동자 렌즈의 크기를 조절해주는 근육 인대(ligament)가 위치한 부분이다. 따라서 이 근육 인대에 따라 눈동자 크기가 조절되어서 우리가 사물을 볼 수 있게 된다. 앞에서도 말하였지만, 근육은 목 (木)에 해당한다. 눈은 이 근육의 작용에 따라 볼 수 있는 것이니 눈을 목 (木)에 비유하게 된다.

노폐물은 인체에 적당히 있으면 독(毒, toxin)이 되지 않지만, 많이 쌓이고 뭉쳐 있으면 독이 되어 우리의 몸을 해치는 작용을 한다. 이렇게 독이 되어서 단단히 뭉친 노폐물을 뚫어서 흩어주는 것을 해독(detoxication)이라 부르고, 그 해독작용을 하는 기관이 간(肝)이다. 그 작용이 새싹이나 나무가 땅을 뚫고 위로 솟는 것과 같으니 간(肝)을 목(木)에 배속한다.

이런 장기의 기능 때문에 목(木)에 배속하기는 했지만, 애초부터 옛사람들은 해부를 하지 않았기 때문에 이런 기능을 눈으로 확인할 수는 없었다. 어떤 이론을 상정하고 그 오행에 맞춰서 장부(臟腑)의 기능을 배속한 것이 더 맞다고 볼 수 있다. 물론 옛날에도 어느 정도의 해부학적인 지식은 있었기 때문에 간(肝)이 어디에 붙어있고 하는 부분은 충분히 알고 있었다. 오장육부의 위치에 대한 내용은 뒤에 조금 더 상세하게 적어놓았다.

또한, 깜짝 놀라는 마음은 목(木)의 상(象)이다. 병리적(病理的)으로 본다면 『내경』에서 말하는 경해(驚駭)는 단순히 깜짝 놀라는 것을 말하는 것이 아니라 깜짝 놀라는 것처럼 돌발적인 질병이 자주 발생하는 병을 말한다. 예를 들어, 어린아이들에게 자주 생기는 경기(驚氣)나 아니면 간질(癎疾) 등의 병들이 이런 병들이다. 이러한 병들은 다 목(木)에 해당한다. 고무호스에 물을 틀어놓고 있으면 고무호스가 뻣뻣하게 된다. 남성의 성기가 발기되면 단단해지는 것도 같은 이치이다. 이처럼 경기(驚氣), 간질(癎疾) 등은 온몸 근육의 강직을 동반한다.

바람이 세게 불면 모든 사물이 바람이 부는 반대쪽으로 다 뉘어버리고 심하면 그 상태에서 다시 회복되지 않는다. 병리적으로 보면 사람의 몸에 바람이 드는 것도 풍(風)이라고 하는데, 중풍 등이 한쪽으로 마비 증상이 생겨 움직이지를 않으니 이와 같다 하겠다.

닭은 날고 싶어도 날지 못한다. 새가 하늘을 나는 것은 화(火)의 성질을 몸에 많이 받고 태어났기 때문인데 닭은 날개가 있으면서도 날지를 못한다. 즉, 화(火)의 성질을 온전히 받지 못하고 덜 받았다는 말이다. 화(火)를 쫙 펼쳐서 하늘로 분산시켜야 하는데 그러지 못하고 그 화(火)가 올라가다 만 것이다. 그 말은 오행상 순서로 목(木)의 기운 쪽으로도 많이 치우친다는 말이다. 다음 그림을 보겠다.

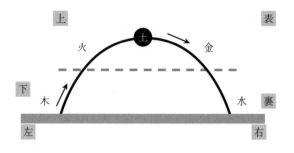

우리가 공을 하늘 위로 던졌을 때 오행의 움직임을 그려본 그림이다. 닭의 움직임은 이 그림에 따르면 목(木)과 화(火)의 중간쯤 될 것이다. 실제로 닭뿐만 아니라 날개는 있어도 날지 못하는 칠면조, 타조 등의 새 역시목(木)과 화(火)의 성질을 가지고 있다고 보면 된다. 이런 동물들을 많이먹게 되면 목기(木氣)를 흡수했기 때문에 풍기(風氣)를 유발한다. 풍기(風氣)를 유발하게 되면 중풍(中風), 탈모(脫毛), 수전증, 안면 경련, 구안와사(口眼喎斜) 등의 질환을 발생시킬 수 있다.

목의 감정

'노(怒)'라는 글자는 '화를 낸다', '성낸다'는 뜻이다. 파자를 하면 奴(노)와 心(심)이다. 노(奴)는 노예, 종 또는 자기에 대해 낮추는 말이다. 즉, 상대방보다 자기를 많이 낮춰서 참다 참다 못 참아서 폭발하여 화를 내는것이 노(怒)다. 그래서 노(怒)는 그 화를 내는 대상이 정해져 있다. 예를 들어, 모든 다른 사람들에게는 착하게 대하지만, 오직 자기 배우자에게만화를 내고 쏟아붓는다면, 그것이 바로 노(怒)다. 아니면 참다 참다 폭발해서 내는 화가 바로 노(怒)다. 참는다는 것은 스스로는 억누르는 것이다. 그러다 터져 나오는 것이 노(怒)다.

그런데 많은 사람은 이 노(怒)라는 글자를 조금 다르게 알고 있다. 자기를 건드리기만 하면 그 대상이 누구든 가리지 않고 시도 때도 없이 화를 내는 사람을 주변에서 본 적이 있을 것이다. 이것은 엄밀히 말하면 노(怒)가 아니다. 노(怒)가 아닌 다른 글자로 표현해야 한다.

노(怒)는 마치 스프링이 누르면 누를수록 튀어나오는 힘이 강해지는 것처럼 참고 참으면 오히려 터져 나오는 화가 더 거세진다. 이 성낼 노(怒)는 그래서 목(木)이라고 본다.

목의 맛

목(木)에 해당하는 맛은 신맛이다. 신맛이 나는 음식을 먹으면 우리 입 주변이 오그라드는 것을 느낄 수 있다. 실제 신맛은 형체를 오그라들게 한다. 신맛은 수축을 시켜서 속의 내용물을 스프링처럼 튀어나오게 만드는 효능이 있다. 고무호스에 물을 틀어놓았다가 손으로 꽉 쥐면 물이 쫙 뻗어 나가듯 목(木) 기운이 세어지려면 이처럼 수축하는 힘이 있어야 한다. 신맛은 그러한 힘을 주는 맛이다.

또 신맛은 목극토(木剋土)의 힘으로 쌓여있는 노폐물(土)을 부식(腐蝕)시켜서 흩어버리는 중요한 효능이 있다. 물론 과도하게 사용하면 노폐물이 부식되는 것이 아니라 내 몸의 조직까지 부식되니 신맛을 적당히 잘 조절해야 할 것이다. 이처럼 신 것을 너무 자주 먹으면 오히려 위산(胃酸)을 더욱 자극하여 위염, 위궤양이 촉발할 것이다.

목의 기후

바람은 뜨거운 기운이 뭉쳐서 상승기류가 되면 그 빈자리를 채우기 위해 대기의 공기가 수평 이동하여 생기는 것이다. 한마디로 주변의 온도 차가 기압 차이를 유발하고 그 기압 차에 의해 공기가 이동하게 된다는 것이다. 나무 역시 뿌리에서 물과 영양분을 빨아들여 줄기와 잎까지 이동시킨다. 그렇게 되면 빨려 없어진 자리로 주변의 흙이나 조직물들이 채워지게 되면서 땅의 순환이 이루어진다. 나무의 작용 역시 이처럼 바람의 작용과 유사한 부분이 있다.

한의학에서 보는 바람은 땅의 호흡이다. 이 호흡이 가볍게 될 때는 사람들이 바람을 느끼지 못한다. 하지만 이 호흡이 강해지면 그때부터 바람이 거세지기 시작한다. 한의학에서는 땅도 하나의 생명이라고 본다. 마치 서양의 가이아(Gaia) 이론과도 흡사하지만, 동양은 훨씬 오래전부터 그렇게 보아왔다.

그래서 『장자(莊子)』에서는 지구가 내쉬는 숨결과 호흡이 바람이라고 이야기하는데, 일리 있는 말이다. 땅의 틈 사이로 내부의 기운이 뿜어져 나오는 것이다. 이것은 땅의 막힌 기운이 소통되면서 일어나는 것인데, 이 때문에 한의학에서는 바람을 목(木) 기운에 비유하였다. 『내경』의 육기(六氣) 이론에서는 풍목(風木)이라고 한다. 다만 바람의 목(木) 기운이 너무 세지면 태풍이 되어 주변의 사물을 파괴해버릴 정도가 된다.

화(火)

화(火)의 특징

열은 온도가 뜨거운 것을 말한다. 열이 심해지게 되면 빨개지게 된다. 불이 붉은색인 것을 보면 알 수 있다. 사람도 열이 많으면 얼굴이 자주 빨개진다. 그리고 화(火)는 기운이 흩어지게 하고 화(火)에 닿는 모든 사물을 태워서 허공으로 사라지게 만든다. 화(火)는 스스로는 텅 비어 있고 다른 사물도 태워서 텅 비게 만들려고 한다.

해가 정남 쪽에 뜨면 하루 중 기온이 제일 높아진다. 그래서 현대와는 달리 고대 동양은 남쪽을 항상 높은 쪽으로 두었다. 그래서 남방은 화(火)이고 붉은색이 된다. 실제로 화(火)는 높은 곳으로 떠오르는 성질이 있기도 하다.

심장(心臟, heart)은 속이 비어 있는 장기이나 항상 혈액으로 가득 차 있다. 『주역(周易)』에서 불은 리(離) 괘로 속이 비어 있는 괘이다.

화(火)의 인체

화(火)가 오장(五臟) 중 심장에 해당하는 이유는 심장은 속이 빈 부위를 이용하여 스스로 펌프 작용을 하여서 우리 몸 모든 혈관에 피를 보내는 작용을 한다. 실제로 불 역시 속이 텅 비어 있고 겉에 뜨거운 열기만 작용할 뿐이다. 우리가 촛불 속으로 손가락을 넣었을 때 그리 뜨겁지 않았음을 경험하신 분도 있을 것이다. 이렇듯 심장은 우리 몸 전체를 관장한다. 이러한 심장을 한의학에서는 군주(君主) 즉, 임금이라 한다.

심장이 혈액을 보내는 펌프 작용은 혈관이 이어받아서 우리의 몸 곳곳으로 보내게 된다. 이 기능을 『내경』에서는 "심장이 혈맥(血脈)을 주관한다(心主脈)."라고 이야기한다. 따라서 우리 몸의 모든 모세혈관, 동맥, 정맥을 다 심장이 주관한다고 보고 화(火)에 배속한다. 이 심장은 우리 마음에 응하여 반응하게 된다. 예를 들어, 화가 나면 맥박이 빠르고 거칠게 뛴다. 감정에 큰 기복이 없으면 맥박이 편안하게 뛴다. 슬프면 역시 심장은 격하게 뛰게 된다. 그래서 우리는 심장에 해당하는 글자에 '마음 심(心)'을 쓴다.

이러한 마음을 우리는 말로 표현하는데, 이 말을 할 수 있게 해주는 기관이 바로 혀(舌)다. 그래서 '말'을 '마음의 소리'라고 한다. 그리고 혀는 또 우리가 맛을 볼 수 있게 해 준다. 맛을 본다는 것은 음식을 먹을 것인지 말 것인지를 구분해주고, 맛을 보는 것을 통해서 그 맛의 기운을 뇌로 전달해서 우리 몸 곳곳으로 그 기운을 전달해준다. 또한, 혀로 음식의 온도도 측정한다. 이러한 혀의 기능이 내가 먹은 음식을 삼킬지 말지를 판단해주게 된다. 단순하게 음식을 저장하고 모아놓은 곳을 소화기라고 한다면 혀는 위장(胃腸)으로 음식을 저장할지 말지를 결정하는 곳이다. 내 몸에 좋은지 아닌지 먹을지 말지 판단하는 지침을 이 혀가 하게 된다. 음식을 먹어서 생기는 영양분은 우리 몸을 유지하는 데 절대적으로 중요하기 때문이다.

혀는 혀끝이 하나로 이어진 사람이 있고, 뱀의 혀처럼 두 갈래로 갈라진 사람이 있다. 이처럼 두 개의 갈래로 나뉘는 사람들은 2의 기운을 많이 받은 사람으로 사물의 판단을 잘하는 경향이 있다. 소위 '뱀의 혀'라고도 한다. 이런 혀는 심장에 과부하가 와서 열이 많이 생길 가능성이 높다.

양의 털을 보면 꼬불꼬불한 것을 알 수 있다. 쫙 펴진 마른오징어를 굽다 보면 시간이 지나면서 동그랗게 말리는 것을 볼 수 있고 고기 구울 때도 고기가 동그랗게 끝이 말리는 것을 볼 수 있다. 이처럼 열이 많으면 조직이 동그랗게 말려 들어간다. 양 역시 열이 많다 보니 털이 동그랗게 말려 들어가는 것이다. 사람의 머리 역시 마찬가지이다. 실제로 머리카락을 불에 가열하면 머리카락이 고불고불하게 되는 것을 볼 수 있다. 파마하지 않았는데 자연적으로 머리카락이 곱슬하다면 속에 열이 많다고 보면 된다.

우리의 마음은 내가 행동을 할지 말지 결정을 내려준다. 그래서 내가 어떤 행동을 하는데 이 마음은 절대적 영향을 미친다. 그래서 이 마음을 주관하는 심장을 군주(君主)라고 하는 것이다. 혀는 나의 마음을 표현하는 '말'을 하고 내 생명을 유지하는 음식을 맛봐서 먹고 안 먹의 느낌을 결정 짓는다. 따라서 이 혀는 내 얼굴에서는 군주(君主)의 작용을 한다고 볼 수 있다. 그래서 혀는 오행 중 화(火)에 해당한다.

화(火)의 감정

여러 가지 마음 중에서도 심장의 작용과 가장 유사한 감정이 있다. 바로 기쁨(喜)의 감정이다. 기쁠 때 표정을 보면 바로 기운이 옆으로 흩어지면서 위로 천천히 상승한다.

보통 기운이 위로 수직에 가깝게 강하게 올라가는 힘이 목(木)이면. 정상으로 향해 올라가면서 수평을 향해서 비스듬하게 옆으로 가는 것을 화(火)라고 한다. 이러한 상(象)과 기쁨의 기운은 같다. 때문에 기쁨은 화(火)에 비유한다.

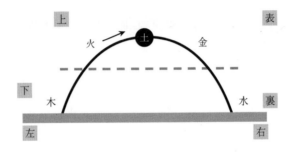

화(火)의 맛

불에 그슬린 것을 맛보면 그 맛이 쓰다는 것을 알 수 있다. 살짝 그슬리면 고소해지고 세게 그을려서 타게 되면 쓴맛이 난다.

숯 밑에 타고 있는 불은 붉은색이지만 이미 다 탄 숯의 색깔은 검은색이된다. 이 타버린 숯은 맛이 매우 쓰다. 이 숯이 왜 발생하느냐면 불이란 가만히 두면 흩어지는 기운이라 다 흩어져버리면 불이 사라져버리기 때문에 그 형태를 유지하기 위해 자체적으로 불의 흩어지는 기운을 제어해주는 기운이 발생하게 된다. 이 숯이 바로 불을 유지하기 위해 불의 흩어지는 기운을 제어해주기 위해 형성된 것이라고 볼 수 있다. 쓴맛은 바로 이러한 과정에서 형성된다.

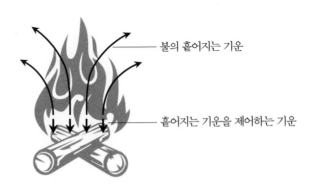

불에 의해 타게 되면 맛이 써지는데 이처럼 쓴맛은 불이 흩어지는 것을 막아주고 위의 그림처럼 위로 좌우로 기운이 흩어지는 것을 밑으로 내려 잡아주기 때문에 쓴맛은 기운을 밑으로 내려주는 효능도 있다고 본다.

화(火)의 기후

화(火)는 모든 것이 뜨겁다. 때문에 열이 발생하여 온도가 올라간다. 이 안의 수분은 흩어지고 녹을 수 있는 모든 것들은 녹게 된다. 토스트를 구워 먹으면 부드러운 빵이 열을 받아 수분이 날아가 단단해짐을 알 수 있다. 이처럼 열을 받으면 모든 사물은 일차적으로는 단단해진다. 그 상태에서 더 열을 받으면 조직의 균열이 생겨서 갈라지게 된다. 단단한 것들은 수분이 흩어지니 더욱더 건조하여 깨지게 된다. 이러한 화(火)의 열(熱)을 한의학의 육기(六氣)에서는 서열(暑熱)이라고 한다.

토(土)

토(土)의 특징

흙의 색을 예로부터 누런색이라고 하였다. 그중에서 가장 영양분이 많고 몸에 좋은 흙이 황토(黃土)이다. 그래서 그 황토의 효능 때문에 오늘날에도 집 짓는 데에도 많이 이용한다. 굳이 황토가 아니라도 영양분이 많은 흙은 식물에 좋은 영양분을 공급하여 먹이사슬의 원천인 식물을 키워준다. 흙에서 자란 모든 생명은 그 생명이 다하면 다시 흙으로 돌아간다. 이처럼 흙은 생명의 생(生)과 사(死) 모든 부분에 관여한다고 할 수 있다. 그것도 모든 생명에 다 관여가 된다. 흙이란 모든 생명이 죽어 쌓이고, 돌이 잘게 부서져 쌓인 물체이다.

흙은 모든 생명체 사이에서 중간 매개체 역할을 한다. 식물을 먹여주고, 동물들이 땅굴을 파면 집이 되어주고, 침대가 되어준다. 모든 오행은 토(土)를 매개체로 서로에게 작용하게 된다. 그래서 이 토(土)는 중간자가 되어 중(中)의 역할을 한다.

토(土)는 중간에서 서로를 조절해주는 역할을 하므로 '마디 절(節)', '조절(調節)'의 작용을 한다. 즉, 서로의 기운을 완충시켜주는 작용을 한다는 것이다. 대나무를 보면 마디(節)가 매우 많다.

따라서 이 대나무는 목(木)의 마디가 있는 것으로 보아 목(木) 기운을 조절해주는 효능이 있다. 모든 변화의 마디에는 토(土)가 있다고 이해해도 될 듯하다.

토(土)는 모든 죽은 생명체가 부식되어 쌓인 존재다. 그래서 '쌓일 적(積)'은 토(土)의 대표적인 기능이다. 한의학의 질병에 적(積)은 노폐물이 쌓여서 생긴 병인데 모두 토(土)의 작용으로 형성된 것들이다.

토(土)의 인체

토(土)에 해당하는 장기는 비장(脾臟)과 위장(胃腸)이다. 입과 식도는 위장의 부속기관이라 할 수 있다.

입은 음식을 소화하기 위해 제일 먼저 음식을 모으는 기관으로 음식을 씹어서 내가 받아들일 수 있는 상태로 만들어 모은 후 위장으로 내려보내게 된다. 그리고 입에서도 소화를 시켜주는 아밀라아제(amylase) 등의 효소들이 분비된다. 어찌 보면 입은 일차 소화기관이다.

예를 들어 동물이 죽는다고 가정해보면, 이 동물은 죽은 직후에는 형태를 그대로 유지한다. 하지만 점점 썩어서 곰팡이가 피고, 또 시간이 오래 흐르면 뼈까지 부식되어서 흙이 되어버린다. 이렇게 부식되어서 흙의 일부분이 되는 것이 바로 소화 작용이다. 처음 사체일 때는 덩어리가 크다. 그런데 입안에서 이빨의 분해작용으로 잘게 부서지고 위장으로 내려가서 위산에 의해 이차적으로 더 잘게 분해되듯이 흙의 부식작용도 이와 같다. 부식된 동물의 사체가 흙에 쌓여 땅에 영양분이 되어주는 것처럼 소화된 음식은 우리에게 영양분을 준다.

위장은 소화흡수가 제대로 되도록 분해하는 작용을 한다. 위산을 분비하여 음식을 잘게 분해해주어 소화흡수가 잘 되게 만들어준다. 이 위산은 적당히 나올 때는 음식만 분해하지만, 음식을 과다 섭취해서 위산이 많이 분비하게 되면 음식뿐 아니라 위장의 조직까지 분해하게 된다. 이렇게 위장의 조직까지 다치게 되면 처음에는 궤양의 증상만 나타나지만 심하게 되면 구멍(천공穿孔)이 뚫리게 된다. 한의학에서는 이 위산은 간(肝)에서 자극하여 분비되는 것으로 본다. 마치 나무나 식물들(木)이 시체의 영양분을 빨아먹어서 부식되게 도와주는 것과 같다. 입에서부터 항문까지는 하나의 관(管)으로 이어져 있다.

그렇기 때문에 대변이 막히면 위장에서도 음식이 내려가지 못하게 됨은 당연한 이치이다. 그래서 변비가 있으면 소화불량이 생기는 경우가 많다.

입에서 이빨로 음식을 분해하고 위장에서 위산과 소화 효소가 분비되어 음식물을 분해하는 것은 토(土)의 부식작용이라고 볼 수 있다. 토(土)의 부식작용은 나무와 바람 등 목(木)의 작용을 통해 이루어지게 된다.

음식이 썩으면 신맛이 나는 것처럼 썩는 작용 역시 목(木)의 도움을 통해 이루어지게 된다. 위장 역시 간(肝)과 쓸개의 도움을 받아 소화를 잘 시

켜주게 된다. 위장에서 소화가 잘되게 분해해주면 십이지장과 소장은 췌
장에서 분비되는 소화효소의 도움을 받아 영양분을 흡수하게 된다. 그래
서 한의학에서는 이 췌장을 비(脾)의 일부로 본다.

중국 의사들이 스플린(spleen)을 비장(脾臟)으로 번역한 것은 어찌 보면
잘못 번역한 것이라 할 수 있다. 판크리아스(pancreas)를 췌장(膵臟)으로
번역하지 말고 '비장 1', 스플린(spleen)을 '비장 2' 이렇게 해도 좋았겠다
는 생각이 든다. 한의학의 최고 고전인『내경』에서는 이런 말이 나온다.

중초(中焦)가 기(氣)를 받아서 즙(汁)을 취해 변화하여 붉게 된 이것을
혈(血)이라고 일컫는다. [16]

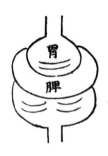
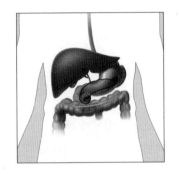

중초(中焦)란 비장(脾臟)과 위장(胃腸)을 말한다. 여기는 분명 중초(中
焦)에서 변화하여 붉게 된 것이 혈(血)이라는 말이 나온다. 그런데 실제로
비장에서 피의 구성 성분인 적혈구와 백혈구가 생성된다. 실제로『동의보

---

16) 中焦受氣, 取汁變化而赤, 是謂血.『내경』「영추」

감』의 그림을 보면 비장은 위장을 둘러싸고 있는 그림으로 나온다. 판크리스와 스플린 두 개를 합쳐서 비(脾)로 본다면 가능할 수 있는 그림이다. 인체의 뒷면에서 본다면 췌장(膵臟, pancreas)과 지라(脾臟, spleen)가 위장(胃腸)을 둘러싸고 있는 구조가 되니까 말이다.

실제로 낙서(洛書)에서 토(土)의 수는 5와 10인데 비(脾)는 음토(陰土)라 비(脾)를 의미하는 10은 반대편에 있는 숫자 2개가 합쳐져야 10이 되지 낙서 그림 안에는 10이라는 숫자가 없음을 알 수 있다. 즉 숫자 2개가 합쳐져야 10이 되는 것처럼, 2개의 장기가 합쳐져야 비(脾)가 될 수 있는 것 아닌가 생각해본다. 이 부분은 한의사들의 연구가 좀 더 깊이 이루어져야 할 것이다.

토(土)의 맛

토(土)의 맛은 단맛이다. 단맛을 먹으면 기분이 좋아진다. 화가 풀어지고 몸의 근육이 편안히 이완된다. 몸의 긴장 역시 풀어지게 된다. 몸이 긴장을 계속하게 되면 근육이 계속 힘을 주고 있기 때문에 살이 빠지는데, 단맛은 근육의 긴장을 풀어주기 때문에 단 음식을 많이 먹으면 살을 쌓이게 만든다. 단맛은 살만 쌓이는 것은 아니다. 좋은 정(精)도 쌓이는데, 대표적으로 보약과 조청을 들 수 있다. 반면 나쁜 것을 주로 쌓이게 하는 것은 설탕이 있다.

단맛을 많이 먹으면 살이 찐다고 했는데, 한의학에서는 살이 토(土)의 작용에 의해 발생한다고 본다. 토(土)가 쌓이는 작용에 의해 살이 쌓이는 것이다. 운동을 많이 하지 않으면 살이 쌓이는 것처럼 바람(木)이 별로 불지 않는 곳은 흙(土)이 잘 쌓인다. 비만이 발생하는 이유이다.

토(土)의 감정

토(土)의 감정은 한의학에서는 사(思)라고 한다. 이 사(思)를 우리는 단순히 '생각한다'로 이해하는 사람들이 많다. 생각한다는 것을 자세히 보면 우리가 어떻게 해야 할지 이것저것 요모조모를 따져서 머릿속으로 여러 가지 가능성을 굴려보는 마음이다. 이러한 마음이 길어지면 이럴까 저럴까 마음만 먹다가 어느 한쪽도 택하지 못하는 일이 생겨버린다. 즉, 생각이 지나치면 우유부단함으로 빠져버리게 된다. 흑백이 명확하지 않아서 어느 쪽에도 속하지 못하는 회색분자가 생겨나기도 하는 것이다.

토(土)는 음과 양의 딱 중간에서 중재를 하는 기운이다. 때문에 음과 양 어느 한쪽으로도 기울지 않는다. 사(思) 역시 생각이 지나치면 어느 한쪽으로도 치우치지 못하고 결정력이 떨어져서 우유부단하게 될 수 있는 그러한 마음이다. 생각이 지나쳐 기운이 어느 한쪽으로 흐르지 못하여 정체되면 정체된 기(氣)를 따라 혈(血)도 정체되어 나쁜 노폐물들이 쌓이게 된다. 심하면 나쁜 노폐물이 쌓여서 종양 등이 생길 수도 있다. 마음이란 것이 이러한 작용까지 만들게 되는 것이다.

토(土)의 동물상

소는 덩치에 비하면 매우 평화로운 동물이다. 먹이를 찾아 큰 이동을 하는 것을 제외한다면 많이 이동하지 않으면서 풀을 뜯는다. 그리고 특유의 쌍꺼풀 눈을 껌뻑이면서 특별히 상대방이 건드리지 않는 이상 싸우지 않고 평화롭게 지낸다. 하지만 덩치가 있고 힘이 있기 때문에 상대방이 건드린다면 확실하게 밟아버리는 것도 소의 특징이다.

소를 먹을 때 그 지방은 돼지의 지방보다 잘 안 빠져나가고 몸에 쌓인다는 말을 많이 한다. 이것은 소가 토(土) 기운인 쌓이는 기운을 가지고 있기 때문이다. 돼지는 수(水) 기운의 흐르는 기운 때문에 그 기름이 열에 쉽게 잘 녹고 밖으로 잘 빠져나가기 때문에 몸 안에 잘 안 쌓이지만 소의 지방은 잘 안 빠져나가서 그 지방이 몸에 잘 축적되어 몸에 좋지 않게 된다. 실제 소나 코뿔소, 코끼리 등의 생물들은 먹이를 찾아 이동하는 것을 제외한다면 움직임이 그다지 많지 않다. 그래서 살이 많이 붙고 쌓이는 동물들이다.

먹는 양도 매우 많다. 때문에 이들의 위장은 매우 튼튼하다. 우리가 소의 위장인 천엽을 먹는 것 역시 소가 위장이 튼튼하기 때문에 사람에게도 도움이 되기 때문이다. 그래서 토(土) 기운에 이러한 생물들이 배당된다. 이러한 평화롭고 안정된 기운을 가지고 있고 사람에게 우유도 주고 밭도 갈아주고 고기도 주는 고마움은 마치 우리에게 디디고 사는 터전을 주고, 식물들을 자라게 해서 야채나 채소를 먹게 해주고 동물들의 터전을 주어서 동물들도 먹게 해주는 토의 다방면에서의 혜택과 비유된다. 그래서 인도에서는 이러한 토(土)의 덕성을 높이 사서 소를 숭상하고 소를 먹지 않는 것이다.

금(金)

금(金)의 특징

흙이 쌓이고 쌓이면서 그 흙 안의 수분이 다 빠져나가 건조해지고 그 흙들이 굳으면 바로 돌이 된다. 그 흙의 특정 성분들이 자기들끼리 뭉치면 금(金)도 되고 쇠도 되고 은도 된다. 이렇게 해서 만들어진 금과 쇠와

은은 불에 잘 녹는다. 또한, 자기들끼리 잘 뭉친다. 금이나 쇠 등은 단단하지만 또 늘어나기도 하는 특이한 성질을 가지고 있다. 돌은 단단하면서 늘어나지는 않는다. 불에 녹지는 않지만 짜개지고 부서진다. 우리가 금속이나 바위에 손을 대보면 온도가 낮다는 것을 알 수 있다. 금(金)은 이처럼 서늘하다고 할 수 있다.

이러한 금속이나 바위에는 어떤 식물을 심어도 자랄 수가 없다. 죽음의 기운이 금(金)에 있다고 봐도 과언은 아니다. 이처럼 단단한 금속이나 돌은 무엇을 부수거나 자르거나 아니면 단단함으로 무엇을 지탱하거나 하는 용도로 쓰인다. 즉, 오행 중 금(金)은 어떤 형태를 만들기 위해 기(氣)를 수축시키거나 아니면 형태를 유지하거나 숙살(肅殺)의 살기를 띠는 경향이 있다.

가을은 날씨가 서늘해지기 시작하는 계절이다. 그리고 낙엽과 열매의 계절이 된다. 봄과 여름까지 나무는 이파리로 그 기혈(氣血)이 분산된다. 더는 분산될 수 없을 때까지 여름에 다 분산이 된다. 그러다가 가을이 되면서 그 기혈이 다시 뿌리로 돌아오기 시작한다. 그러다 보면 이파리까지 몰렸던 기혈이 줄기에서 뿌리로 안으로 들어가기 때문에 이파리에는 기혈이 부족해지기 시작한다. 그래서 이파리가 마르기 때문에 낙엽이 되어 떨어지게 되는데 이것을 숙살(肅殺)이라고 한다.

금(金)의 인체

사람 역시 피부가 가을과 겨울에 마르는 이유는 기혈이 몸속 깊은 곳으로 이동하기 때문에 피부가 건조해지는 것이다. 높이 올라간 물체는 인력 때문에 저절로 아래로 떨어지는 법이니, 가을은 가장 높이 올라간 양기가 더 이상 올라갈 곳이 없어 자연스럽게 아래로 떨어지기 시작하는 계절이다. 열매도 떨어지고 잎도 떨어져서 가지 끝에 매달려 있던 것들이 점점 사라진다.

이처럼 하강하는 것은 음(陰) 기운이 들어오기 시작하기 때문이다. 이때 가지 끝까지 몰린 진액은 뿌리로 돌아오기 시작한다. 그래서 나무의 윗부분과 겉 부분은 굉장히 건조해지기 시작한다. 하지만 속으로는 진액이 모인다.

이때부터 열매와 가지와의 분리가 시작된다. 진액이 땅속으로 들어가면서 이파리는 마르게 되지만 열매는 가지와 분리되기 시작하면서 그 영향을 받지 않게 된다. 봄여름 동안 모아둔 진액과 음혈(陰血)이 열매에 가득 차고 좋은 영양분이 열매에 몰리고 껍질은 열매를 감싸면서 단단해지게 된다. 마치 흙이 쌓여서 단단해지면 금(金) 기운인 돌과 광물질이 되는 것과 같다.

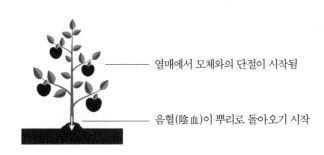

열매에서 모체와의 단절이 시작됨

음혈(陰血)이 뿌리로 돌아오기 시작

그림에서 보듯 음혈(陰血)은 가을부터 뿌리로 돌아오기 시작한다. 실제로 한약재 중 뿌리를 약재로 쓰는 경우는 가을과 겨울에 채취하는 것이 더 효능이 뛰어난 이유이다. 열매는 나무가 1년 동안 버티면서 만들려고 하는 목표다. 이 목표물인 열매를 만든 후 나무는 가을과 겨울이라는 긴 휴식에 들어간다.

가을은 이러한 작용 때문에 지표면 위로는 다 건조해진다. 이파리도 마르고 줄기의 겉 부분도 마른다. 사람도 피부가 마르고 동물 역시 그 때문에 털갈이를 하게 된다. 가을 하늘이 맑은 이유도 이 건조함 때문이다.

가을의 기운은 가장 높은 곳까지 올라간 기혈이 아래로 떨어지기 시작하는 때이다. 때문에 가을의 기운은 아직까지는 높은 곳에 머물러 있다. 인체의 내장 중 가장 높은 곳에 위치한 것은 폐(肺)이고 그다음이 심장(心臟)이다.

폐(肺)의 기능은 계속 박동하느라 과열된 심장의 열을 식혀주어 심장이 계속 무리 없이 돌아가게 해준다. 폐(肺)의 대표적인 기능인 호흡이 바로 이것을 위해 존재한다. 호흡(呼吸)이란 외부의 상쾌한 공기를 들이마시고 내 몸에서 필요 없는 나쁜 공기를 밖으로 내뿜는 행위이다. 상쾌한 공기를 들이마시면서 기를 우리 몸에 축적하게 되는데 이때 축적된 기를 종기(宗氣)라고 한다. 이 종기는 심장의 박동을 뛰게 하여 우리 몸의 혈(血)이 근원적으로 흘러가는 힘이 되어준다. 폐의 호흡은 코와 입과 피부를 통해서 이루어진다. 여기서 중요한 것은 호흡이 피부의 땀구멍을 통해서도 이루어진다는 것이다. 이 땀구멍을 피모(皮毛)라고 한다.

피부호흡은 바로 땀구멍을 통해서 이루어지는데 일반적으로 차가운 기운이 땀구멍으로 침범하게 되면 몸 안에 기운이 충분히 있는 사람은 이 땀구멍을 조여서 더는 차가운 기운이 침범하지 못하게 만들어준다. 날씨가 추울 때 닭살이 돋는 이유가 바로 이 때문이다. 실제로 목욕탕에서 목만 내놓고 너무 오래 있다가 죽는 경우가 간혹 생기는 것도 바로 피부호흡이 물속에 있으면 되지 않기 때문이다.

이 호흡은 과열된 심장을 식혀주고 또 심장 박동의 원천적인 힘인 종기(宗氣)를 쌓기 위한 작용인데 이 작용을 폐(肺)가 하게 된다. 이러한 작용들은 여름의 뜨거운 더위를 식혀주는 가을의 서늘함과 같아서 폐를 금(金) 기운으로 본다. 또한, 가을 낙엽과 같은 금(金) 기운의 하강력(下降力)이 폐의 하강력과 일치한다고 보면 된다. 우리가 숨을 들이마실 때는 어깨가 위로 들리면서 폐가 위로 상승하고 횡격막은 내려가는데, 그러면서 밖의 시원한 공기를 폐 안으로 들인다. 그리고 숨을 내쉴 때는 어깨가 아래로 처지면서 폐가 밑으로 하강하고 횡격막은 올라가는데, 그러면서 폐 안의 나쁜 열과 공기를 쥐어짜서 밖으로 배출한다. 마찬가지로 피부호흡은 피부의 나쁜 기운과 열을 밖으로 빼내 주는 역할을 한다. 이 작용이 잘 안 되면 피부에서 열이 빠져나가지 않기 때문에 피부질환이 생길 수도 있다.

금(金)의 맛

우리가 매운맛을 먹으면 땀이 나고 더워진다. 그리고 들이마시는 숨보다 내쉬는 숨이 더 강해지고 많아진다.

이것은 몸 안의 공기가 밖으로 나가려는 흐름이 많아진다고 보아야 한다. 피부호흡 역시 왕성해지게 된다. 매운맛은 인체의 기운을 밖으로 흩어버리는 작용을 한다. 피부호흡 역시 몸 안에서 밖으로 배출하려는 흐름이 강해진다. 이 때문에 밖에서부터 나쁜 기운이 들어왔을 때 그것을 밖으로 몰아내려는 약들은 다 매운맛을 갖게 된다.

매운맛에는 고추처럼 열이 나면서 느끼는 매운맛이 있고, 박하나 민트처럼 시원하면서 느끼는 매운맛이 있다. 고추처럼 열이 나면서 느끼는 매운맛은 몸 안의 노폐물을 밖으로 배출하는 효능이 탁월하다. 우리가 맵고 얼큰한 찌개를 먹은 후 시원한 느낌을 받는 것은 인체의 노폐물, 특히 체표에 쌓인 노폐물이 배출되어 사라진 시원한 느낌 때문이다. 박하나 민트처럼 시원하면서 느끼는 매운맛은 기관지나 폐(肺)의 염증을 가라앉히고 가래를 삭여주는 효능이 좋다. 이렇듯 매운맛은 나쁜 노폐물을 배출해주고 주변 조직들을 건조하게 만들기 때문에 끈끈한 노폐물들이 사라진다.

금(金)의 감정

사람은 우울해지면 몸의 기운이 밑으로 축 처지고 가라앉는다. 금(金) 기운이란 낙엽처럼 기운이 하강하는 것이다. 여름내 화려하던 이파리가 가을에 말라서 떨어져 낙엽으로 변한다.

나뭇가지의 무성한 이파리는 사라지고 앙상한 가지만 남는다. 사람 역시 영화롭던 시절이 가고 나뭇잎 떨어지듯 주변의 사람들도 멀어지고 재산도 사라지고 내 주변에 남는 것이 별로 없으면 매우 우울해진다. 가을의 이런 마음이 바로 우울한 감정과 같다. 우울함이란 잘 풀리던 것이 갑자기 아무리 해도 잘 안 풀리게 되어 기세가 꺾였을 때 나오는 감정이다. 여름의 무성함이 사라지고 나뭇잎으로 떨어져 텅 빈 나무의 마음과 같다. 그래서 사람들은 바로 그 우울한 마음을 가지고 '가을을 탄다'라고 한다.

수(水)

수(水)의 특징

물은 성질이 차갑다. 그리고 무엇으로도 변할 수 있다. 수증기가 되어서 공기의 일부가 될 수도 있고, 액체도 되며, 얼어서 고체도 될 수 있다. 상황에 맞게 스스로 변화한다. 이것은 최고의 적응능력이라 아니할 수 없다. 노자(老子)의 『도덕경(道德經)』에서는 그래서 "최고로 좋은 것은 물과 같다(上善若水)"라고 하였다. 이처럼 무엇으로도 변할 수 있는 물질이기에 세상 어디에도 스며들어 있다. 이 물이 있는 곳에는 생명이 있다. 반대로 물이 없는 곳에는 생명도 없다. 그래서 물은 만물의 근원이라고 한다. 물은 많이 모여 깊어지고 빛으로부터 멀어져 어두워지니 그 색깔은 점점 검게 된다.

물은 차가움으로 뜨거운 것을 식혀주고 만물을 적셔준다. 마른 것을 축축하게 만들어주고 거친 것을 윤택하게 만들어준다. 물은 가만히 두면 가장 낮은 곳에 가서 고이게 된다. 바다가 바로 물이 가장 낮은 곳에 모인 곳이다.

물은 가만히 두면 수평을 이룬다. 모든 것을 고르게 균형을 이뤄주는 효능이 있다. 열이 지나치는 것을 견제해서 조절해주고 탁기가 지나친 것을 맑게 해주는 균형 작용을 한다. 그렇듯 물은 모든 더러운 것을 씻어준다. 물은 맑아야 물의 제 기능을 할 수 있다. 오염되어 더러워지면 물은 제 기능을 할 수 없다.

수(水)의 인체

　인체에서 물을 이용해서 인체의 전체를 깨끗이 씻어주고 노폐물을 배출하는 기관은 바로 콩팥이다. 또한 콩팥은 이 물을 인체에서 필요한 곳으로 보내주는 역할을 한다.

　콩팥이 튼튼하면 인체의 진액은 항상 균형을 이루게 되어 몸에서 마르고 건조한 부분이 없는데 콩팥이 약하면 진액이 골고루 퍼지지 않기 때문에 발에 각질이 생기고 두피에 비듬이 생기며 피부가 건조해진다. 그리고 소변을 제때 제 양으로 보지 못하여 자주 보거나 아니면 소변이 잘 안 나오거나 하게 된다. 소변이 잘 안 나가면 소변으로 빠져나가야 할 물이 대변으로 나가서 설사를 할 수도 있게 된다.

　"콩팥이 뼈를 주관한다(腎主骨)"라는 『내경』의 말은 한의학에서 자주 하는 말이다. 그런데 정확히 말하면 콩팥이 뼈를 주관한다기보다, 역시 『내경』의 "콩팥이 골수를 주관한다(腎主身之骨髓)"라고 보는 것이 맞는 말이다. 뼈는 단단하여 암석에 비유되니 오히려 금(金)이라 할 수 있다. 골수는 물렁거리니 수(水)에 해당한다.

　골수는 적혈구, 백혈구, 혈소판 등 혈(血)을 만드는 기능을 한다. 한의학에서 보는 견지로 볼 때 일반적인 혈(血)은 중초(中焦)에서 생긴다고 보고, 정혈(精血)은 골수에서 생긴다고 볼 수 있다. 특히 혈소판은 상처가 났을 때 아물게 하는 기능을 하는데 두 개로 갈라진 상처를 하나로 이어주는 역할을 하는 것이니 정(精)의 대표적인 작용이라 할 수 있다. 이러한 정(精)은 콩팥에서 간직해준다.

　달팽이는 전형적으로 수(水) 기운을 대표하는 생물이다. 물이 세면대에서 구멍으로 빨려 들어갈 때의 소용돌이 모양처럼 달팽이집의 모양도 물의 소용돌이 모양인 것을 알 수 있다. 그러한 수(水)의 기운을 받고 태어난 생물이 달팽이이다. 그리고 그런 소용돌이 모양으로 생긴 기관이 귀이다. 귀는 소리를 흡수하여 식별하는 기관이다.

귀는 물이 소용돌이처럼 빨려 들어가는 형상과도 같이 생겼기 때문에 안으로 소리를 흡수하여 식별하게 된다. 그 때문에 수(水) 기운으로 배속하게 된다. 귀를 수(水)로 보는 것은 듣는 기능 때문이라고 보면 된다. 그래서 사주에서도 수(水)가 잘 발달하면 듣는 것을 잘한다고 한다. 음악하는 사람들은 대체로 사주에 수(水)가 많다.

수(水)의 맛

수(水) 기운이 가장 강한 곳은 바다이다. 물이 가장 많이 모여들기 때문이다. 그런데 바다는 맛이 짜다. 그래서 짠맛은 오행 중 수(水)에 해당한다. 실제 짠맛은 부드럽게 해주는 작용이 있다. 김치를 만들 때 배추를 소금에 절이는 이유는 배추가 부드럽게 되기 때문이다. 한의학에서 대변이 단단하거나 토끼 똥처럼 동글동글 딱딱하게 나올 때 망초(芒硝)라는 한약재를 쓰는데 망초는 소금의 일종이다. 실제 짠맛의 약재는 단단한 혹이나 종양도 부드럽게 만들어주는 효능도 있다. 한의학에서 돼지고기는 짠맛이 난다고 본다.

수(水)의 동물상

수(水) 중에서 해수(亥水)는 돼지를 의미한다. 돼지는 매우 특이한 동물인데 마치 진공청소기처럼 음식을 빨아들이는 대식가인 데다가 못 먹는 것도 없다. 가장 특이한 부분이 뱀에 물려도 전혀 이상이 없다. 그 때문에 뱀을 먹기도 한다. 한약을 먹을 때 돼지고기를 먹지 말라고 하는 것은 그처럼 독을 중화시키는 작용이 있다고 보니 약효까지 없앨까 두려워서 그러한 것이다. 돼지는 기름이 그렇게 많으면서도 그 지방을 먹어도 우리 몸에 쌓이지 않고 금방 배출이 된다고 한다. 그리고 돼지는 열을 꺼주는 효능이 있다. 그러다 보니 예전에는 돼지기름을 피부병에도 바르고 피부가 건조할 때도 발라줬으며 기타 여러 가지 질환에 자주 사용되었다.

물을 하나의 도형으로 그린다면 어떤 도형이 가장 적당할까? 물은 기체로도 되어서 하늘로도 올라갔다가 액체가 되어 땅으로도 내려왔다가 겨울에는 꽁꽁 얼어서 고체로도 된다. 이처럼 모든 형체로 돌고 돌아서 순환하는 것이 바로 물이다. 때문에 하나의 도형으로 그려보라고 하면 바로 동그라미를 그릴 수 있다. 돼지 역시 살이 쪄서 둥글둥글하다. 어떤 돼지는 꼬리까지 동그랗게 말려 있다. 돼지뿐 아니라 돼지처럼 코가 동글동글하고 몸통 역시 동글동글한 동물은 수(水) 기운을 많이 가지고 있다고 봐도 된다. 그렇다면 그 동물은 돼지처럼 콩팥을 튼튼하게 만든다고 볼 수 있다. 즉 돼지의 여러 부위 중 콩팥이 사람의 콩팥에 좋다고 볼 수 있다.

수(水)의 감정

우리가 무서워하는 공포스러운 마음을 가졌을 때 마음이 콩알만 해졌다는 표현을 한다. 반대로 보통 겁이 없는 것을 배포가 크다, 간이 크다는 표현을 한다. 무엇을 하려고 할 때 잘못될까 봐 무서워서 제대로 움직이지도 못하는 마음을 두렵다, 무섭다는 표현을 쓴다.

대상이 무엇이건 간에 내가 무언가 움직였을 때 잘못될까 봐 제대로 움직이지도 못할 정도로 내 마음이 졸아 들은 것을 공(恐)이라고 한다. 마음이 공포로 얼어붙었다는 표현도 이런 경우에 쓴다.

오행 중 가장 수축되고 응축된 것을 수(水)라고 한다. 이처럼 조금만 잘못 움직여도 일이 잘못될까 봐 마음이 두려워 졸아드는 것을 공(恐)이라고 하고 오행 중 수(水) 기운에 배당한다.

수(水)의 기후

겨울은 모든 것이 응축되고 꽁꽁 얼어붙는 계절이다. 모든 것이 움츠러들고 모든 움직임이 둔해지고 느려지는 계절이다. 밖에 나가기 싫은 계절이다. 눈이 오는 유일한 계절이기도 하다.

겨울에 나무의 모든 기운은 뿌리로 내려갔기 때문에 줄기와 이파리에는 생명력이 없다. 사람의 인생으로 보면 죽음에 가까운 노년이라 할 수 있다. 노인들도 피부에 생명력이 없이 거칠 게 되고 검버섯마저 피게 된다. 겨울이 이렇게 기운이 응축되는 것은 씨앗을 강하게 응축시켜 봄에 제대로 튀어나오게 하기 위함이다. 봄의 스프링(spring)이 제대로 튀어나가게 하기 위해서는 겨울에 제대로 눌러서 응축시켜야 한다. 그래서 씨앗을 추운 겨울에 밖에 내놓으면 응축이 잘 돼서 봄에 싹이 잘 튼다고 한다.

수(水) 기운은 오행 중 가장 차다. 이 수(水) 기운이 강해지면 온도가 내려간다. 온도가 내려가는 이유는 최대한 응축시켜서 목(木) 기운이 발동할 때에 제대로 튀어 나가게 하기 위함이다. 그래서 사람도 고난을 많이 겪어서 눌리고 눌려야 운이 펴질 때 제대로 펴지는 법이다. 그러니 고통을 피하려고만 하지 말고 디딤돌로 삼는 현명함이 필요하다 하겠다.

이처럼 사람의 초년, 청년, 중년, 말년 인생은 목화토금수 오행에 비견 될 수 있다. 인생의 초년은 목(木)이고, 청년은 화(火)이고, 중년은 금(金)이고, 노년은 수(水)라고 이야기했다. 그런데 오행은 수(水)에서 끝나지 않는다. 수생목(水生木)이라고 이야기했듯이, 수(水) 기운이 다하면 다시 목(木) 기운이 발동된다. 이를 다시 인생에 비유하면, 노년이 지나면 다시 초년이 될 수 있지 않을지…. 대부분의 사람은 노년이 지나면 죽음으로 끝난다고 생각할 것이다. 하지만 수생목(水生木)의 오행론에 입각하여 보면 다시 초년으로 환생한다고 보는 견해도 있다.

하도와 오행의 상생

오행과 하도

1부터 10까지의 숫자에 오행을 붙인 것은 사실상 하도(河圖)에서 나온 것이다. 다음 그림을 보겠다.

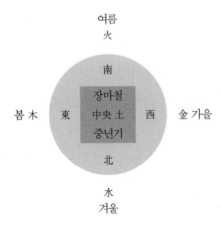

이것은 음양의 이치에 따라 배속한 그림이다. 원래 목(木)은 봄의 기운이고, 화(火)는 여름의 기운이며, 토(土)는 장마철의 기운이고, 금(金)은 가을의 기운이며, 수(水)는 겨울의 기운이다. 그렇게 볼 때 이 그림의 오행을 하도에 대입해보겠다. 그러면 아래와 같은 도식과 도표가 나온다.

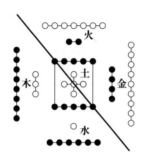

	木	火	土	金	水
陽數	3	7	5	9	1
陰數	8	2	10	4	6

하도(河圖)는 복희씨가 하늘이 내린 상(象)을 읽고 받은 숫자의 상으로 알려져 있다. 이 하도는 모든 숫자 철학의 기본이고 하늘과 땅과 만물(萬物)이 만들어지는 모습을 담고 있다. 그러면 하도(河圖)의 숫자들은 어떻게 형성이 되었을까? 자세히 살펴보자.

흰색은 양(陽)이고 검은색은 음(陰)이다. 북쪽인 아랫부분과 동쪽인 왼쪽은 내부는 양(陽)이고 외부는 음(陰)이다. 남쪽인 윗부분과 서쪽인 오른쪽은 내부는 음(陰)이고 외부는 양(陽)이다. 한의학적으로 해석하면, 북쪽과 동쪽은 내부에서는 양기(陽氣)를 키우면서 그 양기가 겉의 음혈(陰血)을 밀어내면서 겉으로는 음혈이 자라나는 그림이다.

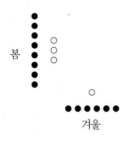

이때가 바로 봄과 겨울의 때이다. 사람으로는 한창 혈기 넘치는 유아기와 청년기이다. 가장 젊을 때이니 피부는 이때가 가장 탱탱하고 윤기가 넘치게 된다. 그리고 인체의 성장이 가장 많이 이루어지는 때이다. 키가 크는 자양분은 음혈이지만 그 음혈을 크도록 확장하는 힘이 양기에서 오는 것이다. 그러면 다음으로 오는 여름과 가을의 하도를 보자.

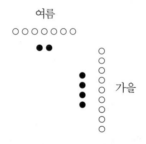

반대로 남쪽과 서쪽은 내부로 진액이 수렴되어 들어가고 겉에서는 양기가 득세한다. 여름과 가을에 해당하는데 사람으로 보면 중년과 노년에 해당한다. 이때는 피부가 거칠어지는 것이 바로 겉으로는 양기의 열이 득세해서 진액을 말려버리기 때문이고, 그 진액은 속으로 뼈로 들어간다.

陰陽五行, 볕과 그림자 그리고 다섯 원소

그래서 속에 음(陰)이 있는 것이다. 하도(河圖)를 좀 더 자세히 뜯어보도록 하자.

이 과정은 원래 하나였던 것이 둘로 나누어지는 과정이다. 둘로 나누어진 것은 바로 하늘과 땅을 의미한다. 오행 중 물은 가만히 두면 가장 아래로 내려간다. 그리고 불은 가만히 두면 가장 위로 올라간다. 그래서 1을 수(水)로 본다. 만물의 근본을 물(水)로 보는 것이다. 실제로 사람 몸의 70%는 물이라고 한다. 그것은 모든 생명에게 다 해당하는 말이다. 불은 분열되어 올라가는 것이므로 2는 화(火)의 원수(原數)가 된다. 이 그림은 하늘과 땅이 위아래로 나뉘는 것을 형상화한 그림이다. 그다음 아래 그림을 보자.

'3=1+2'이고 '4=2+2'이다. 즉, 결국 하늘과 땅의 수인 1과 2가 섞여서 3과 4가 나오게 된 것이다. 위에 있는 하늘과 아래에 있는 땅이 교합해서 가운데에서 만물이 형성되고 있다. 천지부모(天地父母)가 교합해서 자식

인 3, 4가 나오는 것이다. 그래서 3과 4를 만물이 형성되는 과정의 수라
고 한다.

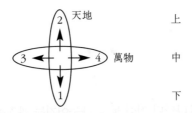

먼저 천지(天地)인 위아래로 나누어지고, 그다음에 만물(萬物)인 좌우로
나누어져서 천지만물(天地萬物)이 만들어진다는 것이다. 앞에서 인용했던
『내경(內經)』의 문구를 다시 보자.

> 하늘과 땅은 만물(萬物)의 위와 아래요, 음양(陰陽)은 혈(血)과 기(氣)
> 의 남녀(男女)이다. 왼쪽과 오른쪽은 음양의 도로(道路)요, 수화(水火)는
> 음양의 징조(徵兆)이니 음양은 만물이 능히 시작할 수 있는 것이다. [17]

지금까지 하도를 설명한 내용을 보면 『내경』의 이 구절이 왜 이렇게 쓰였
는지 이제 이해할 수 있으리라 생각된다. 하늘과 땅이 만물의 위와 아래이
니 만물은 좌우(左右)가 되는 것이다. 그러한 과정에서 좌우는 혈기(血氣)
와 남녀(男女)라는 설명으로 나온다. 즉, 생명이자 인간이라는 뜻이다. 5
는 1과 4를 더한 수이고, 2와 3을 더한 수이다. 즉 5는 1, 2, 3, 4의 숫자
가 서로 합해져서 이루어지는 숫자이니 만물의 조화된 숫자이다. 5는 모

---

17) 天地者, 萬物之上下也; 陰陽者, 血氣之男女也; 左右者, 陰陽之道路也; 水火者, 陰陽之徵兆
也; 陰陽者, 萬物之能始也. 故曰 陰在內, 陽之守也; 陽在外, 陰之使也. 『내경』「음양응상대론」.

든 것이 조화된 숫자이고 토(土)에 해당하는 숫자인데 토(土)는 모든 기운이 쌓이는 것을 의미하므로 이 토(土)가 있어야 형상화가 이루어진다.

이 시점에서 반추해보면 『내경』의 설명은 참 절묘하다. 하도낙서와 『주역』을 제대로 이해하기 위한 내용으로 가득 차 있다. 사주를 공부하는 분들도 음양오행을 이해하기 위해서는 반드시 제일 먼저 공부를 해야 하는 책이라고 생각한다.

지층이란 것은 흙이 겹겹이 쌓여있는 것을 말한다. 흙은 쌓이면서 시간이 지나면 단단한 바위도 되고 돌도 된다. 오행상 토(土)란 이처럼 쌓여서 형상화되는 것을 상징한다. 이 토(土)와 합쳐져야 각각의 숫자가 외부로 형상화된다. 그래서 '1+5=6'이니 6은 1이 외부로 형상화된 숫자라고 보면 된다.

1부터 5까지는 생수(生數)라고 하고, 6부터 10까지는 성수(成數)라고 한다. 생수는 기(氣)이고, 성수는 형(形)이다. 이때 1이 1로 남으면 우리 눈에 보이거나 느껴지지 않는다. 5와 합쳐져서 6이 되어야 우리 눈에 보이고 느껴지게 된다. 동양의 음양오행에서는 1, 6을 수(水)라고 하는데 수(水)의 결정 모양이 육각형인 것은 이와 무관하지 않게 느껴진다.

수(水)의 결정 모양

오행(五行)	수(水)	화(火)	목(木)	금(金)	토(土)
생수(生數)	1	2	3	4	5
성수(成數)	6	7	8	9	10

만물 중에서 가장 으뜸은 사람이다. 그래서 3과 4를 사람이 형성되는 과정으로 본다. 때문에 사람을 천지(天地)인 상하로 살피지 않고 만물의

형성과정인 좌우로 살피는 것이다.

오행의 근본은 수(水)와 화(火)이다. 만물의 근본은 하늘과 땅이니 수(水)와 화(火)는 땅과 하늘로 향하므로 하늘과 땅의 위치인 1과 2에 배열하면 된다.

수(水)와 화(火)는 음양(陰陽)의 징조(徵兆)요, 금(金)과 목(木)은 생(生)하고 성(成)하는 끝과 시작이다. [18]

'징조(徵兆)'란 어떤 일이 일어나기 전의 조짐이다. 수(水)와 화(火)는 음(陰)과 양(陽)의 기운이 일어나기 전의 조짐이라고 이 본문은 말한다. 즉, '수기(水氣)가 보이면 음기(陰氣)가 일어나는구나!'라고 알 수 있고, 화기(火氣)가 보이면 '양기(陽氣)가 일어나는구나!'를 알 수 있다는 말이다.

금(金)과 목(木)은 생(生)하고 성(成)하는 끝과 시작이라고 한다. 정확히 따지면 목(木)은 생(生)의 시작이요 성숙(成熟)의 끝이고, 금(金)은 성숙(成熟)의 시작이요 생(生)의 끝이 된다. 생(生)은 봄의 새싹의 기운이요 열매가 씨앗을 머금고 있는 근본 이유요 최종 목적이 된다. 성(成)은 가을의 열매 맺는 성숙의 기운이요, 동물로 따지면 새끼를 배는 것이니 만물이 태어나서 살아가는 근본 이유요 최종 목적이 된다. 목(木)은 봄이요, 금(金)은 가을이다. 즉 금(金)과 목(木)은 생명의 탄생과 성숙, 살고 죽는 것에 관여하는 기운이다. 생명이란 상하(上下)인 하늘과 땅이 낳은 만물이기 때문에 하도에서는 좌우(左右)에 배열한다.

---

18) 水火者, 陰陽之徵兆也. 陰陽者, 萬物之能始也. 『내경』「음양응상대론」.

모든 만물은 토(土)에 근거해서 태어나서 자라고 죽는다. 모든 오행이 이 토(土)의 터전 아래에서 살고 죽는다. 때문에 토(土)는 오행의 중심이 된다. 그래서 하도(河圖)의 중심에 토(土)가 위치한다. 그렇게 해서 성수(成數)까지 배열하게 되면 바로 아래 그림이 나오게 된다.

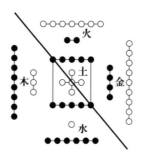

결국 하도(河圖)는 10(1+2+3+4)이라는 모든 것의 중심에서 1, 2, 3, 4로 흩어져 갈라지고 그 1, 2, 3, 4가 서로 더해지면서 5가 나오고 이 5를 통해 오행이 형상화되면서 성수(成數)가 이루어지어 결국 10까지 이어지는 그림이다. 즉, 모든 것이 뒤섞인 10에서 맑은 것은 위로 올라가 하늘이 되고 탁(濁)한 것은 아래로 내려가 땅이 되며 그 사이에서 만물이 만들어지는 과정을 형상화한 그림이 바로 하도인 것이다. 그래서 그 중심에 10이 있게 되는 것이다.

이 하도(河圖)는 완전한 10이라는 숫자가 가운데 존재하면서 그 안에서 모든 것들이 나오게 되는 그림이므로 마치 엄마가 임신해서 출산하고 아이를 키우는 의미가 있다. 10은 여성의 생식기를 의미하기도 한다. 여성의 생식기에는 남자도 여자도 다 나올 수가 있으니 그 안에 음양이 다 들어가 있는 것이다. 때문에 이 하도(河圖)에는 생(生)하고자 하는 의도가 내포되어 있다. 그래서 이 하도에서 나오는 오행의 배열 순서를 오행의 상생(相生) 법칙이라고 한다.

오행의 서로 생(生)하기

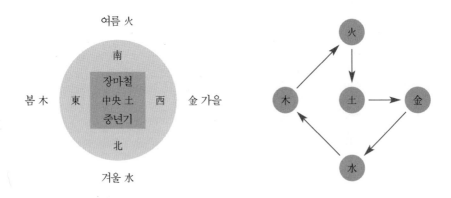

여름 火
봄 木　東
南
장마철
中央土
중년기
西　金 가을
北
겨울 水

왼쪽의 그림은 오행을 계절에 붙여서 그린 그림인데 이 계절의 순서대로 오행의 화살표를 그려보면 오른쪽의 그림과 같이 된다. 앞의 계절이 그다음에 오는 계절을 만들기 때문에 이것을 서로 생(生)하는 관계로 표현하게 된다. 그래서 다음과 같이 나오게 된다.

목생화(木生火): 목(木)은 화(火)를 생(生)한다.

화생토(火生土): 화(火)는 토(土)를 생(生)한다.

토생금(土生金): 토(土)는 금(金)을 생(生)한다.

금생수(金生水): 금(金)은 수(水)를 생(生)한다.

수생목(水生木): 수(水)는 목(木)을 생(生)한다.

이것은 오행이 어떻게 서로를 생(生)하는지 설명하는 내용으로, 하도(河

圖)에서 나온 이치를 오행의 법칙으로 표현한 것이다.

오행의 상생 관계를 어떻게 암기해야 할지 난감할 수도 있다. 하지만 암기 방법은 의외로 간단하다. 목(木), 화(火), 토(土), 금(金), 수(水) 이 다섯 글자만 순서대로 와우면 된다. 그리고 앞이 뒤를 생(生)하는 것만 알아두자. 그리고 맨 마지막 수(水)는 돌아와서 맨 앞의 목(木)을 생(生)한다는 것만 알아두면 된다.

○ 목생화(木生火)

목(木)은 화(火)를 생(生)한다. 불은 나무 땔감이 있으면 오래 간다. 나무가 없으면 불은 오래가지 못한다. 영화 〈80일간의 세계 일주〉를 본 적이 있는데 생각나는 한 장면이 있다. 주인공이 미국에서 대서양을 건너 빨리 영국 런던에 도착해야 하는데, 증기선이 천천히 가니까 배 안의 온갖 목재들을 잡아 뜯어 땔감으로 사용해 증기선의 속도를 올리는 장면이었다. 이처럼 나무를 많이 넣으면 넣을수록 불은 더욱 잘 타오른다.

그런데 나무와 불이 만나면 불은 잘 타오르는데, 나무는 불에 타서 없어지게 될 것이다. 목생화(木生火)라는 것은 불에는 힘이 되지만, 나무에는 힘이 되지 않는다. 나무는 불을 만나면 설기(泄氣)가 된다. 설기(泄氣)란 기운이 새어 나간다는 뜻이다. 산불이 나면 불은 며칠씩 활활 타올라 산에 있는 나무들을 모두 태워버린다. 정리하면 나무와 불이 만나면 기운이 빠진 나무는 숯이나 재가 되고, 불은 더 활활 타오르게 된다.

○ 화생토(火生土)

화전(火田)으로 밭을 개척하면 그동안 쌓여 있던 부식물과 소각에 의해서 생긴 재가 풍부하여 몇 해 동안은 작물의 생육이 양호해진다고 한다. 화산(火山)은 어떨까. 용암이 한번 터지면 이전에는 없던 땅이 생기고 산이 생긴다. 바로 제주도가 그러하다. 용암이 폭발하여 생긴 섬이다. 화(火)가 토(土)를 생성한다는 것을 잘 알 수 있는 대목이다.

화(火)는 토(土)를 생(生)한다. 어떻게 화(火)가 토(土)를 생(生)할까? 화전(火田)을 이해하면 된다. 화전은 휴경지(休耕地)를 새로이 경작할 때 불을 놓아 야초와 잡목을 태워버리고 농경에 이용하는 땅을 말한다.

그런데 화(火)가 토(土)를 생(生)하면, 반대로 화(火)는 기운이 다 빠져버린다. 불은 물로 끄는 게 가장 일반적이지만, 물이 없을 때는 흙을 끼얹어도 불은 잘 꺼진다. 불의 힘이 흙을 통해 설기(泄氣)되어 빠져나가기 때문이다.

○ 토생금(土生金)

토(土)는 금(金)을 생(生)한다. 금(金)은 바위, 금, 다이아몬드 같은 단단한 것들을 말한다. 그런데 바위, 금, 다이아몬드 같은 것들은 하늘에서 뚝 떨어진 게 아니다. 흙 속에서 오랜 시간 뭉쳐지며 생성된 것들이다. 그것의 대부분은 바위가 되기도 하고, 드물게는 사금(砂金)이나 다이아몬드가 되기도 한다. 이런 과정들은 모두 토생금(土生金)이라고 할 수 있다. 금(金)은 토(土) 속에서 만들어진다.

반대로 토(土)의 입장에서는 금(金)이 오면 설기가 이뤄진다. 힘이 빠진다는 말이다. 왜냐하면 하나의 단단한 금(金)이 만들어지기 위해서는 많은 토(土)가 투여되었을 것이기 때문이다.

○ 금생수(金生水)

금(金)은 수(水)를 생(生)한다. 흙을 적시던 물이 바위같이 단단한 물체(金)를 만나면 응결되기 시작한다. 물이 응결되면 모이게 되고 모이면 고이게 되고 고이면 넘치게 되고 넘치면 흐르게 된다. 흐르면 가장 낮은 데로 모이게 되고 거기서 물은 수평을 이루게 된다. 이것을 금생수(金生水)의 과정이라고 본다. 그래서 실제로 플라스틱이나 나무로 만든 컵보다 돌이나 금속으로 된 컵에 물을 마시는 것이 더 시원하게 느껴지는 것도 이러한 이유이다. 암반수가 당연히 더 깨끗하고 더 시원할 것이다. 동굴 속 바위 밑으로 흐르는 물이 그렇게도 깨끗한 것도 이러한 이유 때문이다.

그런데 물이 흘러가다 보면 주변의 바위들은 깎여나가게 된다. 금속도 물을 만나면 부식된다. 금(金)의 입장에서 보면 수(水)에 설기가 되어서 그렇게 된 것이라 할 수 있다.

○ 수생목(水生木)

수(水)는 목(木)을 생(生)한다. 나무든 꽃이든 목(木)에 해당하는 것이라면, 물을 주면 잘 자란다. 나무는 비를 맞으면 잘 자라고, 꽃은 물을 주면 자란다. 이처럼 목(木)은 물이 있어야 무럭무럭 자라난다. 반대로 물은 나무를 만나면 기운이 쪽 빨린다. 나무뿌리는 흙 속에 수분이 있으면 남김없이 흡수한다. 그런데 수분이 고갈될만하면 언젠가 비가 와서 다시 흙 속은 수분으로 충만해진다.

목생화(木生火), 화생토(火生土), 토생금(土生金), 금생수(金生水)의 과정을 거쳐서 다시 수생목(水生木)이 이루어지는 과정은 목화토금수 오행의 기운이 상생을 통해 끊임없이 순환하고 있음을 보여주고 있는 것이다. 이 세상은 돌고 돈다. 『주역』에 "가면 돌아오지 않는 것이 없다(无往不復)."라는 경구가 있는데, 바로 이런 이치를 말하는 것이리라.

진정한 의미의 상생

앞에서 보았지만 보통 상생(相生)의 법칙이라고 우리가 알고 있는 것은 목생화, 화생토 등 한쪽 방향으로만 마치 부모가 자식에게 하는 것처럼 생(生)해주는 이치다. 그런데 왜 '서로 상(相)'자를 써서 상생(相生)이라고 하는 것일까? 계속 생해주다 보면 5단계를 거쳐서 결국 나를 생해주게 되기 때문에 상생이라고 한 것이다.

예를 들어 목(木)의 입장에서 화(火)를 생(生)하고, 이후 화(火)가 토(土)를 생하고 토(土)가 금(金)을 생하며 금(金)이 수(水)를 생하면 결국 수(水)가 목(木)을 생하게 되니 결국에는 목(木)이 생을 받게 되는 것이다. 이것이 시간이 오래 걸려서 이루어진 목생화(木生火)를 한 보답을 받게 되는 것이다.

하지만 위에서 말한 상생(相生)은 바로 다음이라 금방 이루어지지만 돌고 돌아서 이루어지는 생(生)은 반드시 5단계를 거쳐야만 그 생(生)이 이루어진다. 문제는 이 5단계까지 인내심을 가지고 버텨야 하지만 참지 못하고 내가 생(生)한 이가 다른 쪽을 생(生)하고 그가 또 다른 쪽을 생(生)하며 그가 또 다른 쪽을 생(生)하는 4단계까지만 버티게 되면 오히려 나를 극(剋)하는 것을 생(生)하게 되는 격이라 도리어 내가 역풍(逆風)을 맞게 되어 타격을 받는다.

예를 들어 목생화(木生火)를 할 때 이 상생(相生)을 계속하면 화생토(火生土), 토생금(土生金), 금생수(金生水), 수생목(水生木)까지 이어지는 데 지쳐서 중간에 토생금(土生金)까지만 생함이 이뤄지면, 결국 나를 극(剋)하는 금(金)을 생(生)하는 격이 된다. 한 번만 더 참고 견디면 결국은 내가 생(生)을 받게 되는데 많은 사람이 이 과정에서 참지 못하고 포기하는 경우가 많다. 한 발을 더 나가서 계속 생(生)을 하게 되면 반드시 그 보상이 크다. 왜냐하면 계속 밀려온 생(生)이 나에게 오는 것이라 쌓인 것이 크기 때문이다.

생함도 여러 단계로 변화된다. 목(木)의 입장에서 목(木)이 화(火)를 생해 주는 목생화는 무조건적인 도움이다. 그리고 이 단계가 끝나고 다음 생(生)의 단계인 화가 토를 생하는 화생토의 단계로 오면, 목(木)의 입장에서는 목극토가 되니 이 단계에서는 생(生)이더라도 무조건적인 도움을 넘어서 통제를 하게 되어 있다. 이때 이 통제가 적당하면 문제가 되지 않지만 통제가 지나치게 되면 그다음 단계에서 문제가 온다. 다음 생(生)의 단계인 토생금은 금(金)이 목(木)인 나를 극하니 내가 도와주는 것이 나를 극하는 것이 된다. 앞선 목극토에서 이루어지는 통제가 적당하지 않고 지나치게 억압하게 되면 거기에 대한 반발로 금극목이 더욱더 세게 이루어져 내가 처음 생을 했던 마음과는 다르게 오히려 나에게 재앙으로 다가오는 일이 벌어질 수도 있게 된다. 그리고 금생수의 단계에 들어오고 나서야 목이 생을 조금씩 받는다. 그리고 수생목의 단계에 오면 목이 완전히 생을 받는 것이다.

많은 시간을 참고 기다리면 결국 시간은 나에게 모든 것을 돌려주게 된다. 이것이 기다림의 미학인 것이다. 결국 겸손함과 인내심이 모든 것을 해결해준다. 『주역』에서 "간 것은 돌아오지 않음이 없다"고 말하는 '무왕불복(无往不復)'의 이치다.

낙서(洛書)와 오행의 상극(相剋)

오행과 낙서(洛書)

하도(河圖)는 하나의 근본에서 하늘과 땅과 모든 만물이 펼쳐지는 그림이니 1부터 10까지의 모든 숫자가 다 펼쳐지게 된다. 그런데 5토(土)를 제외한 생수를 다 더해보면 1+2+3+4=10이 된다. 때문에 이 10을 동양의 상수철학에서는 완전수(完全數)라고 보아 '전(全)'으로 비유한다. 서양에서도 이 10을 하느님의 숫자라고 이야기하기도 한다. 피타고라스는 이 1, 2, 3, 4를 지(地, earth), 수(水, water), 화(火, fire), 풍(風, air)으로 보았고 지수화풍(地水火風)이 다 합쳐진 숫자 10을 완전한 우주의 숫자로 보았다. 이러한 개념은 동서양이 같다고 할 수 있다. 하도는 10의 이러한 완전함이 그림 안에 내재되어 있다.

하지만 낙서(洛書)를 잘 들여다보면 그 안에 숫자 10이 보이지 않는다는 것을 알 수 있다. 얼핏 보면 낙서 속에는 10이 전혀 보이지는 않지만, 그 10이 실제로는 숨어 있다고 할 수 있다. 반대편의 숫자와 합하면 10이 나오기 때문이다.

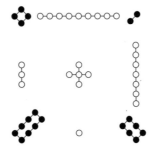

하도는 10이라는 모든 것의 중심에서 1, 2, 3, 4로 갈라진다. 그 가운데 1과 4가 더해져 5가 되고, 2와 3이 더해져 5가 되면서 이를 통해 오행이 형상화되면서 성수(成數)가 이루어져 결국 10까지 이어지는 그림이다. 즉 하나의 완전한 중심에서 모든 것이 갈라지면서 하늘과 땅과 만물이 형상화되는 것이 하도라면, 그렇게 해서 형성된 만물이 각자의 노릇을 하면서 돌아가는 법칙이 낙서가 된다.

모든 수를 지배하는 10이라는 완전수가 없기에 만물의 돌아가는 법칙은 약육강식, 적자생존, 강한 놈만 살아남는다는 법칙으로 돌아간다. 그게 지금까지의 세상이었다. 완전했던 10이 사라지고 그러한 10이 둘로 쪼개져서 동서남북으로 배열되게 된다. 북쪽의 1은 반대편 남쪽에 있는 숫자 9와 합하면 10이 되고, 동쪽의 3은 반대편 서쪽에 위치한 7과 합하면 10이 되며, 동북쪽의 8은 반대편 서남쪽에 있는 숫자 2와 합하면 10이 되는 것을 그림을 보면 알 수 있다. 이것이 바로 완전수 10이 둘로 쪼개진 상이다. 즉 완전한 10이 2개로 나뉘어 분열되고 중심에서는 10이 사라진 형상이라 할 수 있다.

그렇기 때문에 2개의 대립하는 것이 서로 합쳐져야만 완전한 것이 이루어지고 따로 있는 것은 어느 하나도 완전한 것이 없는 세상이 바로 낙서(洛書)의 상이다. 그래서 남녀도 같이 살아야만 완전해진다고 말할 수 있다. 그렇게 지금의 세상은 나와 다르고 반대되는 것을 무시하지 않고 내 것으로 잘 받아들이는 사람만이 완전함을 향해 나아갈 수 있도록 되어 있다.

강약(强弱)을 음양으로 나눈다면 강(强)은 양(陽)이 되고, 약(弱)은 음(陰)이 된다. 때문에 낙서는 강한 양(陽)이 위주가 될 수밖에 없다. 방위에 있어서는 동서남북 정방위(正方位)가 올바른 자리이니 양(陽)의 방위가 되어 주체가 되고, 그 사이에 있는 동남쪽, 서남쪽, 서북쪽, 동북쪽은 음(陰)의 방위가 되어 그 사이에서 보조하는 역할을 한다. 그렇기 때문에 정북(正北), 정동(正東), 정서(正西), 정남(正南) 쪽의 정(正) 방향에는 모두 양수(陽數)인 홀수가 자리 잡고 있다. 이를 정위(正位), 혹은 정방(正方)이라고 한다.

반대로 정(正)방위를 이어주는 방위를 '이을 유(維)' 자를 써서 유위(維位)라고 하고, 또한 정방위의 사이에 위치한다고 해서 '사이 간(間)' 자를 써서 간방(間方)이라고도 한다. 소위 동북방, 서북방, 동남방, 서남방의 정방위 사이에 있는 방위이다. 유위는 아무래도 정방위의 보조적인 역할이 되는데 사회로 따지면 주요 요직이 정방(正方)이라고 한다면, 그 주요 요직을 보좌하는 직위가 바로 유위 또는 간방이라고 보면 된다.

정방에 양수(陽數)가 모두 자리를 잡았으니 자연스럽게 간방은 음수(陰數)가 위치하게 된다. 낙서를 도표로 만들어보겠다.

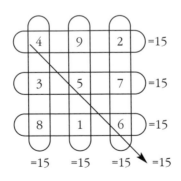

남쪽과 북쪽은 반대 방향인데 남쪽에는 9, 북쪽은 1이니 합하면 10이

된다. 동북쪽은 8, 서남쪽은 2이니 합하면 10이 된다. 다른 숫자들도 이런 식으로 형성된다. 그리고 가운데에 있는 5까지 합하면 15가 된다. 이 도표를 보면 일직선으로 그어서 어느 쪽으로 더하든 숫자 세 개를 더하면 다 15가 나온다. 제일 상단에 있는 숫자 세 개인 4, 9, 2를 더하면 15가 나오고, 제일 왼쪽에 있는 숫자 세 개인 4, 3, 8을 더해도 15가 나오며, 중앙 5와 동남 4, 서북 6을 더해도 15가 나온다. 어느 쪽으로 가도 다 15가 나오게 되니 이 안에 빠지게 되면 헤어나오지를 못하게 된다는 것을 무협지에서 기문진(奇門陣)으로 말하기도 했다. 이 낙서가 동서고금으로 퍼져서 동양에서는 기문진이 되었고, 서양에서는 마방진(魔方陣)이 되었다.

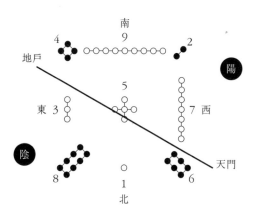

이 그림에서 천문(天門)과 지호(地戶)를 경계로 위는 양(陽)이고 아래는 음(陰)이라고 할 수 있다. 양(陽)에 해당하는 방위란 양이 크고 음이 작은 곳이다. 음(陰)에 해당하는 방위란 음이 크고 양이 작은 곳이다. 때문에 위쪽은 양(陽) 방위이니 위쪽에 양수(陽數)는 큰 숫자가, 음수(陰數)는 작은 숫자가 위치해 있다. 아래쪽은 음(陰) 방위이니 아래쪽에 음수(陰數)는 큰 숫자가, 양수(陽數)는 작은 숫자가 위치해 있다.

이 그림을 잘 보다 보면 모든 숫자의 근원이 '1'인 것처럼 모든 것의 근원은 북쪽임을 알 수 있다. 그래서 그리스의 철학자 탈레스가 물을 만물의 근원이라 한 것 같다. 북쪽이 바로 물의 방위이자 겨울의 방위인데 이 차가운 기운이 씨앗을 응축시켜서 봄에 새싹이 나오게 되는 원동력이 된다. 따라서 모든 만물(萬物)의 근원을 1이라는 숫자로 보고, 1~9까지의 숫자의 중심수인 5를 가운데에 놓았다.

$$1 \quad 2 \quad 3 \quad 4 \quad ⑤ \quad 6 \quad 7 \quad 8 \quad 9$$

모든 반대 방향과의 합이 10이고 일직선으로 이어지는 세 개의 숫자의 합이 15라는 대전제를 깔고 숫자를 배열하면 거의 나머지들은 자동으로 배열이 되게 되어 있다. 반대 방향과의 합이 10이니 북쪽이 근원수인 1이 되면 자동으로 남쪽은 9가 된다. 연달아 이어지는 3개의 숫자가 15이니 1, 5, 9를 가운데 둔 나머지 숫자는 저절로 정해지게 된다.

	9	
	5	
	1	

또 정방위에는 양수(陽數)만 오고 천문(天門)과 지호(地戶)를 중심으로 윗부분의 양수(陽數)는 큰 수들이 오고 아래는 작은 수들이 오기 때문에, 3과 7 역시 횡으로 3-5-7로 자연스럽게 놓이게 된다.

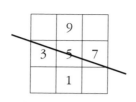

유위(維位)인 간방(間方)에는 무조건 음수(陰數)만 들어가는 것이 원칙이고 천문의 위쪽에는 음수는 작은 수들이 배열된다. 그러므로 저절로 4와 2가 제일 상단에 배열되게 된다.

4	9	2
3	5	7
	1	

여기서 4가 왼쪽으로 올 것이냐 오른쪽으로 올 것이냐, 그리고 그 아래에 있는 8과 6 역시 어느 쪽이 오른쪽 왼쪽으로 갈지를 결정하면 된다. 이것 역시 간단한 것이 하도(河圖)에서 서로 짝이 된 1과 6, 2와 7, 3과 8, 4와 9는 서로 붙어 있는 것이기 때문에 천문(天門)과 지호(地戶)를 경계로 서로 붙어 있게 위치를 배열하면 자연스럽게 낙서의 그림이 나올 수밖에 없게 된다. 예를 들어, 8은 3과 붙어 있어서 3·8목이 된 것이므로 3의 위는 지호(地戶)이므로 3의 밑에 8이 배열된다. 나머지도 그렇게 배열하면 바로 낙서(洛書)가 완성된다.

4	9	2
3	5	7
8	1	6

낙서가 완성된 숫자를 보니, 같은 오행의 숫자가 서로 붙어 있다. 3·8목, 4·9금, 2·7화, 1·6수로 묶여 있다. 그리고 10토는 없고, 5토만 중궁을 차지하고 있다. 낙서를 오행의 분포로 펼쳐보면 위와 같다. 이 도식에서 바로 오행의 상극(相剋)이 나오게 되는 것이다.

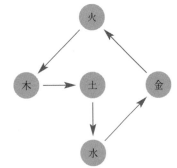

오행의 서로 견제하기(相剋)

하도(河圖)가 만물을 생(生)하고자 하는 의도가 있는 그림이라면, 낙서(洛書)는 완전한 것이 둘로 갈라지고 쪼개지면서 갈팡질팡 서로 대립하면서 완전한 것을 찾아 헤매는 그림이다. 살려고 하다 보니 서로 싸우고 죽이는 약육강식의 쟁탈전이 벌어지는 것이 바로 이 낙서이다. 때문에 하도(河圖)와 반대로 보아 하도의 화살표와 반대 방향으로 그리고 움푹 파인 곳의 방향을 하도와 반대 방위로 만들게 되면 위 그림의 화살표처럼 나오게 된다.

목극토(木剋土): 목(木)은 토(土)를 극(剋)한다.

화극금(火剋金): 화(火)는 금(金)을 극(剋)한다.

토극수(土剋水): 토(土)는 수(水)를 극(剋)한다.

금극목(金剋木): 금(金)은 목(木)을 극(剋)한다.

수극화(水剋火): 수(水)는 화(火)를 극(剋)한다.

○ 목극토(木剋土)

흙은 생물의 사체 또는 배설물들이 부식된 가루가 쌓여서 이루어진 것이다. 온갖 영양분이 가득하다고 볼 수 있다. 가만히 두면 평평하고 조용히 쌓이고 있었을 것이다. 그런데 여기에 씨앗을 하나 심으면 그 씨앗이 자라서 싹이 트면서 그 흙을 뚫고 싹이 올라와 점점 자라난다. 자라면서 그 흙의 영양분을 빨아먹으면서 위로 우뚝우뚝 솟아간다. 이처럼 나무는 흙의 기운이 지나치게 많아지는 것을 제어해준다. 이것을 목(木)이 토(土)를 통제하고 극(剋) 한다고 하여 목극토(木剋土)라고 한다.

혹시 산에 나무를 심는 이유가 무엇일까. 여러 가지 이유가 있겠지만 중요한 이유 중 하나는 산사태를 막기 위함이다. 산에 나무가 없으면 토양에 괴사가 일어나 비만 오면 흙이 마구 떠내려간다. 그러면 산에 집을 지을 수가 없을 것이다. 그런데 나무를 많이 심으면 흙이 밀려 내려가지 않는다. 이는 목극토(木剋土)의 이치이다.

나무가 흙을 제어해주기 때문에 흙이 꼼짝 못하는 이치를 이용한 것이라 볼 수 있다. 이처럼 나무는 흙에 심기만 하면 뿌리를 쫙 뻗으며 한없이 성장한다. 반대로 흙은 나무가 심어지기만 하면 꼼짝 못하고 흙 속의 양분을 흡수당한 채 자신의 영역을 잃을 수밖에 없다.

목극토(木剋土)가 적당할 때는 식물도 잘 자라고 흙 또한 제대로 다져져서 홍수가 나도 쓸려가지 않을 정도로 지반이 단단해진다. 하지만 목극토(木剋土)가 과도할 때는 흙은 영양분이 다 빨려서 건조하고 마르게 된다. 그렇게 된 이후로는 어떤 식물을 심어도 자라지 못하게 될 것이다.

○ 화극금(火剋金)

혹시 포항제철의 쇳물을 텔레비전에서 본 적이 있을 것이다. 뜨거운 불은 이처럼 금속을 녹인다. 실제로 금속을 단련해서 우리 마음에 드는 모형으로 만들려고 할 때 불을 이용해서 녹일 수 있다. 아주 단단한 쇠도 용광로를 거치기만 하면 물처럼 녹는다. 그러면 쇠가 갖가지 모양과 재질로 변모한다. 이처럼 불은 쇠를 녹인다. 이것을 화극금(火克金)이라고 한다.

금속뿐 아니라 돌이나 암석도 강한 불을 만나게 되면 갈라지고 깨지게 된다. 이것 역시 화극금(火克金)이다. 모든 단단한 것은 불을 만나면 약해진다.

그런 의미에서 의지가 정말 강한 사람을 금(金)에 비유할 수 있는데, 이런 사람을 꺾을 수 있는 것은 금(金)과 같은 강함이 아니다. 금(金)이 금(金)을 만나면 의지가 더욱 강해질 뿐이다. 금(金)과 금(金)이 격돌하여 둘 중 하나가 죽는다면 다른 하나도 상하지 않을 수 없다. 금(金)을 이기는 것은 화(火)이다. 그럼 어떻게 이기느냐. 의지가 강한 사람을 이기는 것은 오히려 유혹이다. 금(金)은 단단한 것이고 화(火)는 아름답게 보이는 것인데, 아름다운 것은 단단한 것을 무너뜨리는 경우가 많다. 전쟁에서 미인계가 이에 해당할 수 있다.

○ 토극수(土克水)

물은 부드러우나 또한 아주 거대하다. 지구의 70%가 물이라고 한다. 신기하게도 우리 몸의 70%도 물이다. 이처럼 물은 세상 대부분을 차지하고 있다. 물이 적으면 컵으로도 담을 수 있지만, 물이 많으면 이 세상 무엇으로도 담을 수 없다. 넓은 바다를 보면 느낄 수 있다. 그런데 그런 물을 담는 것이 딱 하나 있다. 바로 흙이다. 흘러가는 강물은 흙으로 댐을 만들어서 통제할 수 있다. 저수지 역시 흙이 물을 제어한 것이다.

저 넓은 태평양의 바닷물을 담는 것도 바로 흙이다. 이 세상에 오로지

흙만이 물을 제어한다. 그리고 물에 흙이 많이 들어가면 바로 흙탕물이 된다. 물의 성질을 마음껏 흐트러뜨릴 수 있다. 그런 의미에서 물은 흙을 만나면 참 재미없다. 반대로 흙은 물을 만나면 제멋대로 할 수 있어서 좋을 것이다.

이것을 토극수(土克水)라고 한다. 토극수의 작용이 너무 과도하면 물의 흐름을 억제하는 것을 넘어서서 흙이 물에 섞여 물이 매우 탁해지고 결국 물을 흡수해서 말려버린다. 반대로 토극수(土克水)의 작용이 너무 적게 되면 물이 가두어지지 않고 그대로 흘러버리게 된다.

토극수의 작용이 제대로 되면 제방이나 댐 등 물을 가두어놓고 사람의 용도에 맞게 쓸 수 있게 된다. 이러한 치수(治水) 사업은 비버 같은 동물을 제외하고는 인간을 다른 동물과 구별 짓는 가장 큰 차이점 중 하나이다.

○ 금극목(金剋木)

금(金)은 금속과 암석이다. 이러한 것들이 대부분인 장소에는 나무가 자랄 수가 없다. 금속과 암석은 죽은 돌이기 때문이다. 목(木)은 새로운 생명이지만 금(金)은 죽음이다. 죽음 앞에 의연할 수 있는 생명은 단 하나도 없다. 금(金)은 영양분이 있는 흙을 건조시키고 굳게 하여 만들어진 것이다. 때문에 금(金)이 많은 흙은 영양분이 거의 없어서 나무가 먹고살 것이 없게 된다. 이것을 금극목(金剋木)이라 한다.

여기에서 유의할 부분이 있다. 금(金) 중 금속을 가공해서 날카롭게 만들면 나무를 베기도 한다. 하지만 그것은 자연적인 법칙은 아니고 인공적인 행위이기에 금극목(金剋木)의 본질은 아니다. 금극목(金克木)이란 죽음의 기운으로 생명이 새로 태어나려는 기운을 꺾는 것을 말한다. 예를 들어 사막이나 바위 암석같이 영양분이나 생명의 기운이라고는 전혀 없는 존재는 새로운 생명을 자라지 못하게 만든다. 그래서 그랜드캐니언 같은 곳에는 나무나 풀이 그리 많지 않게 되는 것이다.

금극목(金剋木)의 태과(太過)와 불급(不及)은 다음과 같이 이루어질 수 있다. 금극목이 과다하게 되면 주변의 생물은 씨가 마르게 된다. 금극목이 부족하게 되면 오히려 목(木)이 살아나서 절벽에서 돌 사이로 자라는 소나무처럼 그 돌을 뚫고 식물이 자라게 된다. 금극목이 적당하게 되면 금이 물을 생(生)해주고 물이 목을 생(生)해주어 생명이 잘 자라고 꽃피게 된다.

○ 수극화(水剋火)

물이 불을 꺼주는 것은 누구도 알 수 있는 사실이다. 소방수들이 화재를 진압할 때 쓰는 것은 바로 물이다. 화생토(火生土)의 설기로 화(火) 기운이 빠지기 때문에 작은 불은 흙으로도 끌 수 있다. 하지만 큰불을 끌 수 있는 것은 오로지 물이다. 설(泄)의 힘보다는 극(剋)의 힘이 상대를 제압하기에 힘이 강한 것이다. 불의 강한 분산력을 물의 강한 응축력으로 막아주면 자동으로 평정된다.

앞에서 수(水)는 1이고, 화(火)는 2라고 했는데, 수(水)는 1이니 집중력을 의미하고, 화(火)는 2이니 분산력을 의미한다. 수극화(水剋火)의 논리대로라면 분산력이 강하고 산만한 사람과 집중력이 강한 사람이 붙으면 무조건 집중력이 강한 사람이 이긴다. 군대끼리의 전투도 동수의 전력이라면 여기저기 인원을 분산시키는 군대보다는, 한 점을 집중해서 쪼개고 들어가는 군대가 승리할 확률이 훨씬 높다. 파죽지세(破竹之勢)라는 말이 여기서 나왔다. 대나무를 쪼개려면 한 점을 집중해서 쪼개야 하는 법이다.

수극화(水剋火)가 과다하면 불은 완전히 꺼지고 만다. 그런데 반대로 수극화(水剋火)가 부족하면 불은 오히려 더 기승을 부리고 잘 타게 된다.

진정한 의미의 상극

상극(相剋) 역시 내가 계속해서 누군가를 때리면 돌고 돌고 돌아 결국 나를 극(剋)하는 것까지 오게 된다. 극(剋)에는 두 가지가 있다. 하나는 극벌(剋伐)이고, 또 하나는 제극(制剋)이다. 극벌은 상대방이 죽거나 크게 다칠 때까지 극하는 것이고, 제극은 나쁜 방향으로 흐르지 않도록 적당히 통제하기 위해 누르는 것이다. 제극은 부모가 자식이 나쁜 길로 새지 않기 위해 야단치고 혼내는 것으로 예를 들 수 있다.

군대에서 일반적으로 아랫사람들을 괴롭히고 누르면 대부분 자기가 고참이 되면 안 그러겠다고 다짐을 하지만 실제로 본인이 고참이 되면 신참들을 더 괴롭히는 경우도 많다. 이처럼 보통 극(剋)을 당하면 나보다 약한 이에게 그 스트레스를 푸는 것이 대부분이다. 그런데 약하다는 것은 보통 상대적이어서 나에게 약한 이가 다른 이에게는 오히려 강할 수 있다.

상극은 상생(相生)과 다르게 두 번째 극이 이루어지면 벌써 나를 생(生)하는 오행 기운이 약해지기 시작한다. 예를 들어, 목극토(木剋土)하고 토극수(土剋水)하면 나를 생(生)하는 수(水)가 약해지게 된다. 세 번째 극이 오면 내가 생하는 것이 약해져서 나의 진을 빼기 시작한다. 목극토, 토극수, 수극화(水剋火)하면 목(木)이 생하는 화(火)를 약하게 만들고 목은 이 약한 화를 생하느라 더 애를 써야 하기 때문에 목의 힘은 더 빠지게 된다.

네 번째 극(剋)은 나에게 직격탄으로 돌아와서 나를 극(剋)하게 된다. 예를 들어 목극토 토극수 수극화 화극금하면 금(金)도 당한 것이 있으니, 금극목에서는 그 분풀이로 목(木)을 극(剋)하게 되니 직격으로 당하게 된다.

즉 상극이 통제의 범위를 넘어서서 극벌(剋伐)이 되면 결국 두 번째부터는 빠른 시간 안에 나에게 그 피해가 바로 온다. 상생은 오랜 시간에 걸쳐내가 보상을 받으니 인내심을 가지고 남 잘되게 해주어야 결국 그 보상을 받지만, 적절한 통제가 아닌 극벌은 아주 빠른 시일 내에 나에게 그 재앙이 올 수 있다. 때문에 남을 극벌하는 것은 어떤 경우라도 조심해야 한다. 적당히 통제하는 선에서 그쳐야 한다.

오행의 상모(相侮)

앞에서는 상극원리를 배웠다. 하지만 상극만 있는 것은 아니다. 모든관계는 일방적일 수 없다. 작용이 있으면 반작용도 있는 법이다. 내가 극하는 입장에 있던 것으로부터 반대로 능멸을 당하게 되는 경우도 있다. 그래서 '업신여길 모(侮)'자를 써서 이를 오행의 상모(相侮)라고 한다.

어릴 때는 내게 꼼짝 못하던 갑돌이가 청년이 되어서는 키가 크고 힘이세져 도리어 내가 꼼짝 못하게 되는 수도 있는 것이다. 처음 시집올 때는시어머니에게 꼼짝 못하던 며느리가 시간이 가고 집안의 살림과 통장을거머쥐며 권세가 역전될 수도 있는 것이다. 이런 경우 시어머니는 며느리에게 능모(陵侮)를 당하게 된다.

상모(相侮)를 보는 것은 상극(相剋)을 기준으로 보면 된다. 극(剋)을 하는 관계에서 극 하는 쪽의 세력이 약하고, 극 받는 쪽의 세력이 강하면 반대로 상모가 일어난다고 보면 된다.

○ 토모목(土侮木)

목(木)이 토(土)를 극 하는 것을 목극토(木剋土)라고 이야기했다. 그런데 토(土)가 기운이 강하면 도리어 극 하는 목(木)이 능모를 당할 수 있는데, 이를 토모목(土侮木)이라고 한다.

예를 들어 드넓은 벌판 위에 나무 한 그루만 덜렁 서 있다면, 토(土)는 강하고 목(木)은 약한 상황이 되는데 이러면 나중에는 그 나무 한 그루도 제대로 건사하기 어려울 것이다. 이때 토(土)에 의한 목(木)의 상모를 방비하기 위해서는 여러 나무를 심어서 숲을 이루면 될 것이다.

○ 금모화(金侮火)

화(火)와 금(金)이 만나면 화극금(火剋金)이 일어나지만, 화(火)가 약하고 금(金)이 강하면 거꾸로 금모화(金侮火)가 일어날 수도 있다. 불은 금을 녹일 수 있지만, 불의 힘이 약하면 도리어 녹은 금물에 불이 꺼질 수도 있는 것이다.

○ 수모토(水侮土)

토(土)와 수(水)가 만나면 토극수(土剋水)가 일어나지만, 토(土)가 약하고 수(水)가 강하면 수모토(水侮土)로 전환될 수도 있다. 땅은 능히 물을 제어할 수 있다. 하지만 물이 넘쳐흐르면 도리어 댐을 무너뜨릴 수도 있는 것이다.

○ 목모금(木侮金)

금(金)과 목(木)이 만나면 금극목(金剋木)이 일어나지만, 금(金)이 약하고 목(木)이 강하면 목모금(木侮金)이 될 수도 있다. 가끔 산에 가서 보면 나무가 바위를 뚫고 위로 뻗어 올라간 경우를 종종 보게 되는데, 이것 또한 목모금(木侮金)이라 할 수 있다.

○ 화모수(火侮水)

수(水)가 화(火)를 만나면 수극화(水剋火)가 일어나지만, 수(水)가 약하고 화(火)가 강하면 거꾸로 화모수(火侮水)가 될 수 있다. 원래 물은 불을 끈다. 하지만 물이 적고 불이 강하면, 물을 부으면 도리어 물이 증발해버리는 경우도 있다. 산불 현장을 보면 산불은 맹렬한데 물을 일정량 이상 퍼붓지 못하면 도리어 물은 증발해버리고 산불은 더욱 맹렬해지는 것을 알 수 있다.

이처럼 상극(相剋)에서 극(剋)을 받는 쪽의 힘이 오히려 더 강해지면 상모(相侮)가 일어난다. 도식화하자면 다음과 같다.

목극토(木剋土) → 토모목(土侮木)

화극금(火剋金) → 금모화(金侮火)

토극수(土剋水) → 수모토(水侮土)

금극목(金剋木) → 목모금(木侮金)

수극화(水剋火) → 화모수(火侮水)

상모(相侮)에서는 일종의 철학적인 법칙이 느껴진다. 『주역』「계사전」에서 '궁즉변(窮卽變)' 즉 '궁하면 변한다'란 말이 있다. 궁극의 끝에 이르게 되면 반드시 변하게 되어 있다는 말이다. 이 세상에 영원한 것은 없다. 한쪽이 다른 한쪽을 이기기만 할 수는 없다.

지금은 서양이 동양을 제압하고 있지만, 사실 산업혁명 이전 몇천 년 동안은 문화적, 경제적, 군사적으로 모두 동양이 서양을 훨씬 앞섰다. 군사적으로 동양과 서양이 처음 맞붙은 사건은 바투(拔都, Batu)가 이끄는 몽골군과 유럽의 여러 제국군과의 전투였다. 이 전투에서 유럽의 군대는 몽골군에게 추풍낙엽처럼 나가떨어졌다. 바투가 이끄는 군대는 전술과 무기, 정신력 모두 앞섰다. 아마 몽골제국의 대칸(大汗)이 서거하여 몽골군이 회군하지 않았더라면 아마 몽골군은 유럽 전체를 지배했을 것이다. 하지만 지금 동양과 서양이 맞붙는다면 완전한 서양의 승리가 될 것이다. 이렇게 세상에 영원한 것은 없다. 시간이 지나면 전세는 역전되기 마련이다. 상극(相剋)이 있다면 반드시 뒤에 상모(相侮)가 일어난다. 내 쫄따구가 영원한 쫄따구가 되지 않는다는 걸 명심하길 바란다. 그래서 모두에게 잘해주어야 한다. 나중에 능멸당하고 싶지 않다면 말이다. 상모는 역사의 필연이다.

오행의 상모(相母)

앞의 상모(相侮)가 상극의 관계에서 발생했던 것처럼, 이번의 상모(相母)는 상생의 관계에서 발생한다. 상모(相侮)와 상모(相母)의 한자가 다르다. 상모(相母)는 기를 빼앗기는 탈기(脫氣)를 의미한다. 여기서 어미를 뜻하는 모(母)를 쓴 것은 자식은 어미 뱃속에서부터 어미의 자양분을 빨아먹고 나오는 존재이므로, 어미는 항상 자식에게 기를 내주는 존재라는 의미이다.

상모(相母)는 생(生)을 주는 주체의 힘이 약하고, 생(生)을 받는 객체의 힘이 강한 상태에서 발생한다. 상모(相母)가 일어나면 생(生)을 주는 주체는 힘이 더욱 쇠약해진다. 생(生)을 주는 주체의 힘이 약하다 보니 생(生)을 주는 힘이 약하다.

대체로 옛날 부모님들은 요즘보다 좀 더 나이 들어 보이는 경향이 있는데, 아마도 자식을 많이 낳아 자식 키우는데 신경을 많이 쓰느라 기를 자식에게 많이 내줘서 그렇다고 볼 수 있다.

○ 목모수(木母水)

목모수(木母水)라고 하면 수(水)가 목(木)에 모(母)를 당하는 것인데, 쉽게 말해 수(水)가 목(木)에 기를 빼앗기는 것이다. 수(水)가 약하고, 목(木)이 강할 때 목모수(木母水)가 발생한다. 즉 목(木)이 생(生)하기 위해서 수(水)의 자양분을 빨아먹음으로써 수(水)가 빈약하게 되는 것을 의미하는 것이다.

실제로 숲의 나무들은 상상 이상으로 물을 엄청나게 흡입한다. 물이 공급되지 않아도 몇 달을 버틸 수 있을 정도라고 한다. 나무가 일종의 물탱크 역할을 하는 것이다. 그래서 나무들이 많은 곳은 물이 빨리 마를 수밖에 없다.

○ 화모목(火母木)

화모목(火母木)은 목(木)이 화(火)에 기를 빼앗기는 것을 의미한다. 목(木)이 약하고 화(火)가 강할 때 화모목(火母木)이 일어난다. 흔히 목생화(木生火)를 비유할 때 화(火)가 강해지려면 목(木)의 생(生)이 필요하다고 말하면서 불을 때는 땔감을 많이 이야기하는데, 반대로 말하면 나무의 입장에서는 불에 기운이 빨리고 나무가 숯으로 변하는 것과 같다.

○ 토모화(土母火)

토모화(土母火)는 화(火)가 토(土)에 기를 빼앗기는 현상을 말한다. 화(火)가 약하고 토(土)가 강할 때 토모화(土母火)가 일어난다. 흔히 화생토(火生土)를 비유할 때 화전(火田)을 설명하면서 불이 있어야 땅을 비옥하게 만든다고 이야기하는데, 반대로 말하면 불은 땅에 기운을 내주고 자신의 기운은 소진하는 것이다.

실제로 산불이 일어나면 불은 산의 모든 나무를 남김없이 불태우는데, 나무가 다 타면 불이 스스로 소진하는 것은 땅의 기운 때문이다. 불이 더 태울 나무가 존재하지 않으면 스스로 소진할 수밖에 없다.

○ 금모토(金母土)

금모토(金母土)는 토(土)가 금(金)에 기를 빼앗기는 현상을 의미한다. 토(土)가 약하고 금(金)이 강할 때 금모토(金母土)가 일어난다. 금(金)을 의미하는 바위나 금은(金銀)이 생기는 것은 흙이 하나하나 쌓이면서 생기는 퇴적 현상 때문이다. 그래서 금(金)의 힘이 강하면 토(土)의 기운이 남지 못한다.

실제로 금(金)의 기운이 강한 산은 흙이 별로 없다. 금(金)은 서쪽을 의미하는데, 우리나라 서쪽에 있는 무등산, 유달산, 월출산 등을 보면 흙이 많지 않은 돌산이다. 이런 곳은 금(金)의 기운이 강하다.

○ 수모금(水母金)

수모금(水母金)은 금(金)이 수(水)에 기를 빼앗기는 현상을 의미한다. 금(金)이 약하고 수(水)가 강할 때 수모금(水母金)이 일어난다. 실제 바다에서도 파도의 힘이 강하면 그 강한 바위를 조금씩 깎아나간다.

또한 금(金)의 특징은 겉이 강하고 속은 부드러운 것이고, 수(水)의 특징은 겉은 부드러우나 속은 응결되어 강한 것이다. 실제로 겉이 강한 사람과 속이 강한 사람이 만나면 속이 강한 사람 위주로 주도권이 흘러가는 것을 경험으로 알 수 있을 것이다.

이처럼 상생의 관계가 좋아 보이는 것처럼 보여도 생(生)을 베푸는 입장에서는 그 기운이 약해질 수 있음을 알 수 있다. 이것을 모(母)라는 글자로 표현하였는데, 오행의 모(母) 관계를 도식화하면 다음과 같다.

수생목(水生木) → 목모수(木母水)
목생화(木生火) → 화모목(火母木)
화생토(火生土) → 토모화(土母火)
토생금(土生金) → 금모토(金母土)
금생수(金生水) → 수모금(水母金)

오행의 극생(極生)

오행의 극생(極生) 이론은 극(剋)하는 것이 극(極)에 다다르면 오히려 생(生)하는 것으로 바뀐다는 이론이다. 『정역(正易)』을 쓴 조선 시대 말기 김일부에 의해 만들어진 이론이다. 다음 본문을 보겠다.

역(易)은 거스르는 것이니 극(極)에 이르면 반대로 돌이키느니라. [19]

"역(易)은 거스르는 것"이라는 표현이 의미 있게 다가온다. 易은 바꾼다는 뜻의 '바꿀 역'자이다. 지금 우리가 공부하는 사주도 역학(易學)의 범주에 들어간다. 그런데 우리가 역학을 공부하는 이유도 현재의 운명을 바꿔보겠다는 취지이다. 그런 의미에서 '거스른다'는 표현은 맞는다는 생각이 든다.

그런데 운명을 거스르는 방법에 대해 그다음에 서술하고 있다. '극(極)에 이르면 반대로 돌이키느니라'라는 글이다. 무언가를 바꾸려면 끝을 보라는 의미로 볼 수 있다. 끝에 간 사람만이 진정한 변화를 이룰 수 있다는 의미도 될 수 있다.

김일부의 『정역(正易)』에서는 다음과 같은 문구가 등장한다.

> 토극생수(土極生水) : 토(土)가 극에 다다르면 수(水)를 생(生)한다.
> 수극생화(水極生火) : 수(水)가 극에 다다르면 화(火)를 생(生)한다.
> 화극생금(火極生金) : 화(火)가 극에 다다르면 금(金)을 생(生)한다.
> 금극생목(金極生木) : 금(金)이 극에 다다르면 목(木)을 생(生)한다.
> 목극생토(木極生土) : 목(木)이 극에 다다르면 토(土)를 생(生)한다.

신기하지 않은가. 원래 토(土)는 수(水)를 극(剋)한다. 그런데 오히려 토(土)가 너무 커져서 극에 다다르면 수(水)를 생(生)한다니. 『회남자(淮南子)』에 '극즉반(極則反)'이란 말이 있다. 극에 다다르면 반대로 간다는 말이다. 그러하니 극(極)에 다다르면, 극(剋)함의 반대인 생(生)함으로 변하

---

19) 易, 逆也, 極則反. 『정역(正易)』.

는 것이다.

우리는 배고프면 밥을 먹는다. 그리고 밥을 양껏 먹으면 식사를 중단한다. 채움으로 가다가 극에 다다르면 비움으로 가는 것이다. 밥을 무한대로 먹을 수는 없는 노릇이다. 일정량을 먹으면 분명 한계가 온다. 계속먹었다간 배가 터질 게 분명하기 때문이다. 이 세상 어떤 것이든지 정해진양이 있는 법이다. 그 양을 다 채우면 이제는 비움으로 갈 수밖에 없는 것이다. 이와 같은 이치로, 극즉반(極卽反)이 성립되는 것이다. 극에 다다르면 반대로 갈 수밖에 없는 것이다. 이것은 형체를 가지고 있는 우주상의그 무엇이라도 그 형체를 유지하기 위해서는 어쩔 수 없이 스스로의 보호본능에 의해 일어나는 현상이다. 지구가 추워질 때 너무 추워지면 지구상의 생명은 고사하고 지구라는 땅덩어리 생명 자체가 죽게 될 위기에 처하게 된다면 어쩔 수 없이 본인 내부에 있는 따뜻함과 외부에서 주어지는 따뜻한 기운을 총동원해서 다시 따뜻함을 불러일으키게 된다. 그래야 또 지구는 생명으로 넘쳐나게 된다.

그런 의미에서 극(剋)함의 목적은 생(生)함에 있는 것이 아닐까 생각한다. 우리가 어린 자식을 혼내는 것은 밟아버리려는 것에 목적이 있는 게아니다. 잘되라고 하는 데 그 목적이 있는 것이다. 그래서 우리는 상극(相剋)이 나쁘다고만 보면 안 된다. 상극은 누구나 꺼리는 것이지만 사실 멀리 내다보면 상생(相生)을 이끌어내는 데 그 목적이 있다.

오행은 상극(相剋)하면서 발전하는 것인데 그것은 극(剋)을 위한 극(剋)이 아니고, 극(剋)의 극점(極點)에 이르러서 다시 생(生)하는 운동을 하기위한 극(剋)이다. 그런즉 오행 상극의 목적은 극(剋)에 있는 것이 아니고바로 생(生)에 있는 것이다. 상모(相侮) 또한 목적은 마찬가지이다. 그러므로 김일부는 후인을 위하여 이 원리를 밝혀놓았으니 이것이 바로 오행의 변극원리이다.

싯다르타는 고집멸도(苦集滅道)의 사성제(四聖諦)를 이야기하면서, 인생은 괴로움(苦)이라고 했다. 하지만 괴로움의 속에는 갈애(즐거움)가 있다고 이야기했다. 진정한 즐거움은 괴로움을 거쳐서 오는 것이란 의미가 된다. 단순히 쾌락을 즐기는 것보다 노동의 괴로움 끝에 얻는 즐거움이 진짜 즐거움인지도 모른다.

마라토너들이 마라톤을 할 때는 엄청 괴롭다. 그런데 그 단계를 지나면 쾌락이 온다고 한다. 스포츠 학자들은 이를 러너스 하이(Runner's High)라고 말한다. 부자들은 돈으로 매일 좋은 것을 계속 살 수가 있다. 그 때문에 그 좋은 것들이 좋은 것인 줄을 전혀 모르고 살고 있다. 그런데 일반 샐러리맨들은 돈을 모으고 모아 정말 사고 싶은 것을 산다. 그래서 그때 정말 기쁜 마음으로 사고 싶은 것에 투자한다. 좋은 일만 있으면 그 일은 더 이상 좋은 것이 될 수 없다. 괴로움 다음에 오는 즐거움이야말로 정말 참된 즐거움이라 할 수 있다. 희한하게 우리는 클럽에서 한껏 놀다 나올 때보다 도서관에서 공부하고 나올 때 훨씬 뿌듯함을 느낀다.

○ 토극생수(土極生水)

축미태음습토(丑未太陰濕土) 육기의 개념에서 토(土)는 습(濕)한 물질이다. 습(濕)하지 않은 토(土)는 모래라서 토(土)라고 볼 수가 없다. 그런데 습한 것이 극(極)에 이르면 습기가 모여서 물이 형성된다. 구름이 모이면 비가 내리는 것과 같은 이치이다. 이것이 토극생수(土極生水)이다.

○ 수극생화(水極生火)

수(水)는 주변의 온도를 빼앗기에 오행으로 볼 때는 차가움이라고 할 수도 있다. 날씨가 극도로 추워지면 나무의 수분이 다 땅속으로 들어가서 나무는 엄청나게 건조해진다. 이때 나무끼리 부딪히면서 산불이 잘 난다. 이 건조한 나무는 최고의 땔감이 되고 이 건조한 나무끼리의 부딪침은 최고의 부싯돌 같은 역할이 될 것이다. 이것이 수극생화(水極生火)이다.

○ 화극생금(火極生金)

화(火)가 강해지면 수분이 말라서 건조해진다. 건조하게 되면 모든 사물이 딱딱해진다. 보통 열을 받아서 건조해진 것이 식으면서 굳으면 매우 딱딱해지는데 이것이 바로 화극생금(火極生金)이다.

○ 금극생목(金極生木)

금(金)은 오행의 이론으로 조(燥)한 성질이 있다. 수분이 그 안에 전혀 들어갈 틈이 없다고 볼 수 있다. 그 때문에 금(金)으로 된 용기에 수(水)를 담을 수는 있어도 수(水)가 그 안으로 스며서 배어들지는 못한다. 그런데 이런 건조함이 너무 심해지면 돌도 부스러지고 나무는 생명을 잃어 죽어서 가루가 되고 생물도 죽어서 썩고 말라 가루가 되고 이렇게 되면 이것은 소위 말하는 거름이 될 수 있다. 거름을 통해 나무는 영양분을 얻어서 생(生)함을 받는다. 이것이 금극생목(金極生木)이다.

○ 목극생토(木極生土)

목(木)이란 막힌 것을 뚫는 효능이 강한 기운이다. 문제는 막힌 것이 뚫리는 과정에서 막혔던 부분은 파편이 되어 떨어져 나간다. 소위 가루가 된다. 이러한 목(木)이 많게 되면 거기서 만들어지는 가루 역시 더 많아질 것이다. 그러면 저절로 토(土)가 발생하게 된다. 게다가 나무가 많아지면 나뭇잎이 떨어지고 낙엽이 되며 그게 또 부서져 거름이 되고 흙이 생긴다. 이것이 목극생토(木極生土)이다.

오행과 오장육부

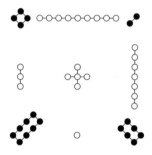

위의 그림은 낙서(洛書)이다. 상수철학에서 1·6은 수(水), 2·7은 화(火), 3·8은 목(木), 4·9는 금(金), 5·10은 토(土)라고 앞에서 이야기했다. 그림 좀 더 확장하여 상수에 오장육부를 배당해보자.

	목(木)	화(火)	토(土)	금(金)	수(水)
육부(六腑)와 홀수	3	7	5	9	1
	담(膽)	소장(小腸)	위(胃)	대장(大腸)	방광(膀胱)
오장(五臟)과 짝수	8	2	10	4	6
	간(肝)	심(心)	비(脾)	폐(肺)	신(腎)

한의학에서 오장(五臟)은 육부(六腑)에 비해 움직임이 정적(靜的)이라 음(陰)으로 보니 음수(陰數)인 짝수로 배열하고, 육부(六腑)는 위장, 대장, 소장 등의 기관들인데 움직임이 많으므로 양(陽)으로 보니 양수(陽數)인 홀수로 배열한다. 일단 이 도표대로 낙서(洛書)의 음수(陰數)에 오장(五臟)을 먼저 배열해보면 같은 위치임을 알 수 있다.

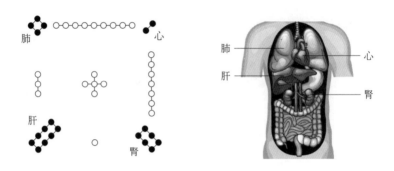

그러면 이번에는 같은 낙서에 육부(六腑)를 배당해보겠다. 원래 육부에는 담(膽), 소장(小腸), 위(胃), 대장(大腸), 방광(膀胱) 외에 삼초(三焦)가 있으나, 삼초는 해부학상으로는 존재하지 않는 장부이니 낙서에서는 빠진다.

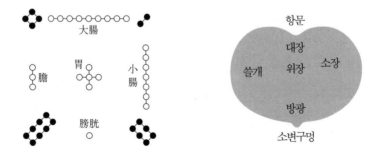

이 그림은 육부(六腑)를 위에서 아래로 내려다보고 배열하였을 때 본 그림이다. 한의학에서는 등이 단단하고 복부(腹部)가 부드러워서 강유(剛柔)로 보아 등을 양(陽), 복부를 음(陰)으로 본다. 즉, 뒤가 양(陽), 앞이 음(陰)이 되는 것이다. 이렇게 보면 실제 육부(六腑)의 배열이 낙서(洛書)처럼 배열되는 것은 너무도 신기한 일이다. 한 가지 의문이 가는 부분은 아마 소장(小腸)일 것이다. 소장은 실제로 왼쪽으로 음식물이 흐르는 것이 주된 흐름이다. 때문에 소장은 왼쪽으로 배열한 것이다.

오장육부의 오행(五行)이 도표에 나온 대로 붙은 것은 위의 설명으로 이해가 될 것이다. 바로 낙서에 나온 숫자 오행과 장부의 위치를 대입시키면 저절로 그 오행이 나오게 되는 것이다. 이렇게 보면 낙서(洛書)는 자연의 이치를 그대로 숫자로 옮긴 그림이지 인위적으로 사람이 마음대로 만든 그림이 아님을 알 수 있다. 사람 역시 자연의 이치가 그대로 몸으로 옮겨진 소우주임을 또한 알 수 있는 것이다.

오행과 우리 몸의 구멍들

한의학에서 말하는 규(竅)란 인체의 몸 안에서 밖을 향해 열려 있는 구멍들을 말한다. 보통 눈, 코, 귀, 입, 항문, 오줌 구멍을 가리켜 규(竅)라고 한다. 이 규(竅)는 얼굴에 난 규(竅)와 밑으로 열린 대소변 구멍인 규(竅)로 나뉜다. 얼굴에 난 규(竅)를 상규(上竅) 또는 7개이니 칠규(七竅)라고 한다, 대소변 구멍을 하규(下竅)라고 한다. 전체 구멍은 얼굴의 7개 구멍과 밑의 2개 구멍을 합해서 구규(九竅)라고도 한다. 얼굴의 구멍에만 적용한 칠규와 몸 전체의 구규를 대비시켜보겠다.

	목(木)	화(火)	토(土)	금(金)	수(水)
얼굴 구멍	눈	혀	입	코	귀
전신 구멍	눈	귀	입	코	오줌 구멍 똥 구멍

화(火)와 수(水)에서만 규(竅)의 배열이 다르다. 왜 이렇게 다르게 되는 것일까? 천천히 살펴보자.

> 남방은 적색이니 심장으로 들어가 통하고 귀에서 구멍이 열리느니라. [20]

얼굴에만 난 구멍은 눈, 코, 귀, 입 외에는 전혀 존재하지 않는다. 여기에서 머리는 뇌가 존재하는 부위라는 것을 알 필요가 있다. 이 뇌(腦, brain)는 인체의 모든 정보를 저장하는 기능을 하는데 이 뇌에 정보를 제공하는 기관으로는 눈, 코, 귀, 입이 대표적이다. 여기에 한 가지를 더 보탠다면 혀가 있다. 입은 단순히 음식을 씹고 받아들이는 공간이지만 실제 맛을 보는 부위는 혀이기 때문이다. 혀는 우리의 마음을 소리로 표현하는 기관이다. 때문에 마음의 작용을 드러낸다고 하여 화(火)에 배속한다. 또한 음식의 맛을 명백히 구별해준다. 그래서 먹어도 되는지 먹으면 안 되는지를 확실하게 가려준다. 음양(陰陽)의 두 가지를 명백히 가려주는 역할을 하기 때문에 2라는 숫자에 응하여 화(火)라고 보기도 한다.

실제 기존 한의학에서 자주 논하는 것은 얼굴에만 있는 7개의 구멍이

---

[20] 南方赤色, 入通於心, 開竅於耳. 『내경』「금궤진언론(金匱眞言論)」.

다. 하지만 몸 전체에 뚫린 구멍을 가지고도 이야기한다. 일단 몸 전체에 난 구멍을 논하기에 앞서 얼굴에 난 구멍의 체계를 먼저 보겠다.

입이란 한 개의 구멍에서 한 개의 코안의 두 개의 콧구멍으로 분화하고, 콧구멍 두 개인 코에서 두 개의 눈과 두 개의 귀로 분화한다. 이것이 태극(太極)에서 양의(兩儀)가 생(生)하고 양의(兩儀)에서 사상(四象)이 생(生)하는 것이 얼굴로 드러난 흔적이다.

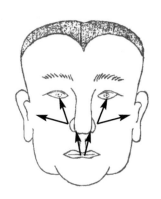

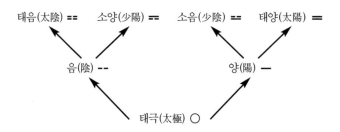

그런데 여기서 재미있는 것이 입에서부터 항문까지 하나의 관으로 이어져 있다는 것이다. 입에서 식도를 거쳐 위장, 소장, 대장으로 이어지는 경로가 하나의 관으로 이어진 것이다. 때문에 아무리 거리가 멀어 보여도 서로 그 영향력을 주고받는다. 바로 입과 항문은 하나의 관으로 이어져 있기 때문에 하나의 체계로 돌아간다는 것이고 코와 눈과 귀 역시 이어져 있다는 것이다. 코가 막히면 귀가 먹먹해지거나 눈이 답답해지는 것으로 알 수 있다. 실제로 비염이나 축농증에 심하게 걸리면 눈에도 그 염증이 미쳐 있음이 엑스레이상에서 보이게 된다.

전체의 구멍 중 입에서부터 항문까지는 땅에서 나는 음식물들이 왔다 갔다 하는 부분이므로 땅에 해당하고, 코에서부터 귀까지는 하늘의 기(氣)와 소리가 왔다 갔다 하는 것이니 하늘이라고 말할 수 있다. 그런데 재미있는 부분은 하늘에 해당하는 부분은 좌우로 구멍이 두 개이고, 땅에 해당하는 부분은 앞뒤로 구멍이 두 개씩 있다.

하늘에 해당하는 코, 눈, 귓구멍은 다 좌우로 두 개씩 벌려져 있다. 땅에 해당하는 오줌 구멍, 똥구멍은 앞뒤로 벌려져 있고, 입 구멍과 혀는 앞으로 위치하는데 혀는 침샘이 나오는 구멍이 있으므로 그것을 계산에 넣으면 입도 역시 입의 뒤로 혀의 구멍이 위치하니 앞뒤로 구멍이 2개 벌려지는 것이다. 땅의 기운들이 들락거리는 '입'은 음식물을 먹어서 내 몸에 영양분을 공급하니 모든 생물에 영양분을 공급하는 토(土)와 비슷하다.

물은 가만히 두면 가장 낮은 곳으로 이동한다. 가장 낮은 곳에 있는 똥구멍과 오줌 구멍이 그 때문에 가장 낮은 오행인 수(水)에 배당된다. 물은 정화하는 작용을 하는데 소변과 대변 역시 몸 안의 노폐물을 배출하여 인체를 정화해준다.

그러면 귀가 몸 전체에 영향을 미치는 것은 어떤 것이 있을까? 우리가 일반적으로 오행에 배속하는 눈-목(木), 혀-화(火), 입-토(土), 코-금(金), 귀-수(水)는 감각기관으로서의 기능을 말한다. 즉, 얼굴에만 오행을 배속하는 여기서의 귀는 듣는 기관을 말한다. 하지만 전신(全身)의 구멍에다 오행을 배속할 때는 이야기가 달라진다.

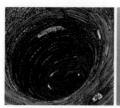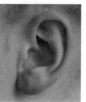

정중앙에서 좌우로 벌려질 때 중심에서 가장 멀고 가장 많이 벌어진 구멍 쪽이 바로 귀이다. 원래 화(火)란 흩어지고 갈라져 벌어지는 것이니 흩어진다는 것은 중심에서부터 사방으로 벌어지는 것을 의미한다. 이렇게 해서 귀는 인체의 중심에서 가장 멀게 위치한 가장 옆 측면에 위치한 구멍이 된다. 형태학적으로 분열만 하다 보면 인체의 형태가 흩어질 우려가 있어 여기에 그 분열을 막는 장치가 귓속에 들어있다. 바로 달팽이관(cochlear canal)이다. 화(火) 기운은 좌우 양쪽으로 흩어지려고 하여 인체의 중심에서 가장 먼 측면에서 귓구멍이 열리게 된다. 이때 이 귓속에 있는 달팽이관 같은 기관들이 그 화(火) 기운을 억제해주어서 균형을 맞춰주게 된다.

그래서 귀가 하는 역할은 인체의 균형을 담당하는 기관이 된다. 어느 한 쪽으로 넘어갈 때 그 균형을 유지해주는 중요한 역할을 귀가 하게 되는 것이다.

귀는 달팽이관이라고 하는 기관이 존재한다. 달팽이는 전형적으로 수(水) 기운을 대표하는 생물이다. 물이 세면대 구멍으로 빨려 들어갈 때의 소용돌이를 보면 그 모양처럼 달팽이 집도 소용돌이 모양으로 빨려 들어간다는 것을 알 수 있다.

그러한 수(水)의 기운을 받고 태어난 생물이 달팽이이고, 달팽이 집의 소용돌이 모양으로 생긴 기관이 귀이다. 즉, 인체의 측면으로 귀가 열린 것은 화(火)의 기운으로 인해 발생학적으로 분열하면서 생긴 것이지만 그 화(火) 기운을 억제하기 위해 수(水) 기운을 주관하는 달팽이관 같은 기관이 내부에 존재하게 된 것이다.

실제로 화(火)에 해당하는 심장이 나빠지면 귀는 상하좌우로 높이가 안 맞게 되고 그렇게 되면 어지럼증이 자주 발생하며 심하면 좌우 균형을 잘 유지하지 못하게 된다. 이때 심장을 제대로 치료해주면 이 증상들이 좋아지고 귀의 위치 역시 올바로 잡힌다.

귀는 또한 소리를 속으로 흡수하여 그 소리를 식별하는 기관이다. 귀는 물이 소용돌이치며 빨려 들어가는 형상처럼 생겼기 때문에 안으로 소리를 흡수하여 식별하게 된다. 그 때문에 수(水) 기운으로도 배속하게 된다. 귀를 수(水)로 보는 것은 소리를 흡수하는 듣는 기능 때문이라고 보면 된다.

눈은 앞에서도 말하였지만 카메라 렌즈에 해당하는 동공의 크기를 인대로 수축 이완시켜서 빛의 양을 조절해주어 우리가 사물을 구별할 수 있게 해주기 때문에 근(筋)의 작용을 하게 되고 인체의 감각 중 우리의 행동에 가장 첫 번째로 큰 영향을 미치기 때문에 오행의 첫 번째인 목(木)과도 같으며 가장 충동적인 행동을 잘 유발하기 때문에 목(木)이 되기도 한다.

코는 콧구멍을 통해서 기관지로 이어지고 폐(肺)로 이어진다. 폐(肺)는 코를 통해서 호흡한다. 이 호흡을 통해서 몸 안으로 기(氣)를 받아들이고 또 탁기(濁氣)를 몸 밖으로 내뱉게 된다. 그리고 심장의 열을 식혀주고 빼내 주기도 한다. 여름의 뜨거운 기운이 식으면서 바로 가을이 오는 것처럼 심장의 과열된 열을 식혀주는 폐(肺)는 금(金)에 해당하고 이러한 폐(肺)

와 기관지(bronchus)와 기도(氣道, trachea)를 통해서 이어진 코는 금(金) 기운이 된다.

오행과 오성(五星)

오성(五星)은 태양과 가장 가까운 다섯 개의 행성인 수성(水星, Mercury), 금성(金星, Venus), 토성(土星, Saturn), 화성(火星, Mars), 목성(木星, Jupiter)을 말한다. 그런데 오성은 이름 그대로 오행에 배당할 수 있다. 수성은 단어 그대로 오행상 수(水)에 해당하는데 가장 차갑다. 금성은 단어 그대로 오행상 금(金)에 해당하는데 수성 다음으로 서늘하다. 지구는 오행상 토(土)인데 그중에서도 미토(未土)에 해당한다. 화성(火星)은 말 그대로 오행상 화(火)에 해당한다. 목성(木星)은 역시 오행상 목(木)에 해당한다.

○ 수성(水星, Mercury)

태양에 제일 가까운 별은 태양의 열을 견딜 수 있는 별만이 그 위치에 가능하다. 때문에 태양에 제일 가까운 행성으로 수성(水星)이 올 수밖에 없다. 오행으로 보았을 때 태양의 강력한 화(火)를 이겨내는 기운은 수(水)이기 때문이다. 수성이 아니면 다른 행성은 다 타서 재가 되어버릴 것이다. 때문에 수성(水星)은 태양을 바라보고 있는 부위는 낮이라 엄청나게 뜨거워져 350도 이상으로 높이 올라가고, 반대편 부위는 수성(水星)의 성질이 본래 수(水) 기운을 띠고 있고 밤이기 때문에 영하 170도 이하로 엄청나게 기온이 내려가서 추워질 것이다. 수성의 남극과 북극 역시 태양과 멀어서 그 온도가 매우 낮다. 수성은 다른 별과 다르게 대기권이 없어서 온실효과가 없기 때문에 태양과의 거리에 따라 그 온도 차이가 극심하다.

○ 금성(金星, Venus)

금성(金星)을 로마신화의 비너스(Venus)라고 부르는데, 메소포타미아에서는 밝고 아름답기 때문에 금성을 미의 여신인 이슈타르라 불렀었다. 기독교에서는 '빛을 가져오는 자'(루시퍼, Lucifer)라 불렀다고 한다. 석가모니가 금성(啓明星, morning star)이 밝게 빛나는 것을 보고 진리를 깨달았다고 전해지기도 한다.

금성 역시 태양과 가깝기 때문에 태양의 열을 잘 견디는 차가운 성질의 물질로 구성되었다고 보아야 한다. 하지만 수성과 다른 점은 금성은 대기권이 있다. 때문에 대기의 온실효과로 인해서 그 표면 온도가 매우 높다. 금성의 평균 표면 온도는 464도에 이른다고 한다. 지구와 크기나 질량 등이 매우 흡사하다고 한다.

○ 지구(地球, Earth)

십이지지(地支)로 계산해보면 토(土)는 진술축미(辰戌丑未)가 있는데 그 중 진술(辰戌)은 5토(土)이니 10토(土)인 축미(丑未)에 비해서는 숫자가 작다. 때문에 진술(辰戌)은 토(土)로서는 영향력이 축미(丑未)에 비해서 작으니 큰 영향을 미치는 토(土)는 10토(土)인 축토(丑土)와 미토(未土)라고 볼 수 있다. 축(丑)은 인목(寅木)의 바로 앞에 있고 미(未)는 신금(申金)의 바로 앞에 있다. 행성들은 지구 위에서 보이지만 그 행성 각각을 놓고 보면 다 같은 땅덩이의 한 종류이다. 소강절의 『황극경세(皇極經世)』에서 '인기어인(人起於寅)'이라 했듯이, 사람은 인(寅)에서 시작하기 때문에 인(寅) 이전에 오는 축(丑)은 사람이 살기 어렵다.

이렇게 보면 지구는 미토(未土)가 되고, 토성(土星, Saturn)은 축토(丑土)가 된다. 축토(丑土)는 차가운 토(土)라 생물이 자라기가 힘들고 오직 미토(未土)만이 생명이 잘 자랄 수 있다. 성경의 창세기에 지구라는 땅덩어리에서 만물이 자라게 되고 흙으로 사람을 만드는 내용은 단순한 우연이 아니라 이러한 이치로 만들어졌다고 보인다.

○ 화성(火星, Mars)

화성은 로마신화의 신 마르스(Mars)에서 따온 이름이다. 그리스 신화의 전쟁의 신 아레스에서 유래된 이름이라고 한다. 이는 화성의 모습이 산화철(酸化鐵, iron oxide) 때문에 붉게 보여서 전쟁의 불 또는 피를 연상시키기 때문이라고 한다. 동양에서 화성을 형혹성(熒惑星)이라 하였다.

화성의 표면 온도는 대략 영하 $140°C$~영상 $20°C$ 정도이고 평균온도는 약 영하 $80°C$이다. 그 까닭은 화성의 대기는 금성과는 달리 희박하기 때문에 온실효과가 별로 없어 열을 유지할 수 없기 때문이라고 한다. 뿐만 아니라 지구보다는 태양에서 더 멀리 떨어져 있는 이유도 있다.

○ 목성(木星, Jupiter)

목성(歲星)은 매년 정월(正月)과 2월 새벽에 동쪽에서 보이니 새해의 처음을 알린다. 당나라의 사마정이 사마천의 『사기(史記)』에 주석을 단 책을 『색은(索隱)』이라 하는데 거기에 이런 내용이 나온다.

> 태세(太歲: 목성)가 인(寅)에 있으면 세성(歲星)은 정월(正月) 새벽에 동
> 쪽에서 나온다. [21]

동쪽은 목(木)이고 목(木)은 오행의 시작이다. 때문에 오행의 배열은 태양에서 먼 쪽부터 태양 방향으로 목화토금수(木火土金水)의 순서가 된다. 태양에 가까운 곳부터 계산하면 오행의 반대 순서인 수금토화목(水金土火木)이 될 것이다. 이렇게 되는 이유는 태양은 양기(陽氣)이니 생명을 의미하므로 태양 쪽과 가까운 쪽으로 오행의 상생(相生) 순서가 전개되기 때문이다. 반대로 태양과 멀어지면 오행은 상생(相生)의 반대 순서로 흘러가게 되는 것이다.

○ 토성(土星, Saturn)

십천간과 십이지지를 보면 지지가 천간보다 종류가 좀 더 많다. 오행을 천간으로 보느냐 지지로 보느냐인데, 태양계 행성은 땅이므로 지지로 본다. 그러면 사실 오성(五星) 외에 하나를 더 배당할 수 있는데, 토(土)의 지지가 진술축미로 나머지 목화금수(木火金水)보다 더 많으므로 여섯 번째 토성에는 토(土)를 배당한다.

지구를 설명할 때 지구는 미토(未土)가 되고, 토성(土星)은 축토(丑土)가

---

21) 太歲在寅, 歲星正月晨出東方. 『색은(索隱)』.

된다고 설명했다. 축토(丑土)는 사람이 살기 어렵다고 했는데, 실제 토성 또한 같은 토(土)이더라도 지구와는 달리 사람이 살 수 없는 환경이다.

○ 기타 태양계 행성

토성 다음에 오는 태양계 행성들도 오행을 배당할 수 있다. 천왕성(天王星, Uranus)은 수(水), 해왕성(海王星, Neptune)은 금(金), 명왕성(冥王星, Pluto)은 토(土), 하우메아(Haumea)는 화(火), 마케마케(Makemake)는 목(木), 에리스(Eris)는 토(土)가 될 것이다. 이 중에서 명왕성부터는 태양계 행성에 포함되지 않는다. 참고로 토성(土星)에서부터 태양계로 멀어지는 이 행성들은 양기(陽氣)가 부족해지는지라 생명이 살 수 없다.

Ⅲ

하늘의 줄기와
땅의 가지

천간과 지지의 배합

60간지

천간(天干)과 지지(地支)라는 말이 있다. 예를 들면 "올해가 병신(丙申)년이고, 붉은 원숭이의 해야"라는 식의 말을 많이 들어보았을 것이다. 여기에서 병(丙)은 천간이고, 신(申)은 지지가 된다. 그리고 천간과 지지를 각각 줄여 간지(干支)라고 부른다.

천간은 열 가지가 있는데 갑(甲), 을(乙), 병(丙), 정(丁), 무(戊), 기(己), 경(庚), 신(辛), 임(壬), 계(癸)로 구성되어 있다. 지지는 열두 가지가 있는데, 자(子), 축(丑), 인(寅), 묘(卯), 진(辰), 사(巳), 오(午), 미(未), 신(申), 유(酉), 술(戌), 해(亥)로 구성되어 있다.

사주는 천간과 지지를 하나씩 합쳐서 써야 한다. 천간은 홀로 서지 못하고, 지지 또한 혼자서는 서지 못한다. 천간과 지지를 합쳐서 사주의 연월일시(年月日時)에 배당하여 쓴다. 그리고 대운과 세운 또한 천간과 지지를 합쳐서 쓴다. 이는 음양의 조화를 의미한다. 음(陰)만 따로 설 수가 없고 양(陽) 또한 혼자 설 수 없는 것과 같은 이치다.

열 개의 천간과 열두 개의 지지를 배합하여 다음과 같이 육십간지가 형성된다.

갑자 甲子	을축 乙丑	병인 丙寅	정묘 丁卯	무진 戊辰	기사 己巳	경오 庚午	신미 辛未	임신 壬申	계유 癸酉
갑술 甲戌	을해 乙亥	병자 丙子	정축 丁丑	무인 戊寅	기묘 己卯	경진 庚辰	신사 辛巳	임오 壬午	계미 癸未
갑신 甲申	을유 乙酉	병술 丙戌	정해 丁亥	무자 戊子	기축 己丑	경인 庚寅	신묘 辛卯	임진 壬辰	계사 癸巳
갑오 甲午	을미 乙未	병신 丙申	정유 丁酉	무술 戊戌	기해 己亥	경자 庚子	신축 辛丑	임인 壬寅	계묘 癸卯
갑진 甲辰	을사 乙巳	병오 丙午	정미 丁未	무신 戊申	기유 己酉	경술 庚戌	신해 辛亥	임자 壬子	계축 癸丑
갑인 甲寅	을묘 乙卯	병진 丙辰	정사 丁巳	무오 戊午	기미 己未	경신 庚申	신유 辛酉	임술 壬戌	계해 癸亥

음양오행과 천간지지의 관계

오행	목(木)		화(火)		토(土)		금(金)		수(水)	
음양	양(陽)	음(陰)	양(陽)	음(陰)	양(陽)	음(陰)	양(陽)	음(陰)	양(陽)	음(陰)
천간	갑(甲)	을(乙)	병(丙)	정(丁)	무(戊)	기(己)	경(庚)	신(辛)	임(壬)	계(癸)
지지	인(寅)	묘(卯)	오(午)	사(巳)	진(辰), 술(戌)	축(丑), 미(未)	신(申)	유(酉)	자(子)	해(亥)

십천간과 십이지지는 상기 표에서 보는 바와 같이 오행이 배당된다. 앞으로 나오는 모든 음양오행은 이 표를 바탕으로 한다.

갑(甲)과 인(寅)은 양(陽)에 해당하는 목(木)이다.

을(乙)과 묘(卯)는 음(陰)에 해당하는 목(木)이다.

병(丙)과 오(午)는 양(陽)에 해당하는 화(火)이다.

정(丁)과 사(巳)는 음(陰)에 해당하는 화(火)이다.

무(戊)와 진(辰), 술(戌)은 양(陽)에 해당하는 토(土)이다.

기(己)와 축(丑), 미(未)는 음(陰)에 해당하는 토(土)이다.

경(庚)과 신(申)은 양(陽)에 해당하는 금(金)이다.

신(辛)과 유(酉)는 음(陰)에 해당하는 금(金)이다.

임(壬)과 자(子)는 양(陽)에 해당하는 수(水)이다.

계(癸)와 해(亥)는 음(陰)에 해당하는 수(水)이다.

丙　甲　庚　辛

寅　辰　寅　卯

이 사주에서는 오행이 어떻게 되어 있을까? 표를 보면 알 수 있다.

목(木)은 4개다. 갑(甲) 1개, 인(寅) 2개, 묘(卯) 1개로 이루어졌기 때문이다.

화(火)는 1개다. 병(丙) 1개로 이루어졌기 때문이다.

토(土)는 1개다. 진(辰) 1개로 이루어졌기 때문이다.

금(金)은 2개다. 경(庚) 1개, 신(辛) 1개로 이루어졌기 때문이다.

수(水)는 없다.

사주 간명(看命)은 오행의 상극상생에서 이뤄지는 역학관계를 분석하면서 보는 것이다. 상기 사주는 목(木)이 4개로 전체 팔자에서 절반을 차지하고 있다. 그렇다고 하면 이 사주의 주인공은 목(木)의 성향이 주를 이루고 있다고 보면 된다. 그러면 목(木)의 성향을 이야기해주면 크게 틀리지는 않을 것이다.

그런데 앞에서 이야기한 음양배치표는 시중의 사주학에서 쓰는 내용과 약간 달리하고 있다. 상기 음양배치표에 비해 시중의 사주에서는 오(午)와 사(巳), 자(子)와 해(亥)의 위치를 서로 뒤바꿔서 쓰고 있다. 화(火)에서는 사(巳)가 양(陽), 오(午)가 음(陰)이고, 수(水)에서는 해(亥)가 양(陽), 자(子)가 음(陰)이다. 왜 이런 상황이 된 것일까?

원래 천간지지의 음양오행 배치는 상기 표가 맞다. 표에 쓰여 있는 대로 오(午)가 양(陽), 사(巳)가 음(陰)이 되어야 한다. 또한 자(子)가 양(陽), 해(亥)가 음(陰)이 되어야 한다. 자축인묘진사오미신유술해(子丑寅卯辰巳午未申酉戌亥) 십이지지를 순서대로 나열하면 이것이 맞다. 『주역(周易)』「계사전(繫辭傳)」에서 말한 대로 홀수가 양이고 짝수가 음이 되기 때문이다.

다만 현대 사주는 지장간 이론을 도입하면서 사오(巳午)와 해자(亥子)의 음양을 바꾸었다. 사(巳)의 지장간은 무경병(戊庚丙)이 들었는데, 이들 천간이 양간(陽干)이라 사(巳)도 양지(陽支)가 된 것이다. 또한 해(亥)의 지장간은 무갑임(戊甲壬)이 들었는데, 이들 천간이 양간이라 해(亥)도 양지가 된 것이다.

이에 대해 우리는 지장간 이론의 사주학 도입에 있어서 좀 더 고민해야 할 부분이 많다고 본다. 그리하여 사오(巳午)와 해자(亥子)의 음양을 바꾸어서 적용하는 것은 신중하게 생각해야 한다고 본다. 자세한 것은 뒤에 나오는 지장간의 설명에서 이야기하겠다.

02

10천간(天干)

천간(天干)은 열 가지가 있는데 갑(甲), 을(乙), 병(丙), 정(丁), 무(戊), 기 (己), 경(庚), 신(辛), 임(壬), 계(癸)로 구성되어 있다. 이것을 오행으로 분류 하면 다음과 같다.

갑(甲)과 을(乙)은 목(木)에 해당한다.
병(丙)과 정(丁)은 화(火)에 해당한다.
무(戊)와 기(己)는 토(土)에 해당한다.
경(庚)과 신(辛)은 금(金)에 해당한다.
임(壬)과 계(癸)는 수(水)에 해당한다.

사서삼경(四書三經) 중 하나인 『서경(書經)』「홍범(洪範)」에서는 오행을 다음과 같이 설명하고 있다.

목(木)은 곡(曲)과 직(直)이라고 말한다.

화(火)는 염(炎)과 상(上)이라고 말한다.

토(土)는 가(稼)와 색(穡)이라고 말한다.

금(金)은 종(從)과 혁(革)이라고 말한다.

수(水)는 윤(潤)과 하(下)라고 말한다. [22)]

참고로 『서경』의 「홍범」은 은(殷)나라 말기의 성인 기자(箕子)가 쓴 것으로 알려져 있다. 은나라에서 고조선(古朝鮮)으로 파견한 사신이 바로 이 기자다.

위 『서경』 「홍범」 문구에서는 오행마다 두 가지의 성격을 이야기했다. 전부 열 개인데, 위의 십천간의 성격을 정확히 이야기한 경구라고 생각한다. 도표로 정리해보면 다음과 같다.

오행	목(木)		화(火)		토(土)		금(金)		수(水)	
음양	양(陽)	음(陰)	양(陽)	음(陰)	양(陽)	음(陰)	양(陽)	음(陰)	양(陽)	음(陰)
천간	갑(甲)	을(乙)	병(丙)	정(丁)	무(戊)	기(己)	경(庚)	신(辛)	임(壬)	계(癸)
성격	직(直)	곡(曲)	상(上)	염(炎)	색(穡)	가(稼)	혁(革)	종(從)	하(下)	윤(潤)

갑목(甲木)　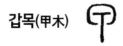

갑(甲)은 동방(東方)의 첫 시작이다. 양기(陽氣)가 싹터 움직여서, 목

---

22) 木曰曲直. 火曰炎上. 土曰稼穡. 金曰從革. 水曰潤下. 『서경(書經)』 「홍범(洪範)」.

(木)을 따라 씨앗의 껍데기를 머리에 이고 기르는 상(象)이다. 『대일경(大一經)』에서 말하길, 사람의 머리와 두개골은 갑(甲)이 된다. [23]

갑목(甲木)은 위의 『설문해자』에 나온 글처럼 콩을 뒤집어쓰고 싹터서 올라오는 것을 상징한 그림이다. 콩은 한자로 '豆(두)'라고 쓴다. 목(頁)에 붙어있는 콩같이 생긴 것을 머리 두(頭)라고 붙인다. 이 머리의 모양이 마치 콩을 뒤집어쓰고 싹터 오르는 새싹과도 같다고 하여 『설문해자』에서는 위와 같이 이야기한 것이다. 위로 똑바로 치솟는 힘이 매우 강하기 때문이다.

갑(甲)은 오행 중 목(木)이다. 그중에서 양(陽)에 해당하는 양목(陽木)이다. 흔히 갑목(甲木)이라고도 부른다. 갑목(甲木)은 나무를 연상할 수 있다. 그렇다고 해서 '甲=나무'의 공식은 아니다. 천간이라는 것은 하나의 기운이며, 그중에서 갑(甲)은 나무의 기운과 유사하다고 생각하면 된다. 첫 번째 천간으로서 만물이 생육(生育)하는 시작이요, 머리가 된다. 갑(甲)의 글자 형상을 보면 머리를 위에 둔 형상임을 알 수 있다.

갑목(甲木)은 직(直)에 해당한다. 직선적이다. 야구에서 직구를 떠올리면, 직구는 공의 변화가 없이 최단 시간 내에 일직선으로 포수 미트에 꽂히는 걸 말한다. 그래서 성격도 급하다. 또한 돌려서 말하는 법이 없다. 갑목(甲木)이 사주에 많을수록 이 성격은 더욱 강해진다.

나무를 보면 아래쪽은 쭉 뻗어 있는 형상이다. 항상 위로 성장해 우직하게 올라가는 형상이고 남보다 높게 올라가고 싶어 하고 머리 위에 있고

---

23) 甲, 東方之孟, 易气萌動, 从木戴孚甲之象. 大一經曰, 人頭空爲甲. 『설문해자(說文解字)』.

싫어 한다. 시작에 서기를 좋아하고 우두머리 성격으로서 남들로부터 구속받는 것을 싫어하며 남에게 굽히지 않는다. 소위 '나를 따르라!'가 잘 되는 사람이다. 무리의 위에 서게 되니 상대방으로부터 공격의 대상이 되는 경우가 있다. 항상 상대의 의견도 수렴할 줄 아는 겸허한 마음의 자세가 필요하다. 하지만 위로 올라가는 성향이니, 자기 성장과 발전에는 누구보다 힘을 기울인다.

갑목(甲木)은 나무이고 나무는 위로 우직하게 올라간다. 옆으로 새는 법이 없다. 일정 부분이 지난 다음에야 가지들이 옆으로 뻗는다. 한쪽으로 힘을 집중하여 성장하면 그 방향으로는 쭉쭉 성장하지만, 다른 방향으로는 돌아보지 못하는 경우가 생길 수밖에 없다. 그래서 앞만 보고 옆은 돌아보지 못하는 경우가 많다. 다른 방향에서 볼 때는 경직된 것처럼 보일 것인데, 실제로 갑목(甲木)은 잘 경직되고 뻣뻣한 성향을 가지고 있다. 실제로도 목에 깁스를 한 것처럼 뻣뻣한 스타일이다. 나무껍질이 딱딱하듯이 말이다. 또한 너무 솔직하고 정직하고 꾸밈이 없어서 좋은 사람이기는 하지만 사람들에게 이용당하기 쉬운 사람이다. 사람들이 다 자기 같다고 생각하는 착각을 하는 경향이 있다. 때문에 나쁜 사람들에게 잘 속는 경우도 있다.

을목(乙木) ㄱ

을(乙)은 봄의 초목을 형상하는데 억지로 눌려 구부러졌다가 나오니 음기(陰氣)가 오히려 굳센 것이라, 그 튀어나오는 모습이 을(乙)하고 을(乙)하도다. 곤(l , 뚫는다는 뜻)과 같은 뜻이다. 을(乙)은 갑(甲)을 이어

받았고, 사람의 목을 상징한다.[24]

개구리의 모습을 보면 웅크리고 있
는 모습에 중요한 부분에 선을 연결
하면 을(乙) 자가 나온다. 이처럼 바
로 웅크렸다가 팍 튀어나오는 그러
한 힘을 '을(乙)'이라고 한다. '갑(甲)'

이 식물이 땅속에서 튀어나올 때 똑바로 직선적으로 올라오는 것이라고
한다면, '을(乙)'은 이미 땅 밖으로 나온 후 위로 자라나기 위해 구부러진
것이 퍼지면서 올라가는 모습이다.

갑목(甲木)이 양간(陽干)의 성향으로서 항상 끝없이 올라가려고 하는 데
비해, 을목(乙木)은 음간(陰干)의 성향으로서 어느 정도 올라가다가 끝에
서는 구부러진다. 그러므로 을목(乙木)은 나뭇가지가 되고, 초목이 되고,
꽃이 될 수도 있는 것이다. 을목(乙木)은 항상 끝에서 구부러지는 성향이
있다. 똑바르면 부러질 수 있으나 구부러진 것은 휘어질지언정 부러지지
는 않으니 갑목(甲木)보다는 더 내성이 강하다고 할 수 있다.

「홍범」에서 "목(木)은 곡(曲)과 직(直)이다."라고 하였는데, 곡(曲)은 굽
은 것으로 을(乙)을 의미하고, 직(直)은 곧은 것으로 갑(甲)을 의미한다.

나무는 처음 성장할 때는 한 방향으로 위로 쭉쭉 뻗어 올라가다가 다
커버리면 그다음에는 옆으로 가지를 뻗으면서 휘어진다. 을목(乙木)은 갑
목(甲木)처럼 똑바로 직진하지만은 않는다. 을목(乙木)은 내적인 편이며

---

24) 乙, 象春艸木冤曲而出, 陰气尙彊, 其出乙乙也. 與丨同意. 乙承甲, 象人頸. 『설문해자』.

온화하고 부드러운 성품이다. 하지만 남에게 간섭받기를 싫어하는 것은 갑목(甲木)과 같다. 을목(乙木)이 갑목(甲木)과 다른 점은 구부러질 줄 알기 때문에, 어떤 일을 함에서도 유연성이 있고 임기응변에 뛰어나다. 크게 무리하지 않는다는 것이다. 게다가 부러지지 않고 휘어지기 때문에 밟아도 또 일어서는 잡초가 바로 이 을목(乙木)에 해당한다.

병화(丙火) 丙

병(丙)은 남쪽에 위치하는 것이니 만물이 환하게 밝음을 이루어지는 것이다. 음기(陰氣)가 처음 일어나고 양기(陽氣)는 장차 이지러지게 될 것이다. 하나를 따라 먼 곳에 들어가는데, 하나라는 것은 따뜻한 것이다. 병(丙)은 을(乙)을 이어받았고, 사람의 어깨를 상징한다.[25]

하루 중 해가 가장 높은 때가 가장 뜨거울 때이니 이때부터 해는 낮은 곳으로 내려가기 시작한다. 이것을 본다면 병화(丙火)에서 음기(陰氣)가 처음 일어나는 이유를 알 수 있을 것이다. 음기가 처음 일어나니 이때부터 뜨거운 기운은 차츰 사라지기 시작하게 된다. 그리고 화(火)이기 때문에 가장 높은 하늘 하나를 향해서 멀리멀리 확산한다. 하지만 하늘의 태양과도 같이 멀리 있는 화(火)이기에 우리가 직접 그 뜨거움을 느끼지는 못한다. 다만 광명(光明)에 대해 느낄 뿐이다.

병화(丙火)는 항상 빛을 내는 태양이다. 태양이 저 멀리 위에서(上) 천하

---

25) 丙, 位南方, 萬物成炳然. 陰气初起, 易气將虧. 从一入门. 一者, 易也. 丙承乙, 象人肩. 『설문해자』.

를 넓게 골고루 비춰주는 것처럼, 기운이 밖으로 널리 퍼지는 성질이다. 또한 자신의 속을 쉽게 드러낸다.

자신의 속을 밖으로 드러내니 속을 숨기지 못한다. 또 바른말 진실한 말을 잘하여 뒤가 없다. 하지만 태양처럼 기운을 주변에 뿌리는 성향이니 자기도 모르게 하는 말과 행동을 조심할 필요가 있다.

겉으로 항상 화려하니 눈이 크고 외모가 빛나는 경우가 많다. 매사에 정열적이며 화술이 뛰어나다. 또한 명랑하니 주변의 분위기를 이끌기도 한다. 항상 높은 위로 올라가려고 하니 우두머리 외에는 아무 의미가 없다고 생각한다. 「홍범(洪範)」의 염상(炎上) 중 '상(上)'에 해당한다고 할 수 있다. 때문에 스스로 준비가 안 되었는데도 무조건 위로 올라가려는 나쁜 점이 있다. 밝기 때문에 옳고 그른 것을 명백히 잘 밝힐 수 있는 능력이 있다.

동물로 비유하면 하늘을 나는 새 중 매 같은 사나운 새에 해당한다. 매는 아주 높은 곳에서도 땅 위에 작은 쥐가 움직이는 것까지 볼 수 있다. 그만큼 눈썰미가 좋다는 것이다. 한번 본 것을 잘 기억하고 길눈이 매우 밝다.

정화(丁火) ↑

정(丁)은 여름의 때에 만물이 모두 무성하고 튼실해지는 것을 상형(象形)한 것이다. 정(丁)은 병(丙)을 이어받았고, 사람의 심장을 본뜬다. [26]

---

26) 丁, 夏時萬物皆丁實. 象形. 丁承丙, 象人心. 『설문해자』.

화(火)가 분화될 대로 분화되어 마치 여름에 공 속의 공기가 최대한 흩어져서 공이 빵빵해진 상황이니 가죽을 만져보니 튼실하고 든든하게 느껴지게 된다. 사람 역시 가장 강하게 보이는 때이다. 병화(丙火)는 하늘의 태양과 같아서 우리가 직접적으로 그 뜨거움을 느낄 수 있는 화(火)는 아니지만, 이 정화(丁火)는 우리가 직접 뜨거움을 느낄 수 있는 불을 말하는 것이니 가까이에서 우리가 사용하는 화(火)가 된다. 그래서 우리가 느끼기에는 매우 힘이 센 불같이 느낄 수밖에 없다. 사람이란 가까이에서 보이는 것만이 전부라고 느끼기 때문이다.

정화(丁火)는 화(火)인데 음(陰)의 성향을 가지고 있으니, 크게 확산하여 퍼지지 않는 불이라 할 수 있다. 그래서 등불, 촛불 등에 비유한다. 말 그대로 작은 불이다. 병화(丙火)처럼 항상 빛을 퍼뜨리지는 못하지만, 정화(丁火)는 화(火)의 기운이 모여 있어 실속이 있다. 태양(丙火)은 강렬해도 기운을 사방에 퍼뜨리기에 지표면의 그 무엇 하나 태우지는 못하지만, 촛불(丁火)은 작아도 그 기운이 모여 있기에 태울 수가 있는 것이다. 「홍범(洪範)」의 염상(炎上) 중 '불꽃 염(炎)'에 해당한다고 할 수 있다.

그래서 정화는 겉으로는 유약해 보이나 내적으로는 강하다. 화(火)의 기운을 함부로 쓰지 않고 잘 아끼고 있다가, 필요한 순간에 불을 붙여 강한 위력을 내는 것이다. 실제로 우리가 쓰는 불은 모두 정화(丁火)라고 할 수 있다.

무토(戊土)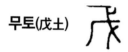

무(戊)는 중궁(中宮)인데 육갑(六甲)과 오룡(五龍)이 서로를 붙잡아서

엮이게 되는 것을 상징한다. 무(戊)는 정(丁)을 이어받았고, 사람의 옆구리를 상징한다.[27]

무토(戊土)에 대한 『설문해자』 문구에서 말하는 육갑(六甲)은 갑자(甲子), 갑술(甲戌), 갑신(甲申), 갑오(甲午), 갑진(甲辰), 갑인(甲寅)이다. 오룡(五龍)은 갑진(甲辰), 병진(丙辰), 무진(戊辰), 경진(庚辰), 임진(壬辰)이다. 갑(甲)은 한의학의 오운(五運)에서는 5토(土)요, 진(辰) 역시 5토(土)이다. 무토(戊土) 역시 양토(陽土)이면서 5토(土)이니 아마도 무토를 이야기하기 위해 이것들을 언급한 것으로 보인다. 오운(五運)과 육기(六氣)를 가운데서 잘 조합시키는 것이 중앙 토(土)란 것을 『설문해자』는 이야기하려는 것으로 보인다.

토(土)는 땅인데 무토(戊土)는 양(陽)에 해당하므로, 땅 중에서도 돌출된 산(山)의 형상이라 할 수 있다. 산은 십간 중에서 가장 크고 무거우니 항상 넓고 묵묵하다. 『주역』 괘에서는 산을 의미하는 간(艮)에 해당한다. 산은 한군데에 기운이 머물고 있다. 즉, 정상에 오른 산의 모습이 계속 그 상태로 머물고 있다는 것이다. 그래서 『주역』 「단사(彖辭)」에도 산을 의미하는 간(艮)괘는 머무는 것(止)이라고 이야기한다. 마치 하나를 집중하면 다른 곳에 한눈팔지 않고 정진해나가는 장인정신 같은 면모가 있다. 간토(艮土)가 바로 산에 해당하는데, 간토(艮土)는 한 사람을 믿으면 잘 변치 않을 정도로 충성심이 강한 성향을 지니고 있다. 한 사람을 주인으로 믿으면 바꾸지 않고 죽어서도 충성을 하는 개와도 같다. 그래서 간(艮)을

---

27) 戊, 中宮也. 象六甲五龍相拘絞也. 戊承丁, 象人脅. 『설문해자』.

개라고 하는 것이다.

『주역』에서 간토(艮土)는 열매(果蓏)라고 했으니, 무토(戊土) 역시 수확하고 거두는(穡) 열매와 상관이 있다. 산은 누가 씨앗을 심는 것이 아니라 자연스럽게 자라나서 씨앗이 뿌려진다. 그렇게 자라고 맺힌 열매를 수확하여 따먹는 사람과 동물들이 많다. 그래서 「홍범(洪範)」에서 말하는 '거둘 색(穡)'이 된다. 이러한 무토(戊土)의 성질은 열매를 수확하게 하듯이 결과를 잘 도출해내는 능력이 있게 된다.

그리고 무토(戊土)는 잘 움직이지 않지만 한번 움직이면 크게 움직인다. 한번 믿음을 준 곳에는 끝까지 믿음을 주고자 하지만, 실망했을 때는 엄청난 심사숙고를 하고, 한번 버리고자 하면 미련 없이 버릴 수 있다. 그래서 화도 잘 내지 않지만 한번 화를 내면 매우 크게 낼 수도 있다. 산과 같은 무거움이 있기에 평소 행동이나 말이 느리지만, 그 행동과 말은 믿음직스럽다. 일면 이런 점이 고지식하고 무뚝뚝하고 묵은 것으로 느껴질 때도 있지만, 오랜 시간이 지나서야 그 진가가 느껴질 수 있다. 또한 무거우니 어떤 것에도 잘 흔들리지 않는다. 이런 사람들은 행동에 무게감은 더욱 크고, 중심도 잘 잡는다. 이는 다른 오행을 조율할 수 있는 기틀이 된다.

기토(己土) 己

기(己)는 중궁(中宮)이니 만물(萬物)이 피하며 간직하려고 형체를 굽히는 것을 상징한다. 무(戊)는 기(己)를 이어받았고 사람의 배를 상징한다.[28]

기토(己土)는 만물이 분산되는 화(火) 기운을 지나 수축하는 음(陰) 기운으로 들어서는 단계이다. 기토(己土)는 배를 보호하려고 웅크리고 있는 자세와 같다고 『설문해자』에서는 이야기한다. 여자는 아기를 보호하려고 웅크리게 된다. 임신한 여자가 넘어질 때 본능적으로 이 같은 자세를 취하게 된다. 안쪽의 무언가를 보호하려는 자세인 것이다. 모성을 유추할 수 있다고 할 수 있다.

마치 땅이 씨앗을 포근히 감싸서 보호하는 것과 같은 형국이다. 씨앗은 땅의 이러한 보호 속에서 잘 자라서 싹이 트게 된다.

기토(己土)는 토(土)인 데다가 음(陰)이므로 논이나 들(野)의 형상이다. 토(土)가 평평한 성질의 오행인 데다가 음(陰)의 성질을 가지고 있으므로 가장 평이하고 밋밋하다. 흙도 거친 산의 흙이 아니라 부드러운 논밭의 흙이 된다. 그래서 부드러운 성품이지만 개성이 적어보일 수도 있다. 그래도 생명이 제일 좋아하는 흙이 된다. 기토(己土)는 음토(陰土)라 숫자로 보면 10인데 10의 한자는 '十'이고 구역을 의미하는 '口' 안에 넣으면 '밭 전(田)'자가 된다.

기토(己土)는 주역 괘에서 곤토(坤土)에 해당한다. 곤토는 어머니와 같다. 어머니와 같이 모든 것을 받아들이는 성질로 이해할 수 있다. 어머니와 같고 넓은 대지와 같으니 십간 중에서 특히 포용적이고 관대하다. 또한 모든 것을 받아들이니 어떤 것이든 심을(稼) 수 있다. 영양분이 풍부한 고운 흙이니 생명을 심으면 잘 자라는지라 「홍범(洪範)」에서 말하는 심는다는 뜻의 '가(稼)'가 된다.

---

28) 己, 中宮也. 象萬物辟藏詘形也. 己承戊, 象人腹. 『설문해자』.

기토(己土)는 십간 중에서 가장 평평하므로 곤토(坤土)와 비슷하게 모든 것을 고르게 하는 재능이 있다. 가장 특징이 없다는 것은 모든 특징의 사람들과 어울릴 수 있다는 것이니 어느 사람에 대해서도 잘 맞춰준다. 이는 어떤 것도 조율할 수가 있는 특성이 되는 것이다. 무토(戊土)가 어떤 것에도 흔들리지 않고 무게를 잡는다면, 기토(己土)는 모든 것에도 편중되지 않는 평평함이 있어 조율이 가능한 것이다.

경금(庚金)

경(庚)은 서방(西方)에 위치하여 가을의 때에 만물이 굳고 단단하게 열매를 가지는 것을 본뜬 것이다. 경(庚)은 기(己)를 이어받으며, 사람의 '배꼽'을 상징한다. [29]

경금(庚金)은 단단하게 되는 금(金)의 성질을 말한다. 그래서 단단한 열매에 비유하였다. 여러 영양분이 뭉쳐져서 단단한 결실인 열매로 맺어지게 되는 것이다. 땅속에서 흙의 여러 성분이 뭉쳐 돌이나 금속이 되는 것과 같은 이치라고 보는 것이다.

경금은 화(火)로 인해 흩어졌던 양기(陽氣)가 더이상 밖으로 새나가지 않게 겉을 단단하게 보호하는 기운이니, 겉이 단단한 쇠와 바위의 형상이다.

금(金)은 발전에서 성숙으로 바꾸는 역할을 하는데, 이 경금은 봄과 여

---

29) 庚, 位西方, 象秋時萬物庚有實也. 庚承己, 象人臍. 『설문해자』.

름의 양(陽)에서 가을과 겨울의 음(陰)으로 들어서는 첫 번째 관문인 금(金)인지라 크게 변혁(革)하는 첫 시작점이다. 그래서 경금을 변혁(變革)의 '혁(革)'이라고 할 수 있다. 경금이 주되게 작용하는 사람은 항상 변화를 이끌어가는 경향이 있다. 변혁은 항상 급하고 빠르게 이루어져야 하기에, 경금은 행동이 빠르다. 빠르게 목적을 이루어야 하기에 수단 방법을 가리지 않는다. 그래서 경금은 무력도 곧잘 사용한다. 또한 목적을 빨리 이루어야 하기에 성격도 급하다. 느린 것을 참지 못하고 화를 잘 내기도 한다. 하지만 냉정하게 대할 때도 있다.

경금은 군인처럼 딱딱하고 절도 있는 모습을 연상할 수 있는데, 무슨 일이든지 잘못되었다고 생각하면 바로 일어나 뒤집어버렸던 변혁의 모습도 떠올릴 수 있다. 음에서 양으로 바뀌는 과정은 순탄하지만은 않기 때문에 희생은 불가피하다. 나뭇잎의 진액은 열매를 위한 희생양이 될 수밖에 없다는 것이다. 옛날 하늘에 올리는 유대인의 제사든 동양의 제사든 염소 등 생명의 희생물을 바친 것 역시 그러한 의미라고 할 수 있다. 이처럼 희생을 통해 새롭게 바뀌는 것이 바로 경금(庚金)이다. 가을의 정신을 '의(義)'라고 하는데 이 글자 안에 희생양을 의미하는 '양(羊)'이라는 글자가 들어간 이유 역시 그러하다. 이러한 가을의 정신을 본받아 민중들이 들고일어나 나라를 엎거나 신하가 나라를 뒤엎는 것을 혁명(革命)이라고 하는 이유도 여기에 있다.

신금(辛金) 辛

신(辛)은 가을의 때에 만물은 이루어지고 익게 된다. 금(金)은 강하고 맛은 매운맛이다. 매운맛의 아픔은 눈물이 나오게 된다. 하나를 따라 신(辛)하는 것이니 신(辛)은 괴로운 것이다. 신(辛)은 경(庚)을 이어받아 사람의 넓적다리를 본뜬 것이다.[30)]

가을이 되면 우울해진다. 나도 모르게 외로워지고 우울해져 견딜 수가 없어 짝을 찾아서 위로를 받고자 한다. 이렇게 되는 이유는 여름 내내 서로 같이 커가면서 자라왔던 이파리가 열매에 영양분을 다 빼앗겨 쭉정이가 되어서 떨어져 죽었기 때문이다. 같이 커왔지만 누구는 열매가 되어서 새로운 생명의 자양분이 되고 누구는 낙엽이 되어 죽어 떨어진다. 이러한 인생무상을 느끼게 하는 계절이 바로 가을이다. 경금(庚金)은 열매에 해당하니 단맛을 느끼겠지만 신금(辛金)은 낙엽도 의미하므로 인생무상의 괴로움을 느끼게 된다. 그래서 나도 모르게 눈물이 주룩 나오는 사람도 있게 된다. 앞의 오행에서도 이야기했지만 매운맛은 금(金) 기운이다. 이 매운맛이 세면 양파 썰 때 눈물 나듯이 눈물이 저절로 나오게 된다. 슬프고 괴로워도 눈물이 절로 난다. 이러한 점을 『설문해자』에서는 이야기하고 있다. 그래서 사주에 신금(辛金)이 많은 사람은 외로움을 잘 타는 경향이 있다. 혼자 있는 것을 잘 견디지 못한다. 특히 아플 때 혼자 있으면 서러움을 느끼기도 한다.

경금(庚金)이 양(陽)의 기운으로서 들고 일어나 변혁(變革)을 시작했는데 변혁에 따라서 희생양이 된 쭉정이들은 열매의 모든 진액이 다 빨려서 순리에 따라 땅의 인력이 가는 대로 땅바닥에 자연스럽게 떨어지게 된다. 이

---

30) 辛, 秋時萬物成而孰, 金剛, 味辛, 辛痛即泣出. 从一辛. 辛, 辠也. 辛承庚. 象人股. 『설문해자』.

것은 차세대의 열매가 맺어질 수 있도록 도와주는 밑거름이 된다. 변화하는 순리를 따르는 것이다. 이것이 「홍범(洪範)」에서 말하는 "금왈종혁(金曰從革)" 중의 종(從)이고, 신금(辛金)의 속성이다.

금(金)에서 양(陽)이 변혁을 시작했다면 음(陰)은 그 변화의 마무리를 하는 것이다. 이러한 급격한 변화를 따르는 열매는 이 변화를 따르지 못하는 이파리들을 자양분 삼아서 익어가고 다 익은 열매와 쭉정이는 같이 땅으로 떨어지게 된다. 그래서 그 떨어진 열매는 씨앗의 영양분이 되고 그렇게 영양분을 받은 씨앗은 다시 내년에 싹이 트고 자라서 식물이 되어 또 열매를 맺게 된다. 이 순리를 따르면 생명(열매, 씨앗)을 따르게 되는 것이요, 이 순리를 거스르면 죽음(낙엽)을 따르게 되는 것이다. 어찌 보면 상당히 냉정한 이치인데 신금(辛金)은 순리에 따라 그렇게 한다.

신금(辛金)을 가진 사람은 자를 땐 가차 없이 자를 수 있다. 그래서 신금(辛金)을 얇고 예리한 칼에 비유한다. 칼은 양날의 검이라 할 수 있는데, 잘 쓰면 내게 이롭지만 잘못 쓰면 해롭다. 다듬지 않은 금속은 사람을 다치게 하지 못한다. 하지만 불에 다듬은 금속은 사람을 이롭게도 다치게도 한다. 그래서 신금(辛金)을 가공한 보석 또는 금속으로 본다. 뒤에 나오겠지만 병화(丙火)와 신금(辛金)이 합(合)이 되므로 화(火)의 가공을 신금(辛金)이 받는다고 본다.

경금(庚金)이 양기(陽氣)를 보호하기 위해 겉을 두텁게 만들었다면, 신금(辛金)은 그 양기를 내부로 더 감춘다. 경금(庚金)이 가공되지 않은 투박한 바위나 철과 같다면, 신금(辛金)은 가공된 금속과 같다. 그래서 신금을 금은보화에 비유하기도 한다.

임수(壬水) 壬

임(壬)은 북방(北方)에 위치하니 음(陰)이 극에 이르러 양(陽)이 생겨난다. 그러므로 『주역(周易)』에서 가로되 "용(龍)이 들판에서 싸운다."라고 하는데 '전(戰)'은 교접(交接)하는 것이니 사람이 품어서 임신(姙娠)하는 형태를 본뜬 것이다. 해(亥)와 임(壬)을 이어서 그다음이 자(子)가 되는 것이 생(生)하는 차례이다. 임(壬)과 무(巫)는 같은 뜻이다. 임(壬)은 신(辛)을 이어받으니, 사람의 정강이를 본뜨고 정강이는 몸을 맡는다.[31]

차가운 기운이 극에 이르러 더는 차가워질 수 없는 비로소 따뜻한 기운이 생겨나기 시작하는 것을 『설문해자』에서는 임수(壬水)라고 이야기한다.

『설문해자』에서 인용된 "용이 들판에서 싸운다(龍戰于野)."라는 경구는 『주역』 곤괘(坤卦) 상효(上爻)에 나온 내용이다. 그런데 『설문해자』에서는 다른 주석가들과 조금은 다른 독특한 견해를 제시하고 있다. '싸울 전(戰)'이 '싸우다'는 뜻이 아니라 '접촉하다 사귀다 접(接)'의 뜻이란 것이다. 즉, 용이 들판에서 성관계로 교접하여 임신을 하게 되는 상황을 말하는 치열한 섹스를 이 상황이라고 말하고 있다고 한다.

『주역』 곤괘(坤卦) 상효(上爻)에 나온 "그 피가 검고 누렇다(其血玄黃)."라고 한 것은 하늘은 검은색(玄)이고 땅은 누런색(黃)이라고 한 것이다.

---

31) 壬, 位北方也. 陰極易生, 故易曰, 龍戰于野. 戰者, 接也. 象人裹妊之形. 承亥壬以子, 生之敘也. 壬與巫同意, 壬承辛, 象人脛. 脛任體也. 『설문해자』.

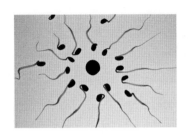

그 하늘과 땅은 음양의 대표라 음양이 교접하고 뒤섞여서 정자(精子)가
난자(卵子)에 도달하기 위해 서로 다투면서 싸우는 모습을 "용들이 들에
서 교접하는 것(龍戰于野)."이라고 표현한 것이다.

壬 = 三(天地人) + | (뚫다)

'임(壬)' 중에서도 가운데 'ㅡ'이 긴 이유는 하늘과 사람과 땅 중 가운데
에 있는 '사람'이 제일 존귀하다는 의미가 들어가 있다. 종합해서 말하면
'임(壬)'은 하늘과 땅과 사람의 이치를 '사람'이 하나로 관통한다는 의미라
고도 할 수 있다. 그리스의 철학자 탈레스는 모든 것의 근본이 물이라고
했던가! 동양 역시 상수철학에서 1을 수(水)라고 한다. '모든 것의 근본은
물'이라 고 본다면 하늘과 땅과 사람을 관통하는 하나인 임(壬)은 '물'이
라고 볼 수 있을 것이다. 그래서 임수(壬水)라고도 한다.

巫(무당) = 工(하늘과 땅을 연결) + 왼쪽 人(남자) + 오른쪽 人(여자)

'공(工)'은 '二 + | '이니 하늘과 땅을 하나로 연결한 것이다. 하늘과 땅을
하나로 이어서 깨우쳤더니 두 사람, 즉 남녀의 이치가 그 안에 있다는 것

陰陽五行, 별과 그림자 그리고 다섯 원소

이다. 결국 '남녀의 교합과 생활, 즉 인간의 이치가 하늘과 땅의 이치'라고 보는 것이다. 이것을 깨우친 사람을 무당(巫)이라고 하는 것이다. 원래의 무당은 이처럼 도인(道人)을 가리켜서 하는 말이고 우리 조상인 단군(檀君)은 이처럼 세상을 깨우쳐서 사람을 다스리는 사람이었다. 그래서 단군 시대 때는 도(道)를 깨우친 사람들이 추대를 받아 세상을 이끌어가는 제정일치(祭政一致)의 사회가 되었었는데 고조선이 멸망하면서 이러한 지도자의 위상이 내려가게 되고 신명(神明)이 빙의되어 앞날을 이야기해주는 사람을 무당으로 부르는 기이한 현상이 생기게 되었다.

각설하고 결국 '임(壬)'과 '무(巫)'는 비슷한 뜻이 된다고 본다. 이 두 글자가 약간 다른 부분이 있다면 임(壬)은 하늘과 땅과 사람을 관통하는 근원적인 기운인 수(水)를 의미하는 것이라면, 무(巫)는 하늘과 땅을 관통하는 능력 있는 사람을 의미하는 글자이다.

임수(壬水)는 양(陽)의 성격이라 큰물에 해당하니 바다와 같다. 바다는 가장 낮은 곳에 위치하여 아래(下)에서 모든 강물을 받아들인다. 그래서 많은 것을 받아들이고 담을 수가 있다. 깊고 넓은 지식도 다 받아들인다. 바다와 같이 마음이 넓고 모든 것에 있어서 포용적이다.

물은 아래(下)에 있으니 항상 겸손하고 잔잔해 보인다. 바닷물은 너무 깊고 맑지를 않으니 그 바닥을 알 수가 없다. 그 물의 깊이와 넓이도 너무 깊고 넓어서 심기가 어디까지인지 알 수가 없어 보인다. 다르게 보면 음흉하다 할 수 있다.

그리고 바다에 태풍이 불면 해일이 일어나듯 임수(壬水)를 잘못 건드리면 엄청난 사태가 벌어질 수도 있으니 조심해야 한다. 그래도 마음이 바다처럼 넓으니 웬만한 것에는 흔들리지 않는다.

계수(癸水)

계(癸)는 겨울의 때이다. 수(水)와 토(土)는 평(平)하게 되어, 그 정도를 헤아릴 수 있는 것이니. 물이 사방(四方)을 따라 땅속으로 흘러 들어가는 모습을 본뜻 것이다. 계(癸)는 임(壬)을 이어받으니 사람의 발을 상징한다.[32]

물은 땅을 흐르면서 땅을 깎아 점점 평평하게 만든다. 그리고 물은 가장 낮은 곳으로 흘러내려 가서 물의 수면은 수평(水平)을 이루게 된다. 물과 흙이 같이 흐르면서 이처럼 평평하게 되는 쪽으로 흘러가고 변형되는데 이처럼 평평하게 된 땅과 수면을 기준으로 주변 지역의 높낮이를 판단할 수 있게 된다. 즉 높낮이가 다른 것들이 결국 깎여서 평평해지게 만드는 것이 계수(癸水)의 힘이라는 것이다. 그리고 높은 부분은 깎고 낮은 부분은 보태주고 하는 것은 균형을 맞추는 행위인데 계수(癸水)는 그러한 역할을 한다는 것이다. 그래서 현재 상태를 정확히 헤아려 파악한 후 덜고 빼고 해준다고 하여 계수(癸水)를 헤아린다는 뜻으로도 쓴다. 그렇기 때문에 '계(癸)'는 '규(揆)'라고 한다. 즉 헤아리는 것이라고 할 수 있다.

계수(癸水)는 바다로 흘러가는 시냇물 또는 빗물에 해당한다. 강은 흘러가면서 모든 것을 윤택하게(潤) 해주고 누구라도 사용할 수 있게 해준다. 이 계수(癸水)가 있기에 사람들은 갈증이 없고 씻을 수 있고 농사를

---

32) 癸, 冬時. 水土平, 可揆度也. 象水從四方流入地中之形. 癸承壬. 象人足. 『설문해자』.

지을 수 있는 것이다. 한마디로 계수(癸水)는 생명의 원천이다.

계수(癸水)는 십간 중 가장 막내로서 아랫사람에 해당하지만, 뒤에 오는 우두머리 갑목(甲木)을 생(生)해주기 때문에 우두머리를 보좌하는 참모에 어울린다. 시냇물은 군말 없고 말썽 없이 누군가에게 보탬이 되는 역할을 하기 때문이다.

속이 잘 보이지 않는 물 중에서도 음(陰)에 속하니, 속내를 더 잘 드러내지 않는다. 어둡게 느껴지는 측면도 있다. 하지만 임수(壬水)처럼 물이 깊지를 않으니 계수(癸水)의 속내는 임수(壬水)보다는 다른 사람 눈에 잘 보이게 된다. 또 임수(壬水)의 바다보다는 계수(癸水)의 시냇물이 더 깨끗하기 때문에 그 인간의 바닥이 계수(癸水)가 더 잘 보인다. 임수(壬水)는 나쁘게 풀리는 경우라도 그 속내를 알 수가 없다. 바닷물은 너무 깊고 흐리기 때문이다.

木曰曲直. 火曰炎上. 土曰稼穡. 金曰從革. 水曰潤下. 『書經·洪範』

목(木)은 곡(曲)과 직(直)이라고 말하고, 화(火)는 염(炎)과 상(上)이라고 말하며, 토(土)는 가(稼)와 색(穡)이라고 말하고, 금(金)은 종(從)과 혁(革)이라고 말하며, 수(水)는 윤(潤)과 하(下)라고 말한다.

오행	목(木)		화(火)		토(土)		금(金)		수(水)	
음양	양(陽)	음(陰)	양(陽)	음(陰)	양(陽)	음(陰)	양(陽)	음(陰)	양(陽)	음(陰)
천간	갑(甲)	을(乙)	병(丙)	정(丁)	무(戊)	기(己)	경(庚)	신(辛)	임(壬)	계(癸)
성격	직(直)	곡(曲)	상(上)	염(炎)	색(穡)	가(稼)	혁(革)	종(從)	하(下)	윤(潤)

갑(甲)은 동쪽의 처음 시작하는 것이다. 양기(陽氣)가 싹터 움직여서, 목(木)을 따라 씨앗의 껍데기를 실은 상(象)이다. 갑(甲)의 상을 이고 기르는 것이니, 크게 하나 된다. 갑(甲)은 사람의 머리 모양을 본뜬 것이다.

을(乙)은 봄의 초목을 형상하는데 억지로 눌려 구부러졌다가 나오니 음기(陰氣)가 오히려 굳센 것이라, 그 튀어나오는 모습이 을(乙)하고 을(乙)하도다. 곤(丨, 뚫는다는 뜻)과 같은 뜻이다. 을(乙)은 갑(甲)을 이어받았고, 사람의 목을 상징한다.

병(丙)은 남쪽에 위치하는 것이니 만물이 환하게 밝음을 이루어지는 것이다. 음기(陰氣)가 처음 일어나고 양기(陽氣)는 장차 이지러지게 될 것이다. 하나를 따라 먼 곳에 들어가는데, 하나라는 것은 따뜻한 것이다. 병(丙)은 을(乙)을 이어받았고, 사람의 어깨를 상징한다.

정(丁)은 여름의 때에 만물이 모두 무성하고 튼실해지는 것을 상형(象形)한 것이다. 정(丁)은 병(丙)을 이어받았고, 사람의 심장을 본뜬다.

무(戊)는 중궁(中宮)인데 육갑(六甲)과 오룡(五龍)이 서로를 붙잡아서 엮이게 되는 것을 상징한다. 무(戊)는 정(丁)을 이어받았고, 사람의 옆구리를 상징한다.

기(己)는 중궁(中宮)이니 만물이 피하며 간직하려고 형체를 굽히는 것을 상징한다. 무(戊)는 기(己)를 이어받았고 사람의 배를 상징한다.

경(庚)은 서방(西方)에 위치하여 가을의 때에 만물이 굳고 단단하게 열매를 가지는 것을 본뜬 것이다. 경(庚)은 기(己)를 이어받으며, 사람의 배꼽을 상징한다.

신(辛)은 가을의 때에 만물은 이루어지고 익게 된다. 금(金)은 강하고 맛은 매운맛이다. 매운맛의 아픔은 눈물이 나오게 된다. 하나를 따라 신(辛)하는 것이니 신(辛)은 괴로운 것이다. 신(辛)은 경(庚)을 이어받아 사람의 넓적다리를 본뜬 것이다.

임(壬)은 북방(北方)에 위치하니 음(陰)이 극에 이르러 양(陽)이 생겨난다. 그러므로 『주역(周易)』에서 가로되 "용(龍)이 들판에서 싸운다."라고 하는데 '전(戰)'은 교접(交接)하는 것이니 사람이 품어서 임신하는 형태를 본뜬 것이다. 해(亥)와 임(壬)을 이어서 그다음이 자(子)가 되는 것이 생(生)하는 차례이다. 임(壬)과 무(巫)는 같은 뜻이다. 임(壬)은 신(辛)을 이어받으니, 사람의 정강이를 본뜨고 정강이는 몸을 맡는다.

계(癸)는 겨울의 때이다. 수(水)와 토(土)는 평(平)하게 되어, 그 정도를 헤아릴 수 있는 것이니. 물이 사방(四方)을 따라 땅속으로 흘러 들어가는 모습을 본뜬 것이다. 계(癸)는 임(壬)을 이어받으니 사람의 발을 상징한다.

03

12지지(地支)

자수(子水)

자(子)는 11월이니 양기(陽氣)가 움직여 만물이 번식하고, 사람은 이
(子)로써 칭송받는 것으로 삼는 것은 (子의) 모습을 본뜬 것이다.[33]

자(子)는 '씨앗'이다. '씨앗'은 번식을 위한 가장 중요한 종자(種子)다. 이

---

33) 子, 十一月, 易气動, 萬物滋, 人以爲偶, 象形.『설문해자』.

씨앗은 겨울의 차가운 기운이 씨앗의 표면을 수축시켜서 내부의 따뜻한 양기(陽氣)를 응축시켜줘야 봄에 튀어나오는 힘이 더 강해진다. 그래서 추운 겨울에 씨앗을 밖에 내놓는 것이다. '자식(子息)'이라는 뜻도 내 씨앗이라는 뜻이니 '자(子)'라는 뜻에서 나왔고, 공자(孔子) 노자(老子) 등 종교의 씨앗과 같은 시조(始祖)가 되는 사람에게도 이 자(子)를 붙였다. 『설문해자』에서는 '자(子)'를 이런 뜻으로 파악하였다고 보면 된다. 자(子)는 십이지지(地支)의 맨 처음이기에 씨앗이 된다.

지지(地支)는 땅의 기운이므로 땅에서는 태어나는 것이 시작점이 되기 때문에, 자(子)로부터 시작이 되는 것이다. 자(子)는 가장 차가운 음(陰)이 많은 상황에서 일양(一陽)이 시생(始生) 하는 곳이다. 그래서 음(陰)이 가장 꽉 차고 일양이 시생하는 동지(冬至)는 바로 자월(子月)의 중간에 있다.

자(子)는 양수(陰水)이므로 차가운 음혈(陰血) 속에 따뜻한 씨앗의 온기가 응축되어있다. 스프링이 누르는 힘이 강할수록 더 튀어나온다고 했는데, 봄에 땅을 뚫고 위로 치솟는 힘은 겨울에 응축되어 누르는 그 힘에 달려 있다.

시중의 사주학에서는 자수(子水)를 음수(陰水)라고 보는 의견들이 많이 있다. 이것은 지장간(地藏干) 이론 때문에 그렇게 보는 것인데 자수(子水)는 『이허중명서』나 『낙록자삼명소식부』의 이론대로라면 음수(陰水)가 될 수 없다. 이 지장간에 대해서는 뒷장에서 정리하겠다.

그래서 씨앗은 겨울에 추운 밖에 내놓아서 응축되어야 봄에 싹이 잘 트고 여름에 잘 자라지 겨울에 온실 속에 씨앗을 두면 실제로 잘 자라지 못한다고 한다. 씨앗은 새로운 생명을 내부에 잉태하고 있다. 그래서 자(子)는 번식력을 의미하기도 한다. '정자(精子)'의 '자(子)'도 이 '자(子)'이다. 자

(子)를 지닌 사람은 번식을 시킬 수 있는 근본적인 힘이 강하다. '자(子)'가 붙은 식물 역시 그러한 분야에 효과가 좋다. 그래서 남성 불임에 이 '자 (子)' 자가 붙은 씨앗을 많이 먹으면 효과가 좋은 것이다.

축토(丑土)

축(丑)은 묶는 끈이다. 12월에 만물이 움직여 일에 쓰이는 것이니 손 의 모습을 본뜬 것인데 태양이 축(丑)의 위치에 오면 또한 손을 들어 올 리는 때이다.[34]

끈이란 무엇을 붙잡아 매어놓는 데 필요한 물건이다. 축(丑)을 묶는 끈 에 비유한 이유는 양기(陽氣)가 함부로 잘못 튀어나와서 얼어 죽지 못하 게 잘 밀봉해놓는 역할을 해야 하기 때문이다. 차가운 기운으로 땅을 잘 밀봉하여 씨앗의 양기가 함부로 새어 나오지 못하게 막는 역할을 하는 것 이 바로 축(丑)이란 것이다.

축(丑)은 '축(畜)'이다. 축(畜)은 저축하고 저장하는 것이다. 자(子)가 씨 앗이면, 축(丑)은 그 씨앗을 어머니의 뱃속처럼 땅속에서 잉태한 것이니 열 달 동안 보관하는 임신의 상태와 같고, 어미 새가 알을 품는 것과 같은 상 태이다. 축토(丑土)는 씨앗을 저축하고 있으니 내부에 기운이 꽉 찬 상태 이다.

또한 축토(丑土)는 얼어있는 땅이다. 축토(丑土)는 다음에 오는 인목(寅

---

34) 丑, 紐也. 十二月, 萬物動, 用事. 象手之形. 日加丑, 亦擧手時也.『설문해자』.

木)에서 새싹을 틔우기 위해 기운이 새어나가지 않게 하기 위해 꽉 틀어막고 있다. 왜냐하면 목(木) 기운이 싹을 틔우기 위해서는 스프링처럼 더 눌러줘야 잘 튀어나오기 때문이다. 겨울에 언 땅을 더 밟아줘야 싹이 잘 틔우는 이유가 이 때문이다. 자(子)에서부터 따뜻한 양기가 피어오르기 시작하여 내부에서는 조금씩 언 땅이 녹게 된다. 그로 인해 땅속은 약간 축축하게 되는데 축토(丑土)의 성질은 항상 습(濕)하다. 그래서 축토(丑土)가 많은 사람은 땀이 많을 수도 있는 이유가 그 때문이라고도 한다.

축토(丑土)는 저장하는 것이라 무엇을 쌓는 데는 탁월한 효능이 있으니 이러한 사람들은 정보 저장능력이 매우 뛰어나다. 체계적으로 탁탁 정리해서 보관을 잘 한다. 또한 축토(丑土)는 저축하는 것이니 암기력 역시 뛰어나다고 할 수 있다.

축(丑)에 해당하는 동물은 소다. 소는 실제 돼지와 다르게 그 비계가 몸밖으로 잘 배출되지 않고 쌓인다고 한다. 이것은 소가 토(土)의 쌓이는 (積) 성질을 가지고 있기 때문이다. 그래서 토(土)의 맛은 단맛이므로 소고기는 단맛이 난다고 한다. 대한민국이라는 땅이 간토(艮土)이므로 한우는 다른 지역보다 더 단맛이 난다고 한다.

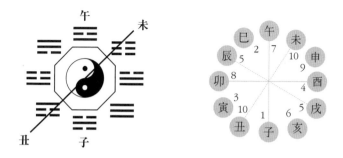

앞의 그림을 보면 축(丑)이 있는 방위에 문왕팔괘의 간(艮)이 있음을 알 수 있다. 소가 토가 되는 이유는 앞에서 설명하였다. 축토(丑土)로 붙인 이유는 조용하고 차분한 성격 때문에 차가운 지역에 배열하였다고 생각할 수 있다.

인목(寅木) 寅

> 인(寅)은 슬개골(膝蓋骨)이다. 정월(正月)이니 양기(陽氣)가 움직여서 황천(黃泉)으로 갔다가 위로 올라 나오려고 하는 것이니 음(陰)이 오히려 강하다. 지붕에는 도달하지 못하나 슬개골이 아래에서 강하게 나아가는 것을 본뜬 것이다.[35]

『설문해자』에서 인(寅)은 '슬개골이다'라고 한 것은 아마도 무릎을 굽혔다가 펴지는 힘이 바로 튀어나오는 힘의 원천이기 때문이라 보아야 할 것이다. 호랑이가 웅크렸다가 확 펴지면서 달려드는 그 튀어나오는 힘의 원천이 바로 '무릎뼈'라는 것이다. 인(寅)은 튀어오르는 힘이 강하다.

황천(黃泉)이란 가장 깊은 곳을 의미한다. 보통 황천길이라 하면 죽어서 가는 길로 땅속 가장 깊은 곳에 존재하는 죽음 이후의 세계를 말한다. 여기서는 그런 뜻이 아니라 땅속 가장 깊숙한 곳이라고 보면 된다. '인(寅)'을 '지하수(地下水)'라고도 하는데 황천(黃泉)이라는 단어처럼 지하수가 땅속에 있다가 땅 위로 솟구쳐 샘물처럼 올라오는 것을 말하는 것이

---

35) 寅, 髕也. 正月, 易气動, 去黃泉, 欲上出, 陰尚强也. 象宀不達, 髕寅於下也.『설문해자』.

아닌가 싶다. 즉, 위로 튀어나오기 위해 땅속에서 최대한 깊숙이 웅크리고 있는 것을 의미한다.

1년 중 정월(正月)이라고 해도 아직 꽃샘추위로 추우니 이는 새싹이 위로 솟구치기 위해 차가운 기운으로 눌러주는 것이다. 그래서 음기(陰氣)가 아직 강하다고 하는 것이다. 이 음기(陰氣)를 바탕으로 위로 솟구치는 것이 바로 인(寅)이다. 하지만 인(寅)은 목(木)이라 지붕 꼭대기까지는 오르지 못하니 지붕으로 오르는 것은 화(火)이다.

인(寅)은 인(人)이다. 이제 막 사람이 태어난 것 같은 탄생의 힘이다. 봄에 나무가 땅을 뚫고 새싹을 틔우듯 새로운 생명으로 탄생하는 것이다. 그래서 사람의 운을 보는 사주에서는 이 인월(寅月)의 입절일인 입춘(立春)을 새로운 한 해가 시작되는 것으로 본다.

인(寅)은 새롭게 시작하는 것을 의미한다. 그래서 발전을 좋아하고, 앞날에 대한 기대감이 크니 그 성향은 미래지향적이다. 그래서 앞날에 대한 예측을 잘한다. 또한 인(寅)은 양목(陽木)이라 위로 똑바로 올라가는 새싹과 같이 한 방향으로 자라는 것이니 한 가지만 연구하고 생각하는 일에 어울린다.

인(寅)은 월(月)로 따지면 1년 중 정월(正月), 즉 1월에 해당한다. 1년의 시작이라는 것이다. 때문에 뭐든 첫 번째가 되려는 성향이 있다. 스스로가 두 번째인 것을 참지 못한다. 여기서 중요한 것이 모든 부분에서 첫 번째가 되려고 하지는 않는다. 자기가 진정 첫 번째가 되고 싶어 하는 부분에서는 1순위가 되고 싶어 한다. 예를 들어 인목(寅木)을 많이 가진 여자라면 남편한테서는 항상 자기가 1순위여야 한다. 시어머니, 자식 등에 밀려서 2순위가 되는 것을 매우 힘들어하게 된다. 이처럼 첫 번째가 되기를 좋아한다.

인(寅)은 동물로는 '호랑이'이다. 호랑이는 항상 혼자 사냥하고, 무리 지어 살지 않고, 어떤 동물보다 아래에 있는 것을 견디지 못한다. 그래서 다른 동물들하고 싸울 때 죽기 살기로 싸운다. 호랑이의 그러한 점은 항상 No. 1이 되어야 하는 인(寅)의 성질과 닮아있다. 그리고 사냥감을 보면 잔뜩 웅크리고 있다가 쏜살같이 튀어 나가는 모습이 스프링처럼 잔뜩 눌려 있다가 튀어나오는 목(木)과 유사하다.

묘목(卯木) 卯

> 묘(卯)는 무릅쓰는 것이다. 2월이다. 만물(萬物)이 땅을 무릅쓰고 나
> 오는 것이다. 문을 여는 모습을 본뜬 것이다. 그러므로 2월은 하늘 문
> (天門)이 된다.[36]

무릅쓴다는 것은 어떤 것을 견디고 앞으로 뻗어 나가는 것을 말한다. 즉, 압박을 견디어 나가면서 전진해나가는 것을 말한다. 봄에서 압박이란 차가운 꽃샘추위의 압박을 말하는 것이고 묘(卯)는 그것을 무릅쓰고 뚫고 새싹이 올라와서 자라나는 것을 말하는 것이다. 꽃샘추위의 압박을 완전히 열어젖히고 세상 밖으로 나오는 새싹의 모습이다.

묘(卯)는 묘(苗)이다. 묘(苗)는 모내기를 하기 위해 어느 정도 가꾸어온 어린 벼로서, 본격적으로 성장할 준비를 하는 단계이다.

---

36) 卯, 冒也. 二月, 萬物冒地而出. 象開門之形. 故二月爲天門.『설문해자』.

또한 『회남자(淮南子)』에 이르길 "묘(卯)는 무성한 것(茂)."이라고 했으니, 인(寅)에서 나무가 싹을 틔우고 막 성장하기 시작했다면, 묘(卯)에서는 성장한 나무가 우거지고 무성해진다. 한 방향으로 자란 나무가 가지를 여러 갈래로 뻗는 것으로 비유할 수도 있다.

이는 집에서 가족밖에 모르던 아이가 학교에 다니고 친구들을 만나면서 다양한 것을 경험하는 단계라고 할 수 있다. 육임(六壬)에서는 묘(卯)를 육합(六合)에 비유하는데, 육합은 여러 사람과 교류하는 것을 의미한다. 이때의 아이들은 하고 싶은 것이 많은데, 그래서 묘목(卯木)은 하고 싶은 것도 많은 만큼 의욕도 많고 욕심도 많다.

묘(卯)는 동물 띠로는 토끼이다. 토끼는 튼튼한 뒷다리로 깡충깡충 앞으로 뛰어나가는 힘이 강한 동물이다. 오죽하면 오르막에서는 웬만한 동물들이 잡기 쉽지 않다는 말이 나올 정도다. 하지만 내리막에서는 그 뛰어 오르는 힘이 균형을 잡는데 장애가 되기 때문에 오히려 넘어져서 다른 동물에게 잡힌다고 한다. 게다가 성격이 너무 급해 교미할 때도 참지 못하여 수컷은 금방 사정(射精)을 한다고 한다. 하지만 목(木)의 기운이 너무 튼튼하여 발기가 되어 치솟는 힘이 강하므로 금방 발기가 되어서 교미를 매우 자주 한다고 한다. 우리가 마음만 급하고 정력이 약한 사람을 토끼라고 부르는데 이는 어찌 보면 잘못된 이야기이다. 토끼의 자주 할 수 있는 능력은 다른 어떤 동물보다도 발군의 능력을 갖추고 있다. 발기된 것을 오래 지속하려면 토끼고기는 좋지 못할 것이다. 하지만 발기 자체가 잘 안 되는 사람은 토끼고기는 꽤 좋은 정력제가 될 수 있다.

진토(辰土) 辰

진(辰)은 우레다. 3월이라 양기(陽氣)가 움직여 우레와 번개가 떨치니 백성이 농사지을 때다. 물(物)이 모두 생(生)할 때 을(乙)을 따라 나란히 가는데, 끝까지 도달하는 것을 본뜬 것이다.[37]

진(辰)은 '우레 진(震)'이다. 진괘(震卦)는 『주역』 팔괘에서 아래에서 위로 뚫고 올라가는 형상이다. 그래서 진(辰)은 거의 다 자라난 성장의 정점에 해당한다. 또한 진(震)은 진동(振動)하는 것이니, 빠르게 진동해서 차가운 기운을 떨치고 일어나는 것이다. 그래서 진월(辰月)이 되면 삼라만상의 사물들이 모두 움직이고 자라난다. 우레와 번개가 치는 것은 추운 겨울 동안의 막혔던 기운이 봄에 소통되면서 소리가 크게 나는 것을 의미한다. 막혔던 것이 순간적으로 뚫리면서 나는 것이 바로 우레다. 그리고 그때 발생하는 전기가 번개가 된다.

목(木)의 시작은 처음에는 똑바로 위로 뻗어가지만, 그다음에는 휘면서 위로 올라간다. 담쟁이덩굴 같은 모양이 되는데 이 모양을 '을(乙)'이라고 한다. 을(乙)의 모양처럼 또는 뱀이 용이 되어 하늘로 올라가는 모습처럼 구불구불하면서 하늘로 올라가는 길목에 바로 진(辰)이 위치한다.

진(辰)은 목(木)의 성장이 다 끝나고 화(火)의 분화를 준비하는 상(象)이다. 그동안 움츠러들었던 몸을 움직여 기지개를 막 켜는 때이니, 어디로

---

37) 辰, 震也. 三月, 易气動, 靁電振, 民農時也. 物皆生, 从乙匕, 匕象芒達, 厂聲. 辰房星, 天時也. 『설문해자』.

든 크게 활개 칠 준비를 하는 것이다.

진(辰)은 동물로는 용이 된다. 물속에서 이무기로 오랜 세월 동안 지내다가 하늘로 올라가면서 용이 된다는 전설이 있다. 땅 위에 있던 존재가 성숙하여 하늘로 날아 올라간다는 이 전설 속의 동물은 마치 땅 위에서 쑥쑥 자라다가 하늘로 올라가니 목(木)에서 화(火)로 이어지는 중간단계를 상징한다고 볼 수도 있다. 즉, 땅 위에만 생활해야 하는 상태에서 도약(跳躍) 점프하여 하늘로 날아가는 용이 되는 모습이 진(辰)의 상태와 같다는 것이다.

사화(巳火) ♋

> 사(巳)는 '이미'이다. 4월인데 양기(陽氣)는 이미 나왔고, 음기(陰氣)는 이미 감추어졌으니, 만물(萬物)은 드러나 색채가 뚜렷함을 이룬다. 그러므로 사(巳)는 뱀이 되니 뱀을 상형(象形)한 것이다. [38]

사(巳)는 '이미'라는 뜻이 있다. 양기(陽氣)가 확연히 이 땅 위에 나오고 음기(陰氣)는 확연하게 이 땅 위에서 사라져버렸다. 음양(陰陽)이 이처럼 확실하게 그 움직임이 나뉘었다. 음(陰)과 양(陽)이 명백히 나뉘고 갈라져서 그 나뉘는 모습이 뚜렷하다. 우리가 음(陰)인지 양(陽)인지 분간이 안 가는 상태라면 그 색깔도 애매해져서 별로 드러나지를 않는다. 사람 역시 그 주장이 불명확하여 색깔이 애매한 사람은 드러나지를 않는다. 드러나려면 그

---

38) 巳, 巳也. 四月, 易气巳出, 陰气巳藏, 萬物見, 成㐌彰, 故巳爲它, 象形. 『설문해자』.

주장하는 바가 뚜렷해야 한다. 주장하는 바가 뚜렷하면 우리는 그 색깔이 뚜렷하다는 표현을 한다. 이것이 바로 사(巳)의 개념이라고 보면 된다.

옳은지 그른지 흰지 검은지 그 색깔이 뚜렷하게 드러나는 것, 이미 음양(陰陽)이 갈라졌다는 뜻이다. 애매하게 가던 길이 완전히 둘로 갈라진 것이다. 그래서 이 사(巳)를 뱀에 비유한다. 뱀의 혀는 두 갈래로 명확하게 갈라져 있다. 이처럼 음(陰)인지 양(陽)인지 확연히 구별할 수 있는 것을 사(巳)라고 한다. 아담과 이브가 아무것도 모르고 뭐가 옳은지 뭐가 그른지 좋은 게 뭔지 나쁜 게 뭔지 전혀 구별할 수 없었던 에덴동산 시절에 뱀이 뭐가 옳은지 그른지를 깨닫게 해주는 선악과를 먹으라고 꼬셨다는 일화가 그냥 나온 게 아닌 것이다.

사화(巳火)는 정화(丁火)와 같으니 그 힘은 오화(午火)에 비해 약하지만, 때에 따라서는 더 강력하게 쓸 수 있다. 사화(巳火)는 불을 함부로 퍼뜨리지 않고 필요한 순간에 집중적으로 사용한다. 그래서 좀 더 폭발적인 성향을 가진 화(火)로 분류된다. 그래서 사화(巳火)가 있는 사람은 그 성향이 평소에는 조용히 있다가도 갑자기 폭발적이고 돌발적인 경우가 많다.

오화(午火) 午

오(午)는 거스르는 것이다. 5월인데 음기(陰氣)는 따뜻한 양(陽)을 거슬러 역(逆) 하는 것이니 땅을 무릅쓰고 나오는 것을 상형(象形)한 것이다. 이것은 실(矢)과 같은 뜻이다.[39]

---

39) 午, 悟也. 五月, 陰气悟逆易. 冒地而出也. 象形. 此與矢同意.『설문해자』.

오(午)는 양(陽)의 기운이 가장 정점에 서는 때이고, 동시에 분화(分化)의 극에 달했기에 한편으로는 일음(一陰)이 시생(始生) 하는 때이다.

어찌 보면 땅이 끌어들이는 인력을 완전히 반대로 거슬렀다고 할 수 있는데 그렇게 거슬러서 제일 높이 올라간 것이 바로 오(午)이다. 그러니 오(午)의 성질을 가지고 있는 사람은 남의 밑에 있기가 힘들다. 자신이 제일 높은 곳에 올라가야 하기 때문이다. 오(午)와 비슷한 기운을 가진 태양은 세상에서 가장 높은 곳에 위치한다. 그래서 용의 꼬리가 될 바에는 뱀의 머리가 되려고 한다. 대기업 말단 사원이 될 바에는 조폭 두목을 하려고 하는 것이 바로 오화(午火)의 성격이다. 인류가 이러한 땅을 거슬러 하늘로 하늘로 올라가려는 욕심의 가장 정점이 바로 바벨탑이라고 했던가. 그래서 유사 이래로 100층이 넘어간 건물을 쌓아 올린 나라는 이상하게 경제 공황이 오거나 나라가 흔들리는 이상한 일들이 일어난다고 한다. 그리고 주변 지역에 지진 또는 싱크홀이 생기는 경우도 있다고 한다. 정말 이게 그 건물 때문인지는 확실하지는 않으나 아무튼 그런 일들이 일어난다고 한다. 그래서 오화(午火)를 가진 사람은 '높이 올라간 원숭이가 나무에서 떨어진다'는 속담을 제일 깊게 새겨야 한다.

오화(午火)를 가진 사람은 분화(分化)가 가장 잘되는 사람이기에 여러 가지에 의욕적이고, 어떤 것이든 잘하겠다는 자신감이 충만하다. 병화(丙火)의 태양과 같이 강력한 힘이 있다. 하지만 동시에 바깥으로 분화가 강하게 이뤄지니 안으로는 허(虛)하게 되는바, 오히려 마음이 약하게 된다. 이는 일음(一陰)이 비로소 생(生)하기 때문이다.

오화(午火)는 분화(分化)를 의미하므로 자신을 겉으로 표현하는 데 가장 능하다. 그래서 오화(午火)는 외모를 잘 꾸미거나 자기 자신이 바깥에 어떻게 비치는지에 관심이 많다.

양(陽)이 극도로 세게 되면 음기(陰氣)는 말라버린다. 그래서 열이 적당히 있는 사람들은 살이 찌지만 열이 너무 많아 버리면 살도 쫙 빠진다. 양(陽)은 단단하고 음(陰)은 부드럽다.

이러한 양(陽)의 성질을 종합해보면 양기(陽氣)가 극에 이르면 마르면서도 몸이 단단해질 것이다. 이런 생물은 강하면서도 단단한 근육에 지방이 거의 없으면서 활동적인 말(馬)이라고 할 수 있다. 말은 다른 동물에 비해 살찌기가 매우 힘든 동물이고 매우 활동적이고 잘 달리는 동물이다. 그리고 딱 봐도 엄청난 근육질의 몸매를 가지고 있다. 이러한 말을 양기(陽氣)가 극에 이른 오(午)에 배열하고 있다. 그리고 양기(陽氣)가 극(極)에 이른 건괘(乾卦) 역시 '말'을 배속하고 있다.

미토(未土)

> 미(未)는 맛보는 것이다. 6월이라 맛을 더하는 것이다. 오행(五行)에서 목(木)은 미(未)에서 노쇠해진다. 나무의 무거운 가지와 잎을 본뜬 것이다. [40]

미토(未土)는 토(土) 중에서도 화기(火氣)를 담아두고 있는 토(土)이다. 토(土)가 화기(火氣)를 담고 있기에 미월(未月)에는 태양열과 땅에서 생기는 복사열로 인해서 오월(午月)보다도 더 덥다. 미토는 진술축미(辰戌丑

---

40) 未, 味也. 六月, 滋味也. 五行, 木老於未. 象木重枝葉也. 『설문해자』.

未) 4개의 토(土) 중 가장 더운 열토(熱土)이다.

미토(未土)는 『황제내경』에서 "축미태음습토(丑未太陰濕土)"로 설명하는데, 축토(丑土)와 함께 습(濕)한 기운을 머금은 토(土)이다. 그래서 대략 양력 7월인 미월(未月)이 가장 더우면서도 가장 습한 것이다.

미토(未土)는 축토(丑土)와 진토(辰土)를 통해 축적되었던 양기(陽氣)가 빠져가는 토(土)이다. 그 기운이 빠져나간 공간으로 나무의 수분이 쫙 빨려 들어온다. 미토(未土)를 통해 화기(火氣)를 모두 내보내고 그다음에 오는 금기(金氣)를 받아들일 준비를 하는 것이다.

그뿐만 아니라 음(陰)과 양(陽)이 교차하는 시기에 오는 토(土)라 진정한 토(土)라고 할 수 있다. 한의학에서는 이러한 토(土)에 소화기를 배속하였다. 그 소화기가 경락(經絡)으로 이어진 부분으로 '입'이 있다. 입은 우리가 음식을 먹는 곳으로 입안에서 혀가 맛을 보면서 먹을 것과 뱉어야 할 것을 가리고 맛있는 것은 계속 몸 안으로 받아들이게 된다. 그래서 이 '미(未)'에 '입 구(口)' 자를 붙여 '맛볼 미(味)'가 나온 것이다.

미(未)는 양을 상징한다. 양은 털이 많이 나 있다. 양의 털 정도로 털이 많으면 몸에 기본적으로 습기가 차게 되어있다. 그래서 주기적으로 털을 깎아주지 않으면 피부병이 생기는 경우도 제법 있다. 이 정도로 털이 많다 보면 습기가 찰 뿐 아니라 보온효과로 열도 차게 되어있다. 이처럼 양은 습(濕)과 열(熱)이 가득 찬 동물이다. 그래서 성격도 급하다. 배가 너무 고픈데 사람이 밥을 안 주면 머리로 들이받기도 한다. 염소도 어찌 보면 비슷한 과의 동물이라 할 수 있다. 미(未)의 양력 7월쯤의 나무들은 매우 무성하다. 마치 양의 털과도 같이 무성해진다. 날씨도 뜨겁다.

이처럼 옛사람들이 십이지지에 동물을 아무렇게나 배당한 것은 아니라고 할 수 있다. 하지만 그 동물의 모든 부분을 십이지지에 배열하는 어리석음을 범하지는 않는 것이 좋다. 대략적인 큰 상(象)을 보고 배열한 것이지 그 동물의 모든 부분의 기운이 다 맞는 것은 아니니 말이다.

신금(申金)

신(申)은 신(神)이다. 7월이라 음기(陰氣)가 이루어지니 체(體)가 신(申)으로부터 합쳐지는데 구(臼)를 따라 스스로 유지한다. 관리는 신시(申時)에 정사(政事)를 잘 듣나니, 그래서 아침의 정사를 신시에 펼치는 것이다. [41]

신(申)은 구(臼) + 곤(丨)이다. '臼'는 어떤 물건을 담을 수 있는 그릇에 물건이 담긴 형상이다. 그것을 위아래로 '丨'이 뚫어서 세운 형상이다. 즉, 어떤 외형(外形)에 중심을 가진 무엇인가가 그 외형을 똑바로 세워서 지탱하는 것을 말한다.

나뭇가지가 열매의 중심에 꽂혀서 열매가 땅에 떨어지지 않고 허공에 떠있게 지탱해주고 있다. 이 모양을 신(申)이라고 보면 된다. 식물로는 이 나뭇가지가 열매의 중심에 꽂혀서 지탱하고 있는 것이라면 동물로 따지면 몸을 무엇인가가 지탱해서 똑바로 서게 되는 직립형 동물로 볼 수 있다. 이런 동물들의 특징이 머리를 잘 쓸 줄 안다는 것이다.

---

41) 申, 神也. 七月, 陰气成, 體自申束. 从臼自持也. 吏以餔時聽事, 申旦政也. 『설문해자』.

그래서 '신(申)'을 '신(神)'이라고 한다. 정신(精神) 작용이 많다는 것이다.

신(申)은 또 신(伸)이라는 뜻이 있는데, '펴진다'는 것을 의미한다. '펴진다'는 뜻은 굽어있던 것이 펴지는 것이다. 때문에 가장 높고 가장 바깥쪽으로 기운이 펼쳐진 상태이다. 가장 바깥으로 펼쳐질 만큼 뻗친 상태이니 이제 거기서 안으로 들어오는 흐름이 시작되는 때이기도 하다. 실제 열매 역시 가장 분산된 가지 끝에서 음혈(陰血)이 뭉치면서 열리게 된다. 이 모습이 바로 신(申)이다.

가을 하늘이 그렇게 맑은 이유는 하늘의 탁한 구름 기운이 다 펴지고 흩어져서 맑게 된 것이다. 물론 장마철에 그 탁한 기운이 다 비로 내려왔기 때문이기도 하다. 그 때문에 하늘이 더 깨끗해지는 것이다.

여름에 가장 높이 올라간 수증기가 장마철에 구름으로 모여서 비가 되어 내려오고 가을에 그 기운에 힘입어서 하강하는 기운이 시작되게 된다. 그래서 열매가 맺히고 잎이 떨어지기 시작하게 된다. 이처럼 가을에는 잎이 하강하고 열매가 수렴하기 시작하는데, 수렴하는 기운 중에 제일 처음으로 받아들여지는 지점이 바로 신(申)이다.

신(申)은 화(火)에 의해 흩어졌던 양기(陽氣)를 하나둘씩 끌어당기는 것이다. 그래서 미월(未月)에 더웠던 날씨가 신월(申月)로 넘어가면서 서서히 식는다.

또한 신(申)은 신(身)이다. 금(金)은 속에 있는 양기(陽氣)를 보호하기 위해 겉을 강하게 하는 것이니 신금(申金)이 있는 사람은 신체가 강건하다. 신금(申金)이 있는 사람은 설사 마른 사람이라도 강단이 있고 의외로 몸이 튼튼하다.

신(申)은 원숭이를 의미한다. 원숭이는 다른 동물에 비해 머리를 써서 산다는 것과 직립할 수 있다는 점에서 큰 차이점이 있다. 직립한다는 것은 몸 안에 열이 많다는 것이고 그 열을 제어할 만한 수기(水氣) 역시 많다는 것이다. 사람이 직립이 가능한 이유는 열 때문에 머리 부분이 계속 위로 올라가서 직립이 되는 것이다. 그런데 그 열을 제어해줄 수 있는 골수의 차가움이 머리 위로 올라가서 뇌를 크게 형성해주기 때문에 생명이 유지된다. 원숭이 역시 사람과 비슷한 부분이 있기 때문에 뇌가 발달하게 된다. 그래서 사람처럼 직립할 수 있는 동물들도 머리가 좋게 되는 것이다.

인체에서 콩팥은 수(水) 기운을 가지고 있다. 이 콩팥에서 골수를 만들고 골수가 모이고 굳어서 뇌를 형성한다고 한의학에서는 이야기한다. 열은 가만히 두면 제일 높은 위로 올라가려는 경향이 있다. 몸 중에서 제일 높은 곳으로 갈 수 있는 부위는 두말할 것도 없이 머리이다. 그래서 가만히 두면 열은 머리로 몰리는 것이다. 이것을 통제하지 못한다면 그 열은 머리 부위에서 아마도 터져버릴 것이다. 생각이 많은 사람들이 머리에 열이 많은 이유다. 그래서 콩팥에서 열을 통제할 수 있는 수기(水氣)를 띈 골수를 척추 따라 끌어올려서 머리 위로 모이게 하는 것이다. 뇌의 형성도 열과 골수가 모인 것이 겹쳐서 시간이 지나 걸쭉해진 덩어리가 형성된다고 보는 것이다. 이렇게 해서 사람이 동물 중 몸보다 가장 비중이 큰 뇌를 가지고 있게 되고 그래서 사람이나 직립할 수 있는 원숭이 같은 동물이 머리가 좋게 되는 것이다.

유금(酉金)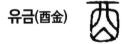

유(酉)는 '성취하는 것'이다. 8월인데 기장쌀이 성숙되어 술로 빚게 되는 것이 가능하다. 묘(卯)는 봄의 문(門)이라 만물이 이미 나오고, 유(酉)는 가을의 문이라 만물이 이미 들어가니 하나로 문을 닫는 것을 본뜬 것이다.[42)]

　유(酉)는 서쪽(西)이다. 유(酉)와 서(西)의 한자가 비슷하다. 유(酉)는 금(金)에 해당하는데 유금(酉金)은 서방 금(金) 기운이 가장 충만한 지지이다. 금(金) 기운이 가장 충만할 때 열매는 완전한 결실을 보게 된다. 결실을 보게 되면 열매는 나무에서 떨어지니 유금(酉金)은 이별과 분리를 암시하기도 한다.

　열매가 나무에서 맺히는 것과 동시에 열매를 맺지 못한 쭉정이는 내쳐질 수밖에 없다. 그래서 유금(酉金)에는 숙살지기(肅殺之氣)의 기운이 있다고 한다. 아무나 마구 죽이는 것이 아니라, 기준에 미치지 못하고 따라오지 못하면 떨어뜨리는 것이다. 그래서 유금(酉金)이 있는 사람은 마음에서 떠난 것은 과감히 내치는 성격이 있다. 조금의 온정도 베풀지 않고 정리된 것은 과감히 자르고 바꿔나간다. 아닌 것은 바꿔야겠다는 의지가 강하다. 그래서 눈물을 머금고 냉정하게 대하기도 하며, 힘이 들어도 정리할 것은 다 끝내는 사람들이다. 이 유(酉)는 혁명(革命)의 기운을 띄고 있기도 하다. 의지가 굳은 사람으로 정말 찬바람이 불 때는 쌩 하고 불며 완전히 바꿔나간다.

　육임(六壬)이라는 학문에서는 유(酉)를 태음(太陰)에 비유하는데, 태음(太陰)은 달이다. 달은 초승달에서 그믐달까지 다양하게 변한다. 그래서

---

42) 酉, 就也. 八月, 黍成, 可爲酎酒. 卯爲春門, 萬物已出, 酉爲秋門, 萬物已入, 一閉門象也. 『설문해자』.

유금(酉金)은 변덕이 심하다.

발효(醱酵)라는 글자를 보면 재미있게도 다 '유(酉)'라는 글자가 들어간다. 발효된 식품들은 분명 썩은 것이지만 사람을 다치게 하는 것이 아니라 사람의 몸에 도움이 된다. 그리고 원래의 재료가 분해되면서 재구성되는 것이라 어찌 보면 원래의 제품과 완전히 달라진 제품이라 할 수도 있다. 김치가 발효되기 전에는 신맛이 전혀 없으나 발효가 되면서 신맛이 나면서 상큼해지고 신선하면서도 배추가 부드러워진다. 우유가 발효되면서 치즈가 되는데 치즈는 시큼하면서 뻑뻑해진다. 장(醬)은 소위 우리가 말하는 된장, 고추장 이런 것을 말하는데 여기에도 유(酉)가 들어가 있다. 이렇게 되는 이유는 발효식품은 이전의 상태와 완전히 달라지기 때문이다. 유(酉)는 이전의 상태를 확 바꿔서 새롭게 재구성하는 것인데 그러한 모습이 이러한 발효식품과 비슷하기 때문에 유(酉)라는 글자가 붙은 것이다.

닭은 어찌 보면 참 이상한 동물이다. 보통 새들은 하늘을 날아다닌다. 그런데 닭은 날지 못한다. 날지 못하는 새들은 타조처럼 달리기라도 잘해서 위험으로부터 피해 다닌다. 칠면조나 공작새는 덩치라도 매우 크다. 그런데 닭은 덩치가 그리 큰 것도 아니요, 잘 달리는 것도 아니고, 하늘을 나는 것도 아니다. 그러다 보니 사람의 보호 없이 야생에 있으면 족제비, 삵, 늑대 등의 밥이 될 수밖에 없다.

새는 날개가 있기 때문에 하늘의 기운을 받고 태어난 생물이다. 하늘의 기운에 응하는 오행은 화(火)와 금(金)이다. 실제로 한의학에서도 하늘에 응하는 오장(五臟)은 화(火)인 심(心)과 금(金)인 폐(肺)로 윗부분에 위치한다. 아마도 하늘의 기운에 응하지만, 하늘을 실제로 날지는 못하니 화(火) 기운이 아닌 금(金) 기운을 취한다. 또 주로 땅에서 생활하니 신(申)과 유

(酉) 중에서 음(陰)에 해당하는 금(金)인 유(酉)가 된 것으로 볼 수 있다.

술토(戌土) 戌

술(戌)은 소멸하는 것이다. 9월이라 양기(陽氣)가 미세하고 만물은 성
숙하는 것을 마치며 양(陽)은 내려가 땅으로 들어간다. 오행에서 토(土)
는 무(戊)에서 생기고 술(戌)에서 성(盛)한다. [43]

술(戌)은 금(金) 기운을 받아들이는 토(土)이다. 금(金)은 죽이는 기운이
고 술토(戌土)는 그 금(金) 기운을 고르게 하는 기운이니 술토(戌土)에서는
만물이 쇠퇴하여 멸망한다. 그래서 술월(戌月)에 잎이 떨어지는 것이다. 대
략 양력으로 10월이니 나뭇잎이 많이 떨어지는 때이다. 여름 동안 무성했
던 이파리의 생명력이 다 소멸하고 이제 앙상한 나뭇가지만 남으려고 한
다. 진술축미(辰戌丑未)의 4가지 토(土) 중에서 밑으로 떨어지는 것을 다
받아내는 기운으로서, 가장 낮은 땅을 의미하기도 한다.

또한 미토(未土)가 뜨거우면서도 음(陰)과 양(陽)의 교차로 양(陽) 기운
이 빠져나가려는 토(土)라면, 술토(戌土)는 여름내 무성한 생명력이 낙엽
되어 다 떨어지는 때이니 완전히 비워지는 토(土)를 의미한다.

육임(六壬)에서 술토(戌土)를 천공(天空)에 비유하는데, 천공(天空)은 텅
비워진 허(虛)를 의미한다. 하지만 비워짐은 곧 채워짐을 의미하니 새로운
채움을 위한 준비를 하는 토(土)이다. 참고로 천공(天空)은 또한 스님을

---

43) 戌, 威也. 九月, 易气微, 萬物畢成, 易下入地也. 五行土生於戊, 盛於戌. 『설문해자』.

의미하는데 스님은 비움으로써 도(道)를 추구한다.

개는 속에 열이 많은 동물이다. 그래서 여름이 되면 그 속 열을 배출하기 위해 숨을 가쁘게 쉰다. 물론 땀구멍이 없다 보니 입으로 그 열을 배출하기 위해서 그런 행동을 하는 것이기는 하다. 원래 땀구멍은 속의 열과 노폐물을 빼주는 역할을 하는데 그러한 땀구멍이 열을 빼내 주지 못한다면 그 열은 속에서 폭발할 수밖에 없다. 그러니 개는 헉헉 숨을 가쁘게 쉬면서 그 열을 빼낼 수밖에 없다. 봄과 여름에는 기운이 겉으로 몰리기 때문에 이파리는 무성해지지만 뿌리는 약해진다. 가을과 겨울에는 기운이 속으로 내려가기 때문에 오히려 온도가 내려가고 건조해지지만 뿌리는 충실해지고 속은 따뜻해진다. 술토(戌土)의 때는 바로 이러한 땅의 법칙을 이야기하고 있다. 그래서 동물 중 겉과 속의 온도 차가 많이 나서 속 열을 빼내기 위해 숨을 가쁘게 쉬는 개를 술토(戌土)에 배속하고 있다.

해수(亥水)

해(亥)는 풀뿌리다. 10월인데 미세하게 양(陽)이 일어나서 성(盛)한 음(陰)과 교접(交接)하는 것이다. '二'를 따르고 '二'는 옛 문자(文字)에서 '上'자인데 한 사람의 남자이고, 한 사람의 여자다. ㄴ을 따르는 것이고, 자식을 임신하고 웃는 모습을 본뜬 것이다.[44]

풀의 뿌리는 풀에 있어서 너무도 중요한 부분이다. 가지나 이파리를 아

---

44) 亥, 荄也. 十月, 微易起, 接盛陰. 从二, 二, 古文上字也. 一人男, 一人女也. 从ㄴ, 象裹子咳咳之形也.『설문해자』.

무리 잘라도 또 풀은 자라지만 뿌리를 제거하면 그 풀은 사라지게 된다. 뿌리는 식물에 있어서 생명의 원천이라고 할 수 있다. 이 뿌리를 잘라서 땅에다 심으면 그 식물이 또 자란다. 마치 씨앗과도 같다. 해(亥)는 또 핵(核)이다. 핵(核)은 그 식물의 모든 가능성이 응축된 가장 작은 씨앗과도 같다.

해(亥)는 오행상 수(水) 기운에 해당한다. 그러므로 해수(亥水)는 가장 세밀한 성향을 가지고 있다. 또한 어떤 사물과 사람을 대할 때에도 세밀하게 나누어서 생각한다.

또한 해수(亥水)는 맨 마지막 지지(地支)로 만물이 닫히고 숨어서 모두 씨를 맺고 감추는 것이다. 그래서 죽음이나 어둠을 의미하는데, 속이 잘 보이지 않는다. 하지만 그 안에 새 생명을 잉태한 씨앗과도 같으니 그 아주 깊은 곳에는 새 생명의 온기가 도사리고 있다. 하지만 겉으로 보면 죽음이 만연한 것과도 같다.

돼지는 매우 독특한 생물이다. 살이 너무 많아서 어디서부터가 근육이고 뼈인지 알 수가 없을 정도로 지방이 많다. 이런 물렁물렁한 살은 음(陰)에 비유할 수 있다. 딱딱한 근육과 뼈는 양(陽)에 비유할 수 있다. 원래 강함과 부드러움은 양(陽)과 음(陰)이다. 돼지는 그렇게 본다면 음(陰)이 너무 많고 양(陽)이 속에 깊이 감춰져 있는 생물이라 할 수 있다. 물렁물렁한 과육이 많고 딱딱한 씨앗인 핵(核)을 속에 감춘 것과도 같다. 그래서 돼지를 이 해(亥)의 상태에 비유했다. 열매 속에 감춰진 씨앗은 과육의 영양분을 빨아먹으며 잘 보존하게 된다. 마치 어머니 뱃속에서 양분을 받으며 자라는 태아와도 같다.

자(子)는 11월이니 양기(陽氣)가 움직여 만물이 번식(繁植)하고 사람은 이(子)로써 칭송받는 것으로 삼는 것은 子의 모습을 본뜬 것이다.

축(丑)은 축(紐, 묶는 끈)이다. 12월에 만물(萬物)이 움직여 일에 쓰이는 것이니 손의 모습을 본뜬 것인데 태양이 축(丑)의 위치에 오면 또한 손을 들어 올리는 때이다.

인(寅)은 빈(髕, 슬개골)이다. 정월(正月)이니 양기(陽氣)가 움직여서 황천(黃泉)으로 갔다가 위로 올라 나오려고 하는 것이니 음(陰)이 오히려 강하다. 지붕에는 도달하지 못하나 슬개골이 아래에서 강하게 나아가는 것을 본뜬 것이다.

묘(卯)는 모(冒, 무릅쓰는 것)이다. 2월이다. 만물이 땅을 무릅쓰고 나오는 것이다. 문을 여는 모습을 본뜬 것이다. 그러므로 2월은 하늘 문(天門)이 된다.

진(辰)은 진(震, 우레)이다. 3월이라 양기(陽氣)가 움직여 우레와 번개가 떨치니 백성이 농사지을 때다. 물(物)이 모두 생(生) 할 때 을(乙)을 따라 나란히 가는데, 끝까지 도달하는 것을 본뜬 것이다.

사(巳)는 이(巳, 이미)이다. 4월인데 양기(陽氣)는 이미 나왔고, 음기(陰氣)는 이미 감추어졌으니, 만물은 드러나 색채가 뚜렷함을 이룬다. 그러므로 사(巳)는 뱀이 되니 뱀을 상형(象形)한 것이다.

오(午)는 오(悟, 거스르는 것)이다. 5월인데 음기(陰氣)는 거슬러 역(逆) 하는 것이니 따뜻한 양(陽)이 땅을 무릅쓰고 나오는 것을 상형(象形)한 것이다. 이것은 시(矢, 화살)와 같은 뜻이다.

미(未)는 미(味, 맛보는 것)이다. 6월이라 맛을 더하는 것이다. 오행(五行)에서 목(木)은 미(未)에서 노쇠해진다. 나무의 무거운 가지와 잎을 본뜬 것이다.

신(申)은 신(神)이다. 7월이라 음기(陰氣)가 이루어지니 체(體)가 신(申)으로부터 합쳐지는데 절구(臼)를 따라 스스로 유지한다.

유(酉)는 취(就, 성취) 하는 것이다. 8월인데 기장쌀이 성숙되어 술로 빚게 되는 것이 가능하다. 묘(卯)는 봄의 문(門)이라 만물이 이미 나오고, 유(酉)는 가을의 문이라 만물이 이미 들어가니 하나로 문을 닫는 것을 본뜬 것이다.

술(戌)은 멸(滅, 소멸)하는 것이다. 9월이라 양기(陽氣)가 미세하고 만물은 성숙하는 것을 마치며 양(陽)은 내려가 땅으로 들어간다. 오행에서 토(土)는 무(戊)에서 생기고 술(戌)에서 성(盛)한다.

해(亥)는 해(荄, 풀뿌리)다. 10월인데 미세하게 양(陽)이 일어나서 성(盛)한 음(陰)과 교접하는 것이다. '二'를 따르고 '二'는 옛 문자(文字)에서 '上'자인데 한 사람의 남자이고, 한 사람의 여자다. ㄴ을 따르는 것이고, 자식을 임신하고 웃는 모습을 본뜬 것이다.

04

하도낙서(河圖洛書)

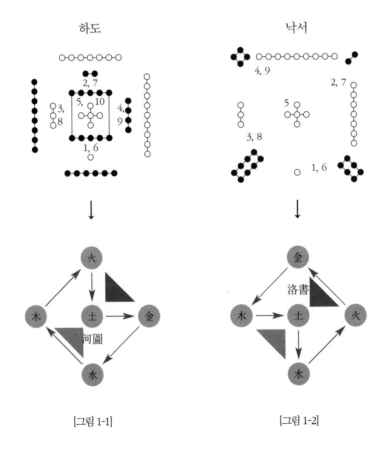

[그림 1-1]　　　　　　　　[그림 1-2]

陰陽五行, 볕과 그림자 그리고 다섯 원소

[그림 1-1]은 하도(河圖)의 상생(相生) 그림이고 [그림1-2]는 낙서(洛書)의 상극(相剋) 그림이다. 낙서는 하도에서 금(金)과 화(火)의 위치만 바뀌었는데, 상생에서 상극의 흐름으로 바뀐 것이다. 하도(河圖)의 상생(相生)은 기(氣)가 순(順) 방향으로 돌아가는 순서이고, 낙서(洛書)의 상극은 형(形)이 역(逆) 방향으로 돌아가면서 만들어지는 과정이다. 낙서는 모든 것이 겉으로 드러나는 과정이다.

하도(河圖)의 서남방은 오행의 운행이 비게 되고, 낙서(洛書)의 동북방 역시 오행의 운행이 비는데 이것을 그린 그림이 바로 [그림 1-1]과 [그림1-2]이다. 하도와 낙서가 서로의 반대편 쪽의 오행 운행이 서로 비게 된다. 어찌 보면 서로가 서로의 부족한 점을 보완하면 완벽하게 될 것도 같은 그런 양상이다.

하도낙서의 수(數)에는 성수(性數)와 위수(位數)가 있다. 성수(性數)는 하도낙서의 1수(水), 6수(水)처럼 오행의 성질대로 숫자를 배열한 것을 말하고, 위수(位數)는 천간의 순서대로 숫자를 배열한 것을 말한다. 즉, 갑을병정(甲乙丙丁)… 이렇게 순서대로 쓰면 갑(甲)이 1, 을(乙)이 2, 병(丙)이 3, 정(丁)이 4 이런 순서대로 오니 그 순서 그대로 쓰는 것이 위수(位數)이다.

여기에서 우리가 목화토금수(木火土金水) 오행의 숫자 배당을 알아둘 필요가 있다. 성질에 따른 오행의 숫자는 다음과 같이 배당된다.

1과 6 → 수(水)　　　　　2와 7 → 화(火)

3과 8 → 목(木)　　　　　4와 9 → 금(金)

5와 10 → 토(土)

위의 숫자 배열은 성질에 따른 숫자인 성수(性數)가 된다. 그런데 하도(河圖)의 숫자를 위수(位數)로 바꾸어서 십간을 배열할 수 있다. 갑을병정무기경신임계(甲乙丙丁戊己庚辛壬癸)를 순서대로 읽으면 다음과 같다.

갑(甲)은 1　을(乙)은 2　병(丙)은 3　정(丁)은 4　무(戊)는 5
기(己)는 6　경(庚)은 7　신(辛)은 8　임(壬)은 9　계(癸)는 10

하도(河圖)의 숫자에 이러한 십간의 위수(位數)대로 십간을 붙여보면 다음과 같은 그림으로 나온다.

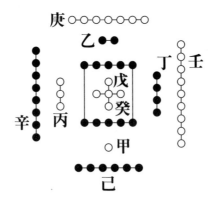

이 내용은 김일부의 『정역』에 나온다. 이 그림이 우리가 자주 보는 간합(干合)으로 생기는 화기(化氣) 오행이다. 십간은 하도(河圖)의 숫자를 상징적인 문자로 표현했을 뿐인 것이다. 이 간합(干合)을 오행으로 바꾸어보면 다음과 같다.

　　　　陰陽五行, 볕과 그림자 그리고 다섯 원소

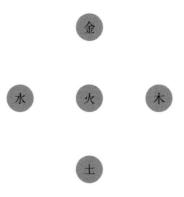

간합은 2개의 특정한 천간이 서로 만날 때 합(合)을 하면서, 새로운 오행을 만들어낸다. 그 오행은 다음과 같다.

갑기합토(甲己合土) : 갑(甲)과 기(己)가 합(合)하면 토(土)가 생성된다.

을경합금(乙庚合金) : 을(乙)과 경(庚)이 합(合)하면 금(金)이 생성된다.

병신합수(丙辛合水) : 병(丙)과 신(辛)이 합(合)하면 수(水)가 생성된다.

정임합목(丁壬合木) : 정(丁)과 임(壬)이 합(合)하면 목(木)이 생성된다.

무계합화(戊癸合火) : 무(戊)와 계(癸)가 합(合)하면 화(火)가 생성된다.

05

납음오행(納音五行)

납음오행 소개

납음오행(納音五行)이란 개념은 『이허중명서(李虛中命書)』의 귀곡자 「유문(遺文)」에 처음 등장한다. 『이허중명서(李虛中命書)』는 이허중이 귀곡자의 글에 주석을 단 것인데, 이때의 귀곡자의 글이 귀곡자 유문이다.

아마도 사주(四柱) 초창기에는 쓰이던 개념이었으나 어느 순간부터 명리학에서 도외시되었다.

그런데 납음오행이 사주에서는 사라졌지만, 자미두수(紫微斗數), 풍수(風水)에서는 계속 쓰이고 있다. 그렇다면 사주학에서 잘 쓰지 않는다뿐이지, 필요 없는 이론은 아닌 것이다.

갑자 甲子	을축 乙丑	갑술 甲戌	을해 乙亥	갑신 甲申	을유 乙酉	갑오 甲午	을미 乙未	갑진 甲辰	을사 乙巳	갑인 甲寅	을묘 乙卯
해중금 海中金		산두화 山頭火		천중수 泉中水		사중금 砂中金		복등화 覆燈火		대계수 大溪水	
병인 丙寅	정묘 丁卯	병자 丙子	정축 丁丑	병술 丙戌	정해 丁亥	병신 丙申	정유 丁酉	병오 丙午	정미 丁未	병진 丙辰	정사 丁巳
노중화 盧中火		간하수 澗下水		옥상토 屋上土		산하화 山下火		천하수 天河水		사중토 沙中土	
무진 戊辰	기사 己巳	무인 戊寅	기묘 己卯	무자 戊子	기축 己丑	무술 戊戌	기해 己亥	무신 戊申	기유 己酉	무오 戊午	기미 己未
대림목 大林木		성두토 城頭土		벽력화 霹靂火		평지목 平地木		대역토 大驛土		천상화 天上火	
경오 庚午	신미 辛未	경진 庚辰	신사 辛巳	경인 庚寅	신묘 辛卯	경자 庚子	신축 辛丑	경술 庚戌	신해 辛亥	경신 庚申	신유 辛酉
노방토 路傍土		백납금 白蠟金		송백목 松柏木		벽상토 壁上土		차천금 釵釧金		석류목 石榴木	
임신 壬申	계유 癸酉	임오 壬午	계미 癸未	임진 壬辰	계사 癸巳	임인 壬寅	계묘 癸卯	임자 壬子	계축 癸丑	임술 壬戌	계해 癸亥
검봉금 劍鋒金		양류목 楊柳木		장류수 長流水		금박금 金箔金		상자목 桑柘木		대해수 大海水	

납음오행조견표

위의 표는 가장 잘 알려진 납음오행조견표이다. 명나라 사주 고전인 『삼명통회(三命通會)』에 나온 내용이다. 그런데 납음오행의 원조인『이허중명서』에서는 이런 식으로 표현하진 않는다. 예를 들어『삼명통회』에는 "갑자을축(甲子乙丑) 해중금(海中金)"이라고 했지만, 『이허중명서』에서는 다음과 같이 표현한다.

갑자(甲子)는 천관(天官)이 간직된 것인데, 곧 자식이 왕하고 어머니가
쇠약한 금(金)이다. [45]

을축(乙丑)은 재록(財祿)과 관작(官爵)이 이어진 것인데, 곧 묘고(墓庫)

로서 재물을 지키는 금(金)이다. [46]

갑자(甲子)와 을축(乙丑)의 납음에 대한 『이허중명서』의 해설은 기존에 알려진 "갑자을축(甲子乙丑) 해중금(海中金)"의 납음 해설과는 다르다. 하지만 공통점이 하나 있다. 갑자(甲子)와 을축(乙丑)의 납음을 모두 금(金)으로 해설하고 있다는 점이다. 이후에 나오는 육십갑자의 납음도 모두 『이허중명서』와 『연해자평』의 해설은 다르지만, 오행은 동일하게 설명하고 있다. 그러면 우리는 납음의 오행만 취해도 크게 틀리지는 않을 것이다.

납음오행 이론

이런 식으로 납음오행은 만들어졌으나 그 이유를 설명하는 책들이 애매하게 논리를 전개하니 이 이론에 대해 의심을 품게 한 것으로 보인다. 그러다 보니 후대에는 잘 안 쓰이게 되었으나 사주의 원류를 더듬어 가다 보면 많이 언급되는 이론이라 여기에는 싣는다. 다음에 나오는 『이허중명서(李虛中命書)』의 납음오행 내용을 보자.

육십갑자 납음(納音)은 십간(干)과 십이지(支)로 말미암아 짝을 지어

서 한 바퀴 돌아 끝마치는 수(數)이다. [47]

---

45) 甲子, 天官藏, 是子旺母衰之金. 『이허중명서』.
46) 乙丑, 祿官承, 乃庫墓守財之金. 『이허중명서』.

생수(生數)와 성수(成數)로부터 말하면 수(水)는 1을 얻고, 화(火)는 2
를 얻으며, 목(木)은 3을 얻고, 금(金)은 4를 얻으며, 토(土)는 5를 얻는
다.[48]

여기까지는 우리가 아는 하도낙서에 배열된 오행 수의 내용이다. 1은
수(水), 2는 화(火), 3은 목(木), 4는 금(金), 5는 토(土)라고 말하는 내용이
다. 여기에서 성수(成數)까지 확장하면, 1과 6은 수(水), 2와 7은 화(火), 3
과 8은 목(木), 4와 9는 금(金), 5와 10은 토(土)가 된다. 그런데 다음에 나
오는 내용은 오행의 숫자가 위와 다르다. 이는 만물의 변화에 대한 오행
의 숫자로, 납음오행과 연결된다.

만물(萬物)의 변화(變化)에 감응하는 것으로써 말하자면 화(火)는
1을 얻고, 토(土)는 2를 얻으며, 목(木)은 3을 얻고, 금(金)은 4를 얻
으며, 수(水)는 5를 얻는다.[49]

하늘과 땅을 본받아 십이지(支)와 십간(干)의 수(數)를 승(乘)하라.[50]

하도(河圖)는 원래 시작점이 중궁이다. 중심의 10이 나뉘어서 1, 2, 3, 4
로 쪼개지는 것이 바로 하도의 시작이다. 애초부터 이 그림은 위수(位數)

---

47) 六十納音者, 配由十干十二支, 周而終之數也.『이허중명서』.
48) 自生成而言之, 則水得一, 火得二, 木得三, 金得四, 土得五.『이허중명서』.
49) 感物化而言之, 則火得一, 土得二, 木得三, 金得四, 水得五.『이허중명서』.
50) 法乎天地, 支干數乘.『이허중명서』.

로 인해서 만들어진 그림이다. 위수란 애초부터 순서대로 세는 것이다. 그렇다면 그 의미 그대로 순서대로 중심부터 세어보면 화(火) 1, 토(土) 2, 목(木) 3, 금(金) 4, 수(水) 5가 된다. 이것은 처음 하도의 생수(生數)와 성수(成數)로 만들어진 것이 아니라 위수(位數)로 만들어진 오행의 순서에 낙서(洛書) 상극(相剋)의 틀을 입힌 것이니 이미 생성된 사물이 변화에 대처하는 순서라 할 수 있다.

십이지와 십간에 배합하면 갑기자오(甲己子午)는 9, 을경축미(乙庚丑未)는 8, 병신인신(丙辛寅申)은 7, 정임묘유(丁壬卯酉)는 6, 무계진술(戊癸辰戌)은 5, 사해(巳亥)의 지지(地支) 수(數)는 4이다.[51]

위의 글은 선천수(先天數)에 관한 것이다. 선천수는 바로 아래와 같이 형성된다.

갑기자오(甲己子午)는 9

을경축미(乙庚丑未)는 8

병신인신(丙辛寅申)은 7

정임묘유(丁壬卯酉)는 6

무계진술(戊癸辰戌)은 5

사해(巳亥)는 4

---

51) 支干配則甲己子午九, 乙庚丑未八, 丙辛寅申七, 丁壬卯酉六, 戊癸辰戌五, 巳亥支數四.『이허중명서』.

갑(甲)은 양(陽)의 시작, 기(己)는 음(陰)의 시작이다. 자(子)는 양(陽)의 시작, 오(午)는 음(陰)의 시작의 첫 번째이다. 10을 완전수(完全數)라고 보았을 때 첫 번째에서 시작하고 있다면 9걸음을 더 와야 10이 된다. 그래서 갑기자오(甲己子午)를 9라고 한다.

을(乙)은 양(陽)의 두 번째이고 경(庚)은 음(陰)의 두 번째이며, 축(丑)은 양(陽)의 두 번째이고 미(未)는 음(陰)의 두 번째이니 10까지 가려면 8을 더 가야 한다. 그래서 을경축미(乙庚丑未)를 8이라고 한다.

이런 식으로 나머지 병신인신(丙辛寅申)은 7, 정임묘유(丁壬卯酉)는 6, 무계진술(戊癸辰戌)은 5, 사해(巳亥)의 선천수는 4가 된다.

선천수(先天數)란 그 사람의 수준으로 보면 얼마만큼 더 가야 한다는 개념이 된다는 것을 이해하자.

부모(父母)의 기(氣)를 시작으로 하여 납음(納音)을 이루는데, 하늘(干)과 땅(支)과 떨어진, 즉 이름과 수(數)가 보이게 된다.[52]

하늘의 수 5개와 땅의 수 5개는 조화(造化)의 최우선이 되니 그 수(數)로 제(除)하면 납음(納音)의 용(用)이다.[53]

'납음(納音)'이란 '소리(音)를 거두어들인다(納)'란 뜻이다. 소리는 외부의 자극이라고 할 수 있다. 이것에 대해 일어나는 우리 몸의 반응을 말한다면 당연히 이러한 오행 변화를 써야 할 것이다. 그래서 소리가 들어오면서

---

52) 始父母之氣而成音, 離天地則見名數. 『이허중명서』.
53) 天五地五則爲造化之先, 除其數則納音之用. 『이허중명서』.

일어나는 여러 반응을 감응화(感應化)하여 나타나는 오행이라고 보는 것이다. 소리가 귀에 들어오는 것은 크게 두 가지가 있다.

소리 역시 파동인데 파동은 높낮이가 있다. 높이 올라가는 것이 양(陽), 낮게 내려가는 것이 음(陰)이라고 보면 항상 소리는 이 두 개의 진동으로 이루어지는 짝이 있을 수밖에 없다.

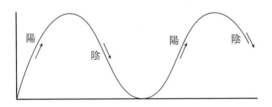

모든 소리 음(音)은 이러한 음양의 파동의 높낮이 속에 진동으로 전달이 되는 것이기 때문에 두 개씩 납음오행이 짝이 맺어진다고 할 수 있다. 예를 들어 갑자(甲子)는 양(陽)이고, 을축(乙丑)은 음(陰)이다. 납음오행은 양 한 개, 음 한 개씩 짝을 맺기 때문에, 갑자(甲子)와 을축(乙丑)은 둘 다 금(金)으로 한 쌍의 짝이 된다. 이런 식으로 육십갑자 모두 한 쌍씩 묶어져서 오른쪽 표와 같이 납음오행이 형성된다.

그러면 납음의 오행은 어떻게 형성되는 것일까? 왜 갑자(甲子)와 을축(乙丑)은 둘 다 금(金)이 되는 것일까?

먼저 선천수(先天數)를 다 더한다. 오행이니 그 수를 5로 나누어 그 나머지를 가지고 만물의 변화에 감촉되는 숫자로 오행을 분류한다.

갑자을축(甲子乙丑) 해중금(海中金)은 甲9 +子9 +乙8 +丑8 = 34 이

해중금 海中金		산두화 山頭火		천중수 泉中水		사중금 砂中金		복등화 覆燈火		대계수 大溪水	
갑자 甲子	을축 乙丑	갑술 甲戌	을해 乙亥	갑신 甲申	을유 乙酉	갑오 甲午	을미 乙未	갑진 甲辰	을사 乙巳	갑인 甲寅	을묘 乙卯
노중화 盧中火		간하수 潤下水		옥상토 屋上土		산하화 山下火		천하수 天河水		사중토 沙中土	
병인 丙寅	정묘 丁卯	병자 丙子	정축 丁丑	병술 丙戌	정해 丁亥	병신 丙申	정유 丁酉	병오 丙午	정미 丁未	병진 丙辰	정사 丁巳
대림목 大林木		성두토 城頭土		벽력화 霹靂火		평지목 平地木		대역토 大驛土		천상화 天上火	
무진 戊辰	기사 己巳	무인 戊寅	기묘 己卯	무자 戊子	기축 己丑	무술 戊戌	기해 己亥	무신 戊申	기유 己酉	무오 戊午	기미 己未
노방토 路傍土		백납금 白蠟金		송백목 松柏木		벽상토 壁上土		차천금 釵釧金		석류목 石榴木	
경오 庚午	신미 辛未	경진 庚辰	신사 辛巳	경인 庚寅	신묘 辛卯	경자 庚子	신축 辛丑	경술 庚戌	신해 辛亥	경신 庚申	신유 辛酉
검봉금 劍鋒金		양류목 楊柳木		장류수 長流水		금박금 金箔金		상자목 桑柘木		대해수 大海水	
임신 壬申	계유 癸酉	임오 壬午	계미 癸未	임진 壬辰	계사 癸巳	임인 壬寅	계묘 癸卯	임자 壬子	계축 癸丑	임술 壬戌	계해 癸亥

것을 5로 나누면 4이고 4는 만물의 변화에 감촉되는 숫자로 보면 금(金)이 된다.

병인정묘(丙寅丁卯) 노중화(盧中火)는 丙7 +寅7 +丁6 +卯6 = 26 이것을 5로 나누면 1이고 1은 만물의 변화에 감촉되는 숫자로 보면 화(火)가 된다.

무진기사(戊辰己巳) 대림목(大林木)은 戊5 +辰5 +己9 +巳4 = 23 이것을 5로 나누면 3이고 3은 만물의 변화에 감촉되는 숫자로 보면 목(木)이 된다.

경오신미(庚午辛未) 노방토(路傍土)는 庚8 +午9 +辛7 +未8 = 32 이것을 5로 나누면 2이고 2는 만물의 변화에 감촉되는 숫자로 보면 토(土)

가 된다.

임신계유(壬申癸酉) 검봉금(劍鋒金)은 壬6 + 申7 + 癸5 + 酉6 = 24 이것

을 5로 나누면 4이고 4는 만물의 변화에 감촉되는 숫자로 보면 금(金)

이 된다.

갑술을해(甲戌乙亥) 산두화(山頭火)는 甲9 + 戌5 + 乙8 + 亥4 = 26 이

것을 5로 나누면 1이고 1은 만물의 변화에 감촉되는 숫자로 보면 화

(火)가 된다.

이렇게 해서 육십갑자는 두 개씩 짝이 되어 음(音)이 파동으로 진동하면

서 소리가 들리게 되는 것이다.

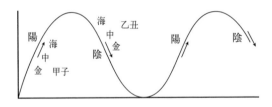

물론 이 부분은 앞에서도 이야기했듯『이허중명서』와『삼명통회』의 설

명이 다르다. 다시 살펴보면,『삼명통회』에서는 "갑자(甲子)와 을축(乙丑)

을 해중금(海中金)"이라고 하는 데 비해,『이허중명서』에서는 "갑자(甲子)

는 천관(天官)이 간직된 것인데, 곧 자식이 왕하고 어머니가 쇠약한 금(金)

이다." "을축(乙丑)은 재록(財祿)과 관작(官爵)이 이어진 것인데, 곧 묘고

(墓庫)로서 재물을 지키는 금(金)이다."와 같이 설명하고 있다. 이 글은『이

허중명서』에 제일 처음 나오는 구절이다. 갑자(甲子)는 물속에 빠진 금

(金)이라 빛이 감추어진 상황이라고 하니 해중금(海中金)이라고 해서 바닷속에 깊이 가라앉아 빛을 잃은 금(金)이라고 말해도 될 상황이다. 하지만 을축(乙丑)은 을(乙)의 입장에서 재물이 되는 토(土)가 하필이면 금(金)의 묘지(墓地) 또는 고지(庫地)인 상황이라 토(土)는 재물이고 금(金)은 관(官)이라 록(祿)과 관(官)이 잇는다고 하는 것인데, 이 글 어디를 봐도 해중금(海中金)과 비슷한 느낌을 주는 구절은 없다. 금(金)이 묘지(墓地) 또는 고지(庫地)에 있는 것을 물속 깊은 곳에 잠겼다고 보는 것은 논리적 비약이 아닌가 한다. 문제는 이런 내용은 다른 부분에도 매우 많이 보이기 때문에 오늘날 우리가 알고 있는 납음오행을 백 퍼센트 긍정해야 하느냐는 깊이 생각해볼 문제이다. 납음오행 이론에 있어서는『이허중명서』가 원조이기 때문에『이허중명서』를 통해 먼저 참고하고『연해자평』과『삼명통회』등 후대의 납음오행을 이해해야 하지 않을까 생각한다.

그래도『이허중명서』와『삼명통회』의 납음오행에서 오행 자체는 공통점을 지닌다. 갑자(甲子)와 을축(乙丑)은『이허중명서』와『삼명통회』에서 둘 다 금(金)이고, 병인(丙寅)과 정묘(丁卯)는 둘 다 화(火)이다. 나머지 육십갑자의 납음오행 모두 오행이 동일하다. 그래서 납음오행은 오행만 취하면 된다.

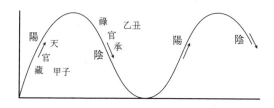

그리고 납음오행의 순서를 보면 재미있는 것들이 있다. 먼저 갑자순(甲子旬)부터 보면 갑자순(甲子旬)의 납음오행은 금(金), 화(火), 목(木), 토(土), 금(金)의 순서로 간다. 그다음 갑술순(甲戌旬)으로 가면 화(火), 수(水), 토(土), 금(金), 목(木)의 순서로 간다. 그다음 갑신순(甲申旬)으로 가면 수(水), 토(土), 화(火), 목(木), 수(水)의 순서로 간다. 그다음부터는 갑오순(甲午旬), 갑진순(甲辰旬), 갑인순(甲寅旬)에서는 이 패턴의 반복이 된다. 다음 도표를 보겠다.

甲子·甲午旬	甲戌·甲辰旬	甲申·甲寅旬
金	火	水
火	水	土
木	土	火
土	金	木
金	木	水

이렇게 오행이 반복된다고 보면 된다. 즉, 자오(子午)의 순(旬)은 납음오행의 전개되는 순서가 같고, 진술(辰戌)의 순(旬) 역시 서로 납음오행의 전개되는 순서가 같으며, 인신(寅申)의 순(旬) 역시도 그 순서가 서로 같게 된다.

陰陽五行, 볕과 그림자 그리고 다섯 원소

06

지장간(地藏干)

지장간 이론

지지(地支) 속에 간직되어 있는 천간(天干)을 지장간(支藏干)이라고 한다. 지장간은 쉽게 말해 지지(地支)는 여러 천간의 조합으로 이루어져 있다는 이론이다. 예를 들어 인(寅)의 지장간은 무(戊) 7일, 병(丙) 7일, 갑(甲) 16일의 3가지 천간으로 이뤄져 있다고 한다. 그래서 인(寅)에서는 갑(甲)이 30일 중 16일이나 되니, 목(木) 기운이 절반 이상은 들어있는 것이지만, 무토(戊土)와 병화(丙火) 기운도 나머지 중에서도 각각 반반씩은 들어있다는 것이다. 그러므로 인목(寅木)은 순수한 목(木)이 아니라, 무(戊), 병(丙), 갑(甲)으로 이뤄진 목(木), 화(火), 토(土)의 집합체라는 설명이다.

	자(子)	축(丑)	인(寅)	묘(卯)	진(辰)	사(巳)	오(午)	미(未)	신(申)	유(酉)	술(戌)	해(亥)
초기 (初氣)	임(壬)	계(癸)	무(戊)	갑(甲)	을(乙)	무(戊)	병(丙)	정(丁)	무(戊)	경(庚)	신(辛)	무(戊)
중기 (中氣)	-	신(辛)	병(丙)	-	계(癸)	경(庚)	기(己)	을(乙)	임(壬)	-	정(丁)	갑(甲)
정기 (正氣)	계(癸)	기(己)	갑(甲)	을(乙)	무(戊)	병(丙)	정(丁)	기(己)	경(庚)	신(辛)	무(戊)	임(壬)

지장간 조견표

상기 표는 가장 널리 알려진 지장간 조견표이다. 이렇게 표만 보면 지장간이 어떤 것인지 이해되지 않을 수 있으니, 직접 지장간을 보는 예를 들어보겠다.

壬 丙 丁 癸
辰 午 巳 酉

辛 壬 癸 甲 乙 丙
亥 子 丑 寅 卯 辰

병화(丙火)가 초여름에 태어나서 록(祿)에 앉고 왕(旺)에 임(臨)하였는데, 그중 사(巳)와 유(酉)가 금(金)으로 맞잡고 있는 것을 기뻐한다. 재(財)는 관(官)을 생(生)하고, 관(官)은 다시 겁재(劫財)를 제어하는데, 다시 묘하게도 시간(時干)에 임수(壬水)가 투출(透出)되었으니 관성(官星)을 도와 일으켜 써 수화기제(水火旣濟)를 이루었다. [54]

상기 사주는 『적천수(滴天髓)』의 하지장에 나오는 명조(命造)와 해설이다. 『적천수』는 사주를 공부하는 사람들이 가장 많이 읽는 사주 고전이다. 『적천수』는 지장간(支藏干) 이론을 많이 적용하고 있기도 하다. 위에 언급된 "다시 묘하게도 시간(時干)에 임수(壬水)가 투출(透出)되었으니 관성(官星)을 도와 일으키는 것이다."라는 문구는 지장간 이론을 이야기하는 것이다. 시지(時支) 진토(辰土) 안에 원래 지장간으로 을(乙), 계(癸), 무(戊)가 있는데, 이중 계수(癸水)가 시간(時干) 임수(壬水)와 같은 수(水)이므로 이를 투출한 것이라고 말한 것이다. 상기 사주에서 시간 임수(壬水)는 시지 진토(辰土)의 극을 받고 있는 상황이지만, 진토(辰土)의 지장간인 계수(癸水)로 인해 도리어 임수(壬水)의 힘이 강해진다고 설명하는 것이다.

현대 사주에서 십이지지의 음양오행은 십이지지 자체를 따르지 않고 지장간을 따르고 있다. 무슨 이야기인고 하니, 예를 들어 자수(子水)라고 하면 원래는 자(子)가 양(陽)이므로 양수(陽水)인데, 현대 사주에서만 음수(陰水)라고 이야기한다. 이유는 자수(子水)의 지장간 정기(正氣)가 계수(癸水)로 끝나기 때문이다. 계수(癸水)가 음수(陰水)이기 때문에 자수(子水)도 음수(陰水)가 되는 것이다.

사주학을 제외한 다른 역학 분야에서는 모두 지장간 이론은 쓰지 않고 있다. 십간십이지지가 처음 등장한 『황제내경(黃帝內經)』에서도 지장간은 등장하지 않는다. 한의학의 바이블 같은 경전으로 유명한 『황제내경』은

---

54) 丙火生於孟夏. 坐祿臨旺. 喜其巳酉拱金. 財生官. 官制劫. 更妙時透壬水. 助起官星. 以成旣濟. 三旬外, 運走北方, 水地. 登科發甲. 名利雙輝. 勿以官殺混雜爲嫌. 身旺者, 必要官殺混雜而發也. 『적천수(滴天髓)』.

오운육기학과 그 외의 여러 내용에서도 천간과 지지에 대한 많은 내용이 나오지만 단 한 구절도 지지(地支) 안에 천간(天干)이 들어있다는 내용은 없다. 『황제내경』은 음양오행의 뿌리에 해당하는 경전이기 때문에 매우 중요하다.

그리고 그 이후에 나오는 역학에서도 지장간 이론은 언급하지 않는다. 태을수(太乙數), 기문둔갑(奇門遁甲), 육임(六壬), 육효점(六爻占) 등 사주학 이전에 등장했던 학문에서도 찾아볼 수 없다. 오로지 사주학에서부터 지장간이 나타났다.

그렇다면 과연 어느 쪽 말이 맞느냐는 의문이 남는다. 지장간 이론을 써야 하는 탄탄한 근거나 이치도 보이지 않는데 말이다. 왜 지장간 이론에 탄탄한 근거가 필요한가 하면, 지장간 이론은 기존의 역학을 뿌리부터 뒤바꿔버렸기 때문이다. 쉽게 말해서 고법 명리를 따르면 지장간 이론은 쓸 수 없고, 신법 명리를 따르면 지장간 이론을 따라가야 한다. 지장간 이론은 고법 명리와 신법 명리를 가르는 하나의 기준이다.

지금 현대에서는 지장간 이론이 당연하게 쓰이고 있지만, 고대를 거슬러 올라간다면 귀곡자나 낙록자 같은 명리학 대선배들에겐 오히려 지장간이 어색하다. 명리학 대대로 지장간을 쓰지 않고 있는데, 어느 날 『연해자평』에서 "인(寅)에는 꼭 갑목(甲木)만 있는 건 아니다. 때에 따라서는 병화(丙火)도 되고, 무토(戊土)도 될 수 있다."라고 주장한 격이다. 자칫 잘못하면 이 『연해자평』 하나로 인해서 『이허중명서』, 『낙록자삼명소식부』 같은 기존 이론서와 태을수, 기문둔갑, 육임 같은 원조 학문까지 모두 뒤흔들려 버릴 수 있는 상황이다. 최소한 같은 음양오행학이라도 사주학에서만큼은 지장간이 필요하다는 명확한 이유가 필요하다고 본다. 사주학이 다른 역학과 완전히 다르게 적용해야만 하는 이론적 차이점을 명확하게 제시해야 사주학에서만이라도 지장간을 쓰는 이유가 인정될 것이다. 그 이유를 제시하지 못한다면 지장간 이론은 사주학에서조차 적용하는 것을 조심해야 하지 않을까 생각한다.

혹자는 명리학이 기문, 육임과는 다른 학문이니 지장간이라는 이론도 가능하지 않을까 생각할지도 모른다. 하지만 지장간은 단순히 기술의 문제가 아니라 원료의 문제다. 자축인묘진사오미신유술해(子丑寅卯辰巳午未申酉戌亥)라는 십이지지의 원료 자체에 대한 규정을 달리하고 있기 때문에 문제가 생기는 것이다. 이전에는 물을 물이라고 알던 것을 언제부터인가 물속에 물 뿐만 아니라 흙도 있고 나무도 있다고 하는 격이다. 그런데 아무도 이것에 대한 이의 제기를 하지 않는다. 우리는 지장간이 틀렸다고 말하는 것이 아니라 지장간이 맞는 이론인지 깊이 생각해보고 사주의 임상에 적용하자고 말하는 것이다.

원래 십이지지는 홀수 번째가 양(陽)이고, 짝수 번째가 음(陰)이다. 그래서 자인진오신술(子寅辰午申戌)이 양이고, 축해유미사묘(丑卯巳未酉亥)가 음이다. 그런데 명리학은 지장간 이론이 도입되면서 일부 지지의 음양이 바뀌었다. 자수(子水)가 양(陽)에서 음(陰)이 되고, 해수(亥水)가 음(陰)에서 양(陽)이 된 것이다. 또한 오화(午火)가 양(陽)에서 음(陰)이 되고, 사화(巳火)가 음(陰)에서 양(陽)이 된 것이다. 현재 대부분의 명리가들은 이렇게 음양이 바뀐 채로 쓰고 있다.

이 부분도 맞는 것인지 생각해봐야 한다. 지지의 음양이 바뀌는 차이는 크다. 식신이 상관이 되고, 정재가 편재가 되는 것이다. 사주풀이를 할 때 풀이 자체가 엄청나게 달라진다. 특히 『자평진전』의 격국용신(格局用神)

으로 풀이하는 경우에는, 정관(正官)을 길(吉)하게 보고 편관(偏官)을 흉(凶)하게 판단하므로 길흉이 아예 바뀌는 사태가 일어난다. 그러면 지장간 이론에 대해 나온 이론들을 하나하나 살펴보겠다.

이에 대해 우리는 자수(子水)는 양(陽)이므로 양수(陽水)로, 해수(亥水)는 음(陰)이므로 음수(陰水)로 생각하고 있다. 마찬가지로 오화(午火)는 양(陽)이므로 양화(陽火)로, 사화(巳火)는 음(陰)이므로 음화(陰火)로 생각하고 있다.

명리학 책에 나오는 지장간

『이허중명서』의 지장간

『이허중명서』에 어느 정도 지장간의 틀이 보이는데, 사실『이허중명서』에도 지장간의 원시적 형태는 등장한다. 먼저『이허중명서』에 있는 귀곡자의 유문(遺文)을 보겠다.

천강(天罡: 辰) 속은 왕(旺)한 을(乙)이고, 괴(魁: 戌) 속은 숨은 신(辛)이며, 천을귀신(天乙貴神: 丑)은 계(癸)를 얻고, 소길(小吉: 未)은 숨은 정(丁)이다. 55)

진술축미(辰戌丑未)는 토(土)라 진술축미(辰戌丑未) 안에는 무조건 토(土)는 들어있다고 보아야 한다. 추가로 진(辰) 속에 을(乙)이 있고, 술(戌)

---

55) 罡中旺乙, 魁裏伏辛, 貴神得癸小吉隱丁.『이허중명서』.

陰陽五行, 볕과 그림자 그리고 다섯 원소

속에 신(辛)이 있으며, 축(丑) 속에 계(癸)가 있고, 미(未) 속에 정(丁)이 있다고 한다면 적어도 오늘날 지장간(地藏干) 이론에서 쓰이는 세 개 중 두 개는 자리 잡고 있다. 나머지는 삼합(三合)에 해당하는 오행을 넣으면 오늘날 쓰이는 지장간 이론의 틀이 완성된다. 아마도 후대의 지장간 이론들은 귀곡자(鬼谷子)의 이 문장에서 힌트를 얻고 삼합(三合) 이론을 더해서 지장간 이론을 만들어냈을 것으로 생각된다.

그런데 문제는 이 문장이 진술축미(辰戌丑未)는 인묘진(寅卯辰), 사오미(巳午未), 신유술(申酉戌), 해자축(亥子丑)에서 이처럼 네 방위에 치우친 기운이 있다 보니, 토(土)도 그냥 순수한 토(土)가 아니라 네 방위의 기운이 그 안에 담겨있을 것이라는 의미에서 이러한 이야기를 한 것일 수도 있다. 다시 말하면 굳이 지장간이라고 이야기하지 않아도 되지 않나 싶다. 진(辰) 속에 을(乙)이 담겨있다고 말하지 않아도, 어차피 진(辰)은 인묘진(寅卯辰) 목방(木方)의 일원이므로, 진(辰)은 어느 정도 그 방위에 해당하는 목(木)의 기운이 담겨있음을 유추할 수 있다. 나머지 술(戌), 축(丑), 미(未)도 마찬가지다. 술(戌)은 금방(金方)의 영역에 있으므로 당연히 금(金)의 기운이 담겨있고, 축(丑)은 수방(水方)의 영역이므로 당연히 수(水)의 기운이 담겨있을 것이고, 미(未)는 남쪽 화방(火方)의 영역이므로 당연히 화(火)의 기운이 담겨있으리라 생각할 수 있다. 다음은 귀곡자의 이 글에 근거하여 이허중이 말한 주석들은 한번 보겠다.

진(辰) 속에 을(乙)이 있는, 즉 목(木)과 토(土)가 그것을 이루니 그러므로 인묘진(寅卯辰) 속에 있는 토(土)가 목(木)을 따라서 생왕(生旺)한 것이다. 괴강(魁罡: 戌) 속에 신(辛)을 간직한, 즉 금토(金土)가 그것을 이루니 그러므로 신유술(申酉戌)에 있는 토(土)가 금(金)을 따라서 생왕(生旺)한 것이다. 귀신(貴神)이 계(癸)를 얻은, 즉 수토(水土)가 그것을 이루니 그러므로 해자축(亥子丑)에 있는 토(土)가 수(水)를 따라 생왕(生旺)한 것이다. 미(未)는 정화(丁火)를 숨긴, 즉 화토(火土)가 그것을 이루니 그러므로 사오미(巳午未)에 있는 토(土)가 화(火)를 따라 생왕(生旺)한 것이다. 대체로 이와 같은, 즉 그 토(土)의 용(用)은 모두 진술축미(辰戌丑未)에서 기뻐한다. 무(戊)의 기(氣)는 술(戌)을 따르고 사(巳)를 따르는데, 술(戌)은 화(火)가 모여 토(土)가 길러지는 것이고, 사(巳)는 화(火)가 극에 이르러 토(土)가 이루어지는 것이다. 기(己)의 기(氣)는 해(亥)를 따르고 오(午)를 따르나니, 해(亥)는 화(火)가 끊어지는 곳이요. 토(土)가 오화(午火)의 왕지(旺地)에서 생(生)한다.[56]

이 문장들을 잘 보다 보면 진(辰) 속에 을(乙)이 있다는 말이 나온다. 또한 술(戌) 속에 신(辛)이 있다는 말도 나온다. 축(丑) 속에 계(癸)를 말하기도 하고 미(未) 속에 정화(丁火)를 이야기하기도 한다. 아마도 이러한 이론이 단초가 되어서 지장간(地藏干)이 만들어졌다고 생각할 수도 있다. 서자평 역시 아마도 이허중의 주석에 따라 지장간을 이야기한 것이라는 추측이 가능하다.

---

56) 辰中有乙, 則木土成之, 故在寅卯辰中之土, 隨木之生旺也. 魁裏藏辛, 則金土成之, 故在申酉戌之土, 隨金之生旺也. 貴神得癸, 則水土成之, 故在亥子醜之土, 隨水之生旺也. 未隱丁火, 則火土成之, 故在巳午未之土, 隨火之生旺也. 大體如此, 則其土之用, 皆喜於辰戌醜未也. 戊氣從戌從巳, 戌火鍾而土育, 巳火極而土成, 己氣從亥從午, 亥火之絕也. 土生午火之旺也. 『이허중명서』.

지지 (地支)	자(子)	축(丑)	인(寅)	묘(卯)	진(辰)	사(巳)	오(午)	미(未)	신(申)	유(酉)	술(戌)	해(亥)
천간 (天干)	임(壬)	계(癸)	–	–	을(乙)	무(戊)	병(丙)	정(丁)	–	–	신(辛)	기(己)
	–	–	–	–	–	–	기(己)	–	–	–	–	–
	–	기(己)	갑(甲)	을(乙)	무(戊)	정(丁)	–	기(己)	경(庚)	신(辛)	무(戊)	계(癸)

그렇다면 이허중이 이야기한 지장간은 상기와 같이 정리될 수 있을 것이다. 기존 지장간 조견표와 비교해보았을 때 듬성듬성 빠지는 부분이 많이 보인다. 진술축미(辰戌丑未) 사계신(四季神)에서는 삼합에 해당하는 지장간들이 빠졌다. 자오묘유(子午卯酉) 사중신(四仲神)은 해당 천간 하나만 남아있는 상황에서 오(午)만 지장간에 기(己)가 추가되었는데, 이는 현재의 지장간에도 똑같이 내려오고 있다. 이러한 이론들이 근간이 되어『낙록자삼명소식부주』에 서자평이 말한 주석으로 그 이론이 이어지게 된다. 한가지 분명히 해두어야 할 것은『이허중명서』에 나오는 지장간 이론과 비슷한 부분에서는 후대처럼 삼합(三合) 오행에 대해서는 전혀 언급하지 않고 있다는 것이다. 삼합(三合)인 사유축(巳酉丑) 금국(金局), 인오술(寅午戌) 화국(火局), 해묘미(亥卯未) 목국(木局), 신자진(申子辰) 수국(水局) 이렇게 해서 축(丑) 안에는 금(金)이 존재하게 되는 것이고, 술(戌) 안에는 화(火)가 자리 잡는 것이며, 미(未) 안에는 목(木)이 자리 잡는 것이고, 진(辰) 안에는 수(水)가 자리 잡는 것으로 본 것이다. 그렇게 되면 거의 오늘날 쓰이는 지장간 이론이 나온다. 오늘날처럼 삼합오행을 넣어서 지장간을 완성한 것은『연해자평』부터 시작하고 있는데『연해자평』의 이론이 과연 맞는지는 조금 더 연구해보아야 할 것 같다. 독자 제현의 현명한 판단이 중요하다 하겠다.

『낙록자삼명소식부주』의 지장간

『이허중명서』에서 지장간의 단초가 되는 이론이 나온 이래로 그다음 언급한 것은 신법명리의 원조 격인 서자평(徐子平)이 『낙록자삼명소식부주(珞琭子三命消息賦注)』에서 이야기한 것이다. 정확히 말하면 낙록자(珞琭子)가 말한 것이 아니라, 낙록자의 주석을 달은 서자평이 언급한 것이다. 그 이후 여러 명리학 고전에서도 이 지장간 이론은 꾸준히 언급되고 있다. 현대 명리학에서 지장간은 거의 부동의 이론으로 자리 잡았다.

그러면 서자평은 지장간을 어떻게 이야기했는지 보자. 다음은 『낙록자삼명소식부주』에서 서자평이 언급한 내용이다.

혹 듣기에는 지지(地支) 안에 인원(人元)이라는 것은 갑(甲)은 인(寅)에 있다는 류(類)이다. 또 진(辰)은 곧 수토(水土)의 고지(庫地)이고, 술(戌)은 화(火)의 고지(庫地)이며 축(丑)은 금(金)의 고지(庫地)이고 미(未)는 목(木)의 고지(庫地)라고 한다. 진(辰) 중에는 을(乙)이 이으니 이것은 봄 목(木)의 남은 기(氣)이고, 미(未) 중에는 정(丁)이 있는데 이것은 여름 화(火)의 남은 기(氣)이며, 술(戌) 안에 신(辛)이 있으니 이것은 가을 금(金)의 남은 기이고, 축(丑) 중에 계(癸)가 있으니 이것은 겨울 수(水)의 남은 기(氣)이다.[57]

윗글을 보면 『낙록자삼명소식부주』의 글에 현대 지장간의 틀은 거의 다

---

57) 或聞者, 支內人元也, 甲在寅之類. 又辰乃水土之庫, 戌火庫, 丑金庫, 未木庫. 辰中有乙, 是春木之餘氣, 未中有丁, 是夏火之餘氣, 戌內有辛, 是秋金之餘氣, 丑中有癸, 是冬水之餘氣. 『낙록자삼명소식부주(珞琭子三命消息賦注)』.

　　　　　　陰陽五行, 볕과 그림자 그리고 다섯 원소

들어있다. 예를 들어 진(辰)의 지장간은 을계무(乙癸戊)인데, "갑(甲)은 인(寅)에 있다는 류(類)이다"에서 무(戊)가 진(辰)에 있음을 알 수 있고, "진(辰)은 곧 수토(水土)의 고지(庫地)이고"에서 계(癸)가 포함됨을 알 수 있으며, "진(辰) 중에는 을(乙)이 있으니"에서 을(乙)도 포함됨을 알 수 있다. 지장간(地藏干)이 인원(人元)이라는 이론 역시 여기에서 보인다. 천원(天元)은 천간(天干), 지원(地元)은 지지(地支), 인원(人元)은 지장간(地藏干)이라는 것이다. 하지만 원래 『이허중명서』에는 천원은 천간, 지원은 지지, 인원은 납음오행(納音五行)이라고 나온다. 지장간이 만약 가상의 잘못된 이론이라고 가정한다면 서자평이 인원(人元)을 언급하면서 지장간(地藏干)의 이론을 이야기한 것이다. 물론 지장간 이론이 만약 맞는 이론이라면 서자평은 새로운 분야를 개척한 것일 수도 있다.

가령 병일(丙日)에 태어난 사람이 해(亥)인 칠살(七煞)을 만나면 해(亥) 중에 임(壬)이 있으니 병(丙)이 정(壬)을 보면 칠살(七煞)이 된다.[58]

같은 『낙록자삼명소식부주』의 내용이다. "해(亥) 중의 임(壬)이 있으니"라고 하는 걸 보면 이미 서자평 시절부터 자(子)를 음(陰)으로 하고, 해(亥)를 양(陽)으로 한 것으로 보인다.

가령 음명(陰命)의 남자가 3월 하순(下旬)에 태어나 절기(節氣)가 깊은 것을 얻고 8세 대운(大運)이라면, 을목(乙木)의 아래에 축(丑) 중의 금고

---

58) 假令丙日生人, 逢亥七煞, 亥中有壬, 丙見壬爲七煞. 『낙록자삼명소식부주』.

(金庫)를 취(取)하여 관인(官印)으로 삼고…[59]

辛 乙 庚 乙
巳 丑 辰 酉

여기에서 말하는 축(丑) 중의 금고(金庫)는 축(丑)의 지장간 계(癸)와 신
(辛)이다. 그래서 을(乙) 일간에서 축(丑)은 재(財)임에도, 지장간 계(癸)와
신(辛)을 취하여 관(官)과 인(印)으로 간주한다는 말이다.

> 또 대운(大運)이 병자(丙子)면 자(子)와 신사시(辛巳時)의 사(巳)가 합
> (合)하면 합(合)이 사(巳) 중에 있는 병(丙)을 일으켜서 병(丙)이 처(妻)를
> 극(剋)하면…[60]

그런데 이 글에서 자(子)와 사(巳)가 합(合)을 한다는 대목은 헷갈리는
대목이다. 원래 자(子)와 사(巳)는 지지(地支)의 합(合)이 아니다. 그런데
자(子)와 사(巳)를 합으로 놓은 것은 자(子)를 같은 양수(陽水)인 임(壬)으
로 놓고, 사(巳)를 같은 음화(陰火)인 정(丁)으로 놓았을 때 정임합(丁壬合)
이 되기 때문이다. 그렇게 되면 해(亥)와 자(子)의 음양이 서로 바뀌었다는
이론은 맞지 않게 된다.
참고로 『이허중명서』는 해(亥)와 자(子)의 음양을 바꾸지 않았기 때문에

---

59) 假令陰命男, 三月下旬生, 得節氣深, 八歲運, 乙酉年, 庚辰月, 乙丑日, 辛巳時, 乙木下, 取丑
中金庫爲官印. 『낙록자삼명소식부주』.
60) 又大運丙子 子與巳合 合起巳中丙 丙尅妻. 『낙록자삼명소식부주』.

정임합(丁壬合)과 비슷한 자사회(子巳會)라는 것을 이야기하고 있다. 천간 합(合)이 지지로 바뀌면 회(會)가 되는 것이다. 아마도 합(合)처럼 철썩 달라붙는 정도는 아니더라도 모이는 정도는 돼서 회(會)라고 붙인 것 같다. 그렇다면 서자평도『이허중명서』의 영향을 받았다고 볼 수 있지 않을까 한다. 어쨌든 이 부분을 봐서도 서자평에 있어서 지장간 이론은 후대처럼 강력하게 자리 잡지 않은 것으로 보인다. 하지만 분명 오늘날 쓰는 지장간 이론의 구체적 모습의 몇 가지는 서자평 이론에서 보이고 있다. 지장간 이론의 확실한 모습은『연해자평』에서부터 보이기 시작한다.

『연해자평』의 지장간

『연해자평』「우지지장둔가(又地支藏遁歌)」에는 지장간을 다음과 같이 설명하고 있다.

> 자궁(子宮)은 계수(癸水)가 그 안에 있고,
>
> 축궁(丑宮)은 계신기(癸辛己)가 같이 있고,
>
> 인궁(寅宮)은 갑목(甲木)과 함께 병(丙)과 무(戊)가 있고,
>
> 묘궁(卯宮)은 을목(乙木) 홀로 서로 만나고,
>
> 진궁(辰宮)은 을계무(乙癸戊)가 삼분하고 있고,
>
> 사궁(巳宮)은 그중에 경병무(庚丙戊)가 모여 있고,
>
> 오궁(午宮)은 정화(丁火)와 기토(己土)가 함께 하고,
>
> 미궁(未宮)은 을기정(乙己丁)이 뿌리를 함께 하고,
>
> 신궁(申宮)은 경금(庚金)과 임수(壬水), 무토(戊土)가 위치하고,
>
> 유궁(酉宮)은 신금(辛金) 홀로 풍성하게 올라와 있고,

술궁(戌宮)은 신금(辛金)과 정(丁), 무(戊)가 있고,

해궁(亥宮)은 임(壬), 갑(甲)이 진정한 발자취다.[61]

위의 글은 서자평이 제시한 지장간 이론을 수정한 서대승의 이론이다. 이글을 봐도 현재 우리가 많이 쓰는 지장간 내용과 거의 일치한다. 약간 다른 점이 있다면 『연해자평』에서 자오묘유(子午卯酉)의 지장간은 오(午) 는 두 개이고 나머지는 한 개인데, 현재 자오묘유(子午卯酉)의 지장간은 오(午)는 세 개이고 나머지는 두 개씩 배당하고 있다는 점 정도다. 이러한 서대승의 이론이 오늘날 지장간 이론의 모태가 되었음은 분명하다.

『적천수천미』의 지장간

『적천수(適天髓)』에서는 "삼원(三元)은 만법(萬法)의 종통이다(三元萬法 宗)."라고 기술했는데, 『적천수천미(適天髓闡微)』의 저자 임철초(任鐵樵)는 이 삼원(三元)에 대해 천간(天干), 지지(地支), 지장간(地藏干)이라고 주석 을 달았다. 과연 삼원에 대해 그대로 받아들여도 되는 설명일까?

그래서 삼원에 대해 다른 명리학 고전에서는 어떻게 설명하고 있는지 찾 아보았더니 한 군데서 삼원을 설명하고 있는 것을 발견했다. 바로 『이허 중명서(李虛中命書)』였다. 『이허중명서』는 당나라 때 이허중(李虛中)이 지 은 명리학 고전으로서 이허중은 자평명리학의 중조로 알려진 서자평보다 도 70년 정도 앞서 활동한 인물로 알려져 있다.

---

61) 子宮癸水在其中, 丑癸辛金己土同, 寅宮甲木兼丙戊, 卯宮乙木獨相逢, 辰藏乙戊三分癸, 巳
中庚金丙戊叢, 午宮丁火拼己土, 未宮乙己丁共宗. 申位庚金壬水戊, 酉宮辛金獨豐隆, 戌宮辛金
及丁戊, 亥藏壬甲是真蹤. 『연해자평(淵海子平)』.

　　　　陰陽五行, 볕과 그림자 그리고 다섯 원소

『이허중명서』와『적천수천미』의 문장을 비교해보겠다.

삼원(三元)은 만물(萬物)의 근본이 된다. (이허중명서) [62]
삼원(三元)은 만법(萬法)의 조종(祖宗)이다. (적천수천미) [63]

위 문장들은 둘 다 내용이 상당히 유사하다. 그런 의미에서 후대에 지은『적천수천미』의 저자가 수백 년 앞선『이허중명서』의 위 문장을 인용하여 썼을 것이라고 본다.

그러면『이허중명서』와『적천수천미』에서는 삼원(三元)을 구체적으로 어떻게 설명하고 있을까. 좀 더 자세히 살펴보자.

원명(元命)의 승부가 달린 삼원(三元)은 간록(干祿), 지명(支命), 납음신(納音神)인데, 각각 쇠왕(衰旺)의 자리로 구분하여 논한다. 간(干)은 명예, 재록, 부귀, 권세를 주관하니 의식을 받아서 누리는 이로움의 기초가 되며, 지(支)는 금전과 주옥과 부를 쌓는 것을 주관하니 성공과 실패, 영고성쇠의 근본이 되며, 납음(納音)은 재주와 능력과 기량과 식견을 주관하니 인륜과 친속의 근본이 된다. 간(干), 지(支), 납음(納音)의 기(氣)는 사주에 따라 휴수(休囚)를 정한다. (『이허중명서』) [64]

---

62) 三元爲萬物之本.『이허중명서』.
63) 三元萬法宗.『적천수천미』.
64) 元命勝負三元者, 干祿支命納音身, 各分衰旺之地. 干主名祿貴權, 爲衣食受用之基, 支主金珠積富, 爲得失榮枯之本, 納音主材能器識, 爲人倫親屬之宗. 支干納音之氣, 順四柱以定休囚.『이허중명서』.

천간(天干)을 천원(天元)이라 하고, 지지(地支)를 지원(地元)이라 하며, 지지 중에 소장된 것을 인원(人元)이라 한다. 사람에게 부여한 명조도 만 가지로 고르지 아니하나, 모두 이 삼원(三元)의 이치를 벗어나지 않는 것이니, 이른바 만법(萬法)의 종(宗)이라 하였다. (『적천수천미』)[65]

『이허중명서』는 삼원(三元)을 천간(天干), 지지(地支), 납음(納音)의 세 가지로 설명하고 있고『적천수천미』는 삼원을 천간, 지지, 지장간(地藏干)으로 설명하고 있다. 삼원(三元)은 천원(天元), 지원(地元), 인원(人元)이라고 하는데, 그중 인원(人元)에 대해『이허중명서』에서는 납음오행이라고 말하고,『적천수천미』에서는 지장간이라고 말하는 것이다.

고법 사주의 또 다른 고전인『낙록자삼명소식부』에서도『이허중명서』와 마찬가지로 삼원을 천간, 지지, 납음이라고 설명한다. 결국 고법(古法) 사주와 현대사주가 납음이냐 지장간이냐를 놓고 팽팽히 의견을 달리하고 있는 형국이다. 대부분의 명리학자가 납음은 멀리하고 지장간을 당연하다는 듯이 사용하고 있다. 그러면 과연 납음과 지장간 중에 어느 것이 맞는 것일까? 사실 이 자리에서 지금 당장 무엇이 옳은 이론인지 판가름할 수는 없으니 진지하게 임상에 적용해보면서 한 번쯤 깊이 심사숙고해보는 것이 어떨까 한다. 다음은 사주 고전들에 나오는 지장간을 도표로 만들어본 것이다.

---

65) 干爲天元, 支爲地元, 地中所藏爲人元, 人之稟命, 萬有不齋, 總不越此三元之理, 所謂萬法宗也.『적천수천미』.

陰陽五行, 볕과 그림자 그리고 다섯 원소

지지(地支)	자(子)	축(丑)	인(寅)	묘(卯)	진(辰)	사(巳)	오(午)	미(未)	신(申)	유(酉)	술(戌)	해(亥)
장간(藏干)	임(壬)	계(癸)	–	–	을(乙)	무(戊)	병(丙)	정(丁)	–	–	신(辛)	기(己)
	–	–.	–	–	–	기(己)	–	–	–	–	–	–
	–	기(己)	갑(甲)	을(乙)	무(戊)	정(丁)	–	기(己)	경(庚)	신(辛)	무(戊)	계(癸)

『이허중명서』 지장간 도표

지지(地支)	자(子)	축(丑)	인(寅)	묘(卯)	진(辰)	사(巳)	오(午)	미(未)	신(申)	유(酉)	술(戌)	해(亥)
장간(藏干)	–	계(癸)	무(戊)	–	을(乙)	무(戊)	–	정(丁)	무(戊)	–	신(辛)	–
	–	신(辛)	병(丙)	–	계(癸)	경(庚)	기(己)	을(乙)	임(壬)	–	정(丁)	갑(甲)
	계(癸)	기(己)	갑(甲)	을(乙)	무(戊)	병(丙)	정(丁)	기(己)	경(庚)	신(辛)	무(戊)	임(壬)

『연해자평』 지장간 도표

지지(地支)	자(子)	축(丑)	인(寅)	묘(卯)	진(辰)	사(巳)	오(午)	미(未)	신(申)	유(酉)	술(戌)	해(亥)
장간(藏干)	임(壬)	계(癸)	무(戊)	갑(甲)	을(乙)	무(戊)	병(丙)	정(丁)	무(戊)	경(庚)	신(辛)	무(戊)
	–	신(辛)	병(丙)	–	계(癸)	경(庚)	기(己)	을(乙)	임(壬)	–	정(丁)	갑(甲)
	계(癸)	기(己)	갑(甲)	을(乙)	무(戊)	병(丙)	정(丁)	기(己)	경(庚)	신(辛)	무(戊)	임(壬)

현행 지장간 도표

지장간 이론이 맞는지 틀리는지는 아직 정확히 알 수 없다. 그렇기 때문에 현재 우리는 지장간 이론 사용을 유보하고 있다. 하지만 어떻게 그 이론이 나오게 되었는지는 여기까지 자세히 살펴보았다. 이 과정을 살펴보면서 정확한 판단을 하는 것이 중요하다. 독자 제현의 현명한 판단이 필요할 것이다.

요약

1. 지장간(地藏干)

	자(子)	축(丑)	인(寅)	묘(卯)	진(辰)	사(巳)	오(午)	미(未)	신(申)	유(酉)	술(戌)	해(亥)
초기(初氣)	임(壬) 10일	계(癸) 9일	무(戊) 7일	갑(甲) 10일	을(乙) 9일	무(戊) 7일	병(丙) 10일	정(丁) 9일	무(戊) 7일	경(庚) 10일	신(辛) 9일	무(戊) 7일
중기(中氣)	-	신(辛) 3일	병(丙) 7일	-	계(癸) 3일	경(庚) 7일	기(己) 10일	을(乙) 3일	임(壬) 7일	-	정(丁) 3일	갑(甲) 7일
정기(正氣)	계(癸) 20일	기(己) 18일	갑(甲) 16일	을(乙) 20일	무(戊) 18일	병(丙) 16일	정(丁) 11일	기(己) 18일	경(庚) 16일	신(辛) 20일	무(戊) 18일	임(壬) 16일

지장간(地藏干)은 고대의 사주학(四柱學)이나 기문(奇門), 육임(六壬), 태을(太乙) 등 다른 학문에서는 전혀 쓰이지 않는 이론이니 적용하는데 신중을 기해야 할 것이다.

2. 『적천수천미(滴天髓闡微)』는 사주의 삼원(三元)을 천간(天干), 지지(地支), 지장간(地藏干)이라고 하는데, 고대 사주고전인 『이허중명서(李虛中命書)』는 사주의 삼원을 천간, 지지, 납음(納音)이라고 한다. 어느 이론이 맞는지 연구할 필요가 있다.

3. 현대 명리학으로 넘어와서 십이지지 음양오행은 지장간(地藏干)에 따라 배당되고 있다. 그래서 자수(子水)는 양수(陽水)가 아니라 음수(陰水)가 되고, 오화(午火)는 양화(陽火)가 아니라 음화(陰火)가 되었다.

IV

합치고, 얽어매고, 부딪히고, 깨지고, 피해입고, 비우고

합(合)

형충파해(刑衝破害)

공망(空亡)

01
합(合)

간합(干合)

먼저 우리가 알고 있는 십간을 쓰고 거기에 순서대로 번호를 붙여보자.
우리가 알고 있는 십간은 갑을병정무기경신임계(甲乙丙丁戊己庚辛壬癸)의
순서로 되어 있다.

순서	1	2	3	4	5	6	7	8	9	10
10간	甲갑	乙을	丙병	丁정	戊무	己기	庚경	辛신	壬임	癸계

그리고 하도(河圖)에 있는 동그라미 개수를 각각 숫자로 바꿔서 적어
보자.

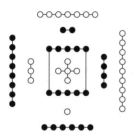 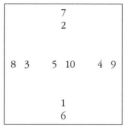

이제 그 숫자를 다시 십간으로 바꿔보자.

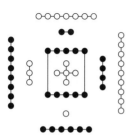 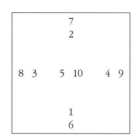 

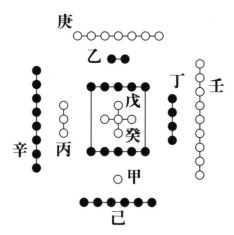

하도를 다시 보면, 두 개씩 짝지어진 숫자들과 글자들이 다섯 쌍이 보인다. 각각의 쌍은 홀수 하나와 짝수 하나로 이루어져 있고, 그것이 십간으로 바뀌어 있다. 홀수와 짝수는 양(陽)과 음(陰)이고, 양과 음은 수컷과 암컷이고, 세상 만물의 겉과 속이다. 그래서 우리가 결혼하는 것을 내외(內外)한다고 표현하는 것이다. 남자와 여자가 결혼해서 한 가정을 이루듯이 수컷과 암컷이, 양(陽)과 음(陰)이, 만물의 겉과 속이 합쳐지는 것을 표현한 그림이 바로 하도(河圖)다. 그래서 그 각각의 쌍을 합(合)이라 하고 십간이 쌍이 되었으니 이를 간합(干合)이라 한다.

갑(甲)+기(己)=갑기합(甲己合)

을(乙)+경(庚)=을경합(乙庚合)

병(丙)+신(辛)=병신합(丙辛合)

정(丁)+임(壬)=정임합(丁壬合)

무(戊)+계(癸)=무계합(戊癸合)

그림에서 보는 것처럼 하도에서 유래된 것이 바로 간합이다. 동서남북과 중앙에 천간이 두 개씩 포진했다. 간합은 이것이 한 쌍으로 모여서 이루어진 것이다.

간합은 모두 음간(陰干)과 양간(陽干)의 합으로 이루어져 있다. 그래서 남녀 간의 궁합을 볼 때 많이 이용된다.

또한 간합은 서로가 극(剋)하는 관계다. 갑(甲)이 기(己)를 극하고, 을(乙)이 경(庚)을 극하는 것들을 보면 알 수 있다. 이는 서로가 극하는 관계에서도 합(合)을 한다는 의미다. 간합이 있는 사람은 성격이 다른 사람,

사이가 안 좋은 사람, 반대파와도 화합하는 사람의 마음을 갖고 있다.

간합 (干合)	갑기합 (甲己合)	을경합 (乙庚合)	병신합 (丙辛合)	정임합 (丁壬合)	무계합 (戊癸合)
화기오행 (化氣五行)	토(土)	금(金)	수(水)	목(木)	화(火)

그리고 남자와 여자가 결혼해서 한 가정을 이루면 자식이 태어나듯이, 양(陽)과 음(陰)이 합쳐진 간합이라는 가정에서 하나의 오행이 태어나는데, 그 이름을 화기오행(化氣五行)이라고 한다. 화기오행이 위의 도표처럼 나타나는 이유는 상하좌우 각각의 흐름에 따라 나타나는 것이다. 그 이치에 따르면 저렇게 나올 수밖에 없지 않나 생각된다.

辛 甲 己 乙

未 戌 卯 巳

위와 같은 사주가 있다고 가정해보자. 일간이 갑(甲)이고 월간이 기(己)이면 갑기합(甲己合)이 형성된다. 그러면 갑기합(甲己合)이 토(土)가 된다고 우리는 이야기한다. 이는 무슨 뜻일까? 갑(甲)과 기(己)가 모두 토(土)로 바뀌게 된다고 이야기하는 학자들도 있는데 그렇게 보기엔 좀 무리가 있다고 본다. 사주와 운기(運氣)는 다른 부분이 있고 사주에서는 사람이 서로 합한다고 그 본성이 쉽게 바뀌지 않는다고 본다. 여기서는 갑기합(甲己合)이 되면 토(土)가 생성된다고 봐야 한다. 즉 갑(甲)과 기(己)가 만나면 토(土)를 새로 만들어내는 것이지 갑(甲)이 토(土)로 바뀌는 것은 아니다. 남녀가 서로 합하면 자식이 생기는 것과 같다. 그러면 갑기합은 사주 천간에 토(土)가 하나 더 있는 것으로 간주하면 된다.

연간이 갑(甲)이고 월간이 기(己)면 갑기합토(甲己合土)가 될 것 같은데, 월지가 묘(卯)나 인(寅)이면 토(土)를 극하니 화기오행인 토(土)가 형성될 분위기가 아니어서 갑기합(甲己合)은 토(土)가 안 된다고 주장하는 사람들도 있다. 하지만 한의학의『내경(內經)』에 따르면 간합(干合)이 되면 무조건 화기오행은 이루어진다고 본다.

사례 갑기합(甲己合)

時	日	月	年
戊	己	甲	癸
辰	未	寅	亥

사례 을경합(乙庚合)

時	日	月	年
戊	乙	庚	辛
寅	未	寅	亥

사례 병신합(丙辛合)

時	日	月	年
甲	癸	丙	辛
寅	未	戌	亥

사례 정임합(丁壬合)

時	日	月	年
癸	壬	丁	辛
卯	午	亥	亥

사례 무계합(戊癸合)

時	日	月	年
癸	壬	戊	辛
卯	午	子	未

거리가 먼 간합(干合)도 합으로 작용한다. 다만 합(合)의 작용력이 가까운 것보다는 떨어진다. 하지만 거리가 멀다고 그 작용력이 없다고 보지 않아야 한다.

요약

간합 (干合)	갑기합 (甲己合)	을경합 (乙庚合)	병신합 (丙辛合)	정임합 (丁壬合)	무계합 (戊癸合)
화기오행 (化氣五行)	토(土)	금(金)	수(水)	목(木)	화(火)

지합(支合)

지합(支合)은 다른 말로 육합(六合)이라고도 한다. 십이지지를 6쌍으로 묶었기 때문이다. 또한 지합은 양지(陽支)와 음지(陰支)의 합이다. 음양의 합이기도 하다. 그래서 사주에 지합이 있는 사람은 남녀 간의 연애를 잘한다. 1대1의 합이기 때문에 바람을 잘 피우지 않고 상대만 오롯이 바라보며 연애하거나 결혼해도 결혼생활을 잘한다.

사주에 합이 없더라도 대운이나 세운에 합이 들어오면 남녀 간의 합이 들어올 수도 있다. 혹은 연애 중이거나 이미 결혼을 한 사람이면 관계가 더욱 돈독해진다. 다만 합(合)이 형성된 곳에 충(沖)이 들어오면, 그 합이 깨질 수도 있으니 명심하도록 하자.

또한 지합은 생지(生支) 대 생지(生支), 왕지(旺支) 대 묘지(墓支)의 합으로 이루어져 있다. 생지, 왕지, 묘지는 다음과 같다.

생지(生支) = 인(寅), 신(申), 사(巳), 해(亥)

왕지(旺支) = 자(子), 오(午), 묘(卯), 유(酉)

묘지(墓支) = 진(辰), 술(戌), 축(丑), 미(未)

생지(生支)는 기운이 보통이고 왕지(旺支)는 기운이 왕하고 묘지(墓支)는 기운이 처진다. 그런데 기운이 왕한 왕지와 기운이 처지는 묘지가 합을 하는 것도 재미있다. 자축합, 오미합, 묘술합, 진유합이 여기 해당한다. 그리고 왕하지도 않고 처지지도 않는 생지는 생지끼리 합을 하고 있다. 양지(陽支)와 음지(陰支)가 합을 하는 것처럼, 왕지와 묘지가 합을 하는 것

또한 합(合)의 철학에 부합된다고 할 수 있다.

서로 반대되는 것끼리 합(合)을 하면 서로의 부족한 점을 채워줄 수 있다. 그것은 주역 낙서(洛書)의 철학과도 합치된다. 낙서(洛書)는 서로 반대되는 방향의 수가 합을 해서 10을 만들어낸다. 10은 하느님의 수이자, 완성수다. 서로 반대되는 것끼리 만나 완성을 추구하는 것이다. 사람은 절대 혼자서 완성을 이룰 수 없는 존재다.

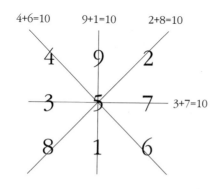

6쌍으로 이뤄진 지합은 다음과 같다.

오미합일월(午未合日月)

사신합수(巳申合水)

진유합금(辰酉合金)

묘술합화(卯戌合火)

인해합목(寅亥合木)

자축합토(子丑合土)

사례 오미합일월(午未合日月)

時	日	月	年
戊	己	戊	癸
辰	未	午	亥

사례 사신합수(巳申合水)

時	日	月	年
甲	乙	庚	辛
申	巳	寅	未

사례 진유합금(辰酉合金)

時	日	月	年
甲	癸	壬	辛
寅	未	辰	酉

사례 묘술합화(卯戌合火)

時	日	月	年
癸	壬	丁	辛
卯	戌	亥	亥

사례 인해합목(寅亥合木)

時	日	月	年
癸	壬	戊	辛
亥	寅	子	未

사례 자축합토(子丑合土)

時	日	月	年
甲	乙	庚	辛
申	丑	子	亥

그런데 쟁합(爭合)이란 것이 있다. 투합(妬合)이라고도 한다. 원래 지합은 1대1 합인데, 1대2, 혹은 1대3 합이 된 것을 쟁합이라고 한다. 예를 들어 이런 경우다.

時	日	月	年
丁	乙	庚	辛
亥	亥	寅	亥

상기 사주는 인해합(寅亥合)이 있다. 그런데 인(寅)은 한 개인데, 해(亥)가 세 개다. 남자 한 명이 여자 세 명과 합이 된 형상이다. 이런 경우 1대1의 합을 오롯이 지켜낼 수 없다. 내가 한 명만 합을 하려고 해도 옆에서 나도 합하자고 조르는 형국이다. 그래서 쟁합은 지합이지만 제대로 된 합(合)이 형성되기 힘들다.

방위의 육합 이론

육합(六合)이 나오는 근본적인 이유는 무엇일까? 먼저 이 육합(六合)이라는 단어가 어떻게 쓰여 왔는지부터 알아보겠다.

> 육합의 바깥은 성인이 존재하나 논할 수 없고, 육합의 안은 성인이 논하나 의견을 낼 수는 없다. [66]

『장자(莊子)』「제물론(齊物論)」에 나오는 문구이다. 여기에서 육합은 동서남북상하의 개념으로 쓰이고 있다. 즉 인간이 몸으로 느끼면서 상상할 수 있는 모든 공간이라는 뜻으로 이해할 수 있다. 그것을 '육합(六合)의 안'이라고 표현한다. '육합(六合)의 바깥'은 몸으로 느낄 수 있는 공간을 초월한 차원이 다른 세계를 말한다. 요즘 개념으로 말하면 영혼으로만 넘나드는 세계로 볼 수도 있는데 엄청나게 먼 거리를 순식간에 이동하기도 하는 그러한 세계를 말한다.

하지만 사주에서 쓰이는 육합(지합)은 그와는 조금 다른 개념으로 쓰

---

66) 六合之外, 聖人存而不論. 六合之內, 聖人論而不議. 『장자(莊子)』「제물론(齊物論)」.

인다. 지지(地支)를 두 개씩 짝을 지어서 서로 합(合)이 되어서 다른 오행이 나오는 그러한 과정을 이야기하고 하는 것이 바로 사주에서의 육합의 개념이다. 지합(支合)은 십이지(支)가 양(陽)과 음(陰)으로 두 개씩 짝을 이룬 것을 말한다. 그렇게 이루어진 짝이 여섯 쌍이니까 육합(六合)이라고도 하고, 천간(天干)이 아닌 지지(地支)의 합(合)이니까 지지육합(地支六合)이라고도 한다. 이 지합도 간합(干合)처럼 양과 음이 가정을 이루어 자식으로 새로운 기운을 낳게 된다. 합(合)이라고 하는 것은 무조건 음양이 다른 존재가 만나야 이뤄지는 것이다.

다음은 『성력고원(星曆考原)』이란 동양천문학 고전에서 소개한 글이다. 우리가 쓰는 지합의 이론에 대해 논하고 있다. 각 지합이 형성될 때마다 오행이 배당되는 것을 이야기한 책이다.

별로 운명을 보는 일가(一家)들은 또 인해(寅亥)를 목(木)에 속하게 하고 묘술(卯戌)을 화(火)에 속하게 하며 진유(辰酉)를 금(金)에 속하게 하고 자축(子丑)을 토(土)에 속하게 하며 오(午)인 즉 일(日)이 되고 미(未)인 즉 월(月)이 되게 하여 그 설(說)이 같지 않은 것은 무엇 때문인가? 대개 별로 운명을 보는 일가(一家)들은 12궁(宮)에 상하(上下)와 사방(四方)을 배열하였다니 자축(子丑)은 아래에 있으므로 토(土)가 되고, 오미(午未)는 위에 있으므로 일(日)과 월(月)이 된다. 인묘진사신유술해(寅卯辰巳申酉戌亥)는 왼쪽과 오른쪽으로 분포된, 즉 사계절이 하늘과 땅의 사이에 유행(流行)하는 것과 같다. 그러므로 그 왼쪽과 오른쪽이 합궁(合宮)하여 별도로 목화금수(木火金水)의 순서가 된다.[67]

즉 토(土)는 땅이자 아래, 일월(日月)은 하늘이자 위, 목화금수(木火金水)는 만물(萬物)이자 사방(四方)이라는 것이다. 이 이론은『장자(莊子)』에 나오는 상하(上下), 전후(前後), 좌우(左右)의 개념을 의미하는 육합(六合)이라 볼 수 있다.

그래서 가장 아래에 있는 자축합(子丑合)에는 토(土)가 붙고, 가장 위에 있는 오미합(午未合)은 일월(日月)이라고 하는 것이다. 그리고 나머지 인해합(寅亥合), 묘술합(卯戌合), 진유합(辰酉合), 사신합(巳申合)에는 오행 순서대로 목화금수를 붙였다. 그래서 인해합목(寅亥合木), 묘술합화(卯戌合火), 진유합금(辰酉合金), 사신합수(巳申合水)가 된 것이다.

지축(地軸)을 중심으로 한 대대(待對) 이론

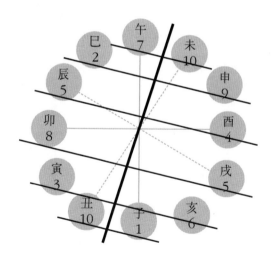

67) 蓋星命家以十二宮排定上下四方. 子丑在下, 故爲土 ; 午未在上, 故爲日爲月. 寅卯辰巳申酉戌亥分布左右, 則如四時之流行於天地之間, 故以其左右之合宮, 而別爲木火金水之序也.『성력고원(星曆考原)』.

이 이론은 시중 사주학에서 가장 많이 쓰이는 이론이다. 그림을 보면 중앙을 세로로 가로지르는 굵은 직선을 지축(地軸), 즉 지구가 자전하는 축(軸)이라고 보고 이 지축을 중심으로 반대쪽에 있는 것은 같은 기운이라고 보는 견해가 상당히 많다. 그런데 지축은 일반적으로 축미(丑未)로 보는 견해가 많다.

역학의 고전인 한동석의『우주변화의 원리』를 보더라도 축미(丑未)를 지축으로 보고 있다. 물론 축미(丑未) 역시 지축으로 보기는 어려운 부분이 있기는 하지만 그래도 전체 십이지지(地支)의 축이 되는 것은 사실이다. 그리고 상(象)으로 본다면 그렇게 이해할 수는 있다. 그렇기 때문에 지축을 중심으로 같은 선에 있는 것을 합(合)이라고 본다는 견해는 수긍하기가 좀 어렵다. 그리고 사실 축미(丑未) 역시 지축으로 보기에는 좀 무리가 따른다. 만약 그렇게 본다면 미(未)가 남극이고 축(丑)을 북극이라고 할 것인가? 그렇게 되면 열토(熱土)인 미(未)라고 보는 남극이 따뜻해야 하는 것 아닌가? 때문에 이런 견해 자체로 지합을 설명하는 것은 무리가 있어 보인다.

삼생만물(三生萬物) 이론

무릇 합(合)은 화평한 것이니 곧 음양이 서로 화평하여 그 기가 저절로 합하는 것이다. 자인진오신술(子寅辰午申戌) 여섯 개는 양(陽)이 되고, 축묘사미유해(丑卯巳未酉亥) 여섯 개는 음(陰)이 되는데, 이로써 하나의 음과 하나의 양이 화평하여 합(合)이라 말하는 것이다. 자축(子丑)은 합(合)이 되고, 인해(寅亥)도 합(合)이 되지만, 도리어 자(子)가 해(亥)

와, 인(寅)이 축(丑)과 합(合)이 되지 않는 것은 무슨 까닭인가? 만물이 만들어지는 중에 비록 이러한 음양이 합(合)해지지만 기의 수(數) 중에서는 중요한 위치인 것은 양기(陽氣)가 존귀하게 되는 것이다. 자(子)는 첫 번째 양(陽)이 되고 축(丑)은 두 번째 음(陰)이 되니 1+2가 3수(數)를 이룬다. 인(寅)은 세 번째 양(陽)이 되고 해(亥)는 여섯 번째 음(陰)이 되니 3+6이 9수를 이룬다. 묘(卯)는 네 번째 양(陽)이 되고, 술(戌)은 다섯 번째 음(陰)이 되니 4+5가 9수를 이룬다. 진(辰)은 다섯 번째 양(陽)이 되고 유(酉)는 네 번째 음(陰)이 되니 5+4가 9수를 이룬다. 사(巳)는 여섯 번째 양(陽)이 되고 신(申)은 세 번째 음(陰)이 되니 6+3이 9수를 이룬다. 오(午)는 첫 번째 음(陰)이 되고 미(未)는 두 번째 양(陽)이 되니 1+2가 3수를 이룬다. 자축(子丑)과 오미(午未)는 각각 3을 얻은 것은 3이 만물(萬物)을 생(生)하는 것이다. 나머지는 모두 9를 얻은 것이며 곧 양수(陽數)가 극(極)에 이른 것이다.[68]

『삼명통회(三命通會)』에 나오는 글이다. 이 글을 보면 자축인묘진사(子丑寅卯辰巳)를 1~6까지의 숫자를 배열했고, 오미신유술해(午未申酉戌亥)를 1~6의 숫자로 배열했다. 자축인묘진사(子丑寅卯辰巳)까지의 과정은 양(陽)의 과정이니 축(丑)을 제외한 나머지는 전부 양(陽)을 붙였다. 오미

---

68) 夫合者, 和也, 乃陰陽相和, 其氣自合. 子寅辰午申戌六者爲陽, 丑卯巳未酉亥六者爲陰, 是以一陰一陽和而謂之合. 子合丑, 寅合亥, 卻不子合亥, 寅合丑, 夫何故. 造物中雖是陰陽爲合, 氣數中要占陽氣爲尊. 子爲一陽, 丑爲二陰, 一二成三數. 寅爲三陽, 亥爲六陰, 三六成九數. 卯爲四陽, 戌是五陰, 四五得九數. 辰爲五陽, 酉爲四陰, 五四得九數. 巳爲六陽, 申爲三陰, 六三得九數. 午爲一陰, 未爲二陽, 一二得三數. 子丑午未各得三者, 三生萬物, 餘皆得九者, 乃陽數極也. 『삼명통회(三命通會)』「논지원육합(論支元六合)」.

신유술해(午未申酉戌亥)까지는 음(陰)의 과정이니 미(未)를 제외한 나머지는 전부 음(陰)을 붙였다. 십이지지(地支)의 순서대로 붙인 숫자끼리 더해서 3 또는 9가 나오는 것은 이해가 가지만 축(丑)은 한토(寒土)니까 음(陰), 미(未)는 열토(熱土)니까 양(陽)으로 유추되는 이러한 해설은 사실 좀 개연성이 없어 보인다. 아마도 십이지지의 합(合)은 음(陰)과 양(陽)의 합(合)이어야 하는데 자축인묘진사(子丑寅卯辰巳)까지는 양(陽)인데 자축(子丑)의 합(合)이면 양(陽)끼리의 합이고, 오미신유술해(午未申酉戌亥)까지는 음(陰)인데 오미(午未)의 합(合)이면 음(陰)끼리의 합이기 때문에 억지로 끼워 맞춘 듯한 느낌이 든다. 그냥 자(子)에서부터 해(亥)까지 음과 양을 번갈아 가면서 양수(陽數) 음수(陰數) 양수(陽數) 음수(陰數)… 이런 식으로 붙여도 지합(支合)에서 음과 양의 합(合)은 자연스럽게 만들어지는데 이는 무리한 해석으로 보인다. 원래 짝수는 음, 홀수는 양 아닌가! 그런데 자축인묘진사오미신유술해(子丑寅卯辰巳午未申酉戌亥)까지를 순서 그대로 양음양음… 이런 식으로 배열하고, 1~6의 숫자를 붙이는 것은 다음에 나오는 이론을 해석하는데 하나의 단초가 될 수는 있다. 어쨌든 이러한 숫자의 합이 자축(子丑)과 오미(午未)는 3이고 나머지는 9라는 것은 상당히 신선한 해석이다.

도(道)가 하나를 낳고 하나가 둘을 낳으며 둘이 셋을 낳고 셋이 만물을 낳는다.[69]

---

69) 道生一, 一生二, 二生三, 三生萬物.『도덕경(道德經)』.

『도덕경(道德經)』의 경구다. 『삼명통회(三命通會)』에서는 상기 개념을 도입하여 설명하고 있다. 자축(子丑)과 오미(午未)가 근본이고 나머지는 분열의 극을 의미하는 숫자인 3×3=9를 통해 만물을 의미하였다. 즉 자축(子丑)은 땅, 오미(午未)는 하늘의 일월(日月), 나머지는 만물이라는 것이다.

『삼명통회(三命通會)』의 저자는 지합을 설명하는데 노자의 '삼생만물(三生萬物)' 이론을 내세웠다. 삼생만물은 '3이 만물을 생성한다'는 이론이다. 그런데 설명이 좀 뒤죽박죽이다. 자인진오신술(子寅辰午申戌)을 양(陽)이라고 하고, 축묘사미유해(丑卯巳未酉亥)를 음(陰)이라고 한 것까진 좋았다. 그런데 그 뒤에 적용이 뒤죽박죽이다.

자(子)가 첫 번째 양(陽)이고, 축(丑)이 두 번째 음(陰)이어서 1+2=3이라고 한 것까진 좋았다. 하지만 인(寅)이 세 번째 양이고, 해(亥)가 여섯 번째 음(陰)이어서 3+6=9라고 한 것에서부터 문제가 생기기 시작한다. 축묘사미유해(丑卯巳未酉亥)에서 축(丑)이 두 번째 음(陰)이 된다면 순서상 해(亥)는 여섯 번째가 아니라 열두 번째 음(陰)이 되어야 하기 때문이다. 그 뒤에 묘(卯)가 네 번째 양(陽)이고 술(戌)이 다섯 번째 음(陰)이라는 설명도 오류가 되는데, 일단 묘(卯)는 양(陽)이 아니라 음(陰)이고 술(戌) 또한 음(陰)이 아니라 양(陽)이 되기 때문이다.

오성(五星) 이론

다음은 『협기변방서(協紀辨方書)』의 이론이다. 상당히 일리가 있는 이론이라 참고할만하다는 생각이 든다.

『協紀辨方書 六合 그림』

대개 하늘이란 것은 해이고 달이다. 별이란 것은 해와 달의 기운이 남아서 이루어진 것이다. 오미(午未)는 리(離)이고 자축(子丑)은 감(坎)이니 리(離)는 해가 되고 감(坎)은 달이 되는데, 오(午)는 해가 되는 것이 옳을 따름이지만 자(子)가 달이 되지 않는 것은 어째서인가? 달이란 것은 수(水)의 정(精)이지만 위에 달려서 해의 빛을 받는 것이니 북방 자(子)의 위(位)가 아니다. 자축(子丑)의 기(氣)는 위와 부딪혀서 해와 더불어 아우르게 되더라도 그 방위는 진실로 반드시 끝에 있는 것이다. 땅이란 수(水)이고 토(土)이다. 자(子)는 수(水)이고 축(丑)은 토(土)인데, 축(丑)은 또 수(水)와 친한 토(土)인지라 그것이 땅의 체(體)가 되는 것을 의심할 수가 없다. 땅이란 토(土)이니 그러므로 자(子)와 축(丑)은 토(土)가 된다. 하늘이 위에 위치하고 땅이 아래에 위치하여 그 양쪽의 사이에 행(行)하는 것은 반드시 목(木), 화(火), 금(金), 수(水)이다.

자축(子丑)은 수토(水土)가 되고 수토(水土)의 경계에서 목(木)이 반드

陰陽五行, 볕과 그림자 그리고 다섯 원소

시 생(生)하나니 인해(寅亥)가 목(木)이 되는 까닭이다. (木의 입장에서 보았을 때) 하나(亥)는 장생(長生)이요 하나(寅)는 록(祿)의 위(位)이다. 목(木)이 이루어지면 화(火)는 이미 나오게 되니 인(寅)은 화(火)의 장생(長生)이고 묘(卯)는 목(木)의 왕지(旺地)이다. 왕(旺)하면 반드시 바뀌게 되고 바뀌면 반드시 그 뿌리로 돌아가나니 그러므로 묘(卯)와 술(戌)은 화(火)가 된다. 묘(卯)와 술(戌)이 화(火)가 되는 즉, 술(戌)은 금천(黔天)의 기(氣)가 되는데 무(戊)가 거(居)하는 곳이다. 금천(黔天)의 기(氣)는 진(辰)에서 시작하는데 진(辰) 역시 무(戊)이다. 토(土)가 왕(旺)하면 반드시 금(金)을 생(生)하나니 그러므로 진유(辰酉)는 금(金)이 된다. 유(酉)는 금(金)의 제왕(帝王)이고 유(酉)는 금(金)이 왕(旺)한 극(極)에 거(居)한다. (金이) 아직 극(極)에 이르지 않은 것에서 수(水)가 이미 신(申)에서 생(生)한다. (申과) 대(對)한 궁(宮)은 사(巳)가 되는데 사(巳)는 금(金)의 어머니이니 수(水)는 반드시 신사(申巳)로서 하는 것이다. 신사(申巳)는 오미(午未)에 가까운데 (午未는) 가장 높은 땅이라 수(水)가 없으나, 어머니를 들면 자식이 돌아가니 수(水)는 토(土)를 버리고 스스로 설 수가 없어서 그 토(土)에 붙어있는 것이니 곧 자축(子丑)의 위(位)이다. 토(土)가 명(命)을 굳게 지킨 것이 토(土)가 되고 명(命)하지 않은 것은 수(水)가 된다. 만약 토(土)에 붙어서 말하자면 수(水)는 반드시 모기(母氣)에 납(納)하는 것이라. 그러므로 신(申)과 사(巳)는 수(水)가 된다. 수(水)는 물(物)을 생(生)하는 근원(根源)이니 이로써 일월(日月)에 붙는 것이다. 그 다음인 즉 금(金)이고 그다음인 즉 화(火)이며 그다음인 즉 목(木)이고 그다음인 즉 토(土)가 된다. 오위(五緯)의 순서는 수(水(水星))가 가장 태양(日)에 가깝고 금(金(金星))이 다음이며 화(火(火星))이 다음이고 목(木

(木星))이 다음이며 토(土(土星))가 다음이라 이것이 하늘에 붙어 있는 것의 스스로 그러한 순서이다.

수(水)와 토(土)가 생(生)하는 것은 목(木)이니 위로 생(生)하여 화토(火土)가 되고, 또 위로 생(生)하여 금(金)이 되며, 또 위로 생(生)하여 수(水)가 된다. 괘(卦)를 그리는 이유처럼 아래에서 위로 올라가면 이것은 땅에서 행(行)하는 스스로 그러한 순서이다. 그런즉 오성(五星)과 오행(五行)은 같이 참다운 이치가 있는 것이니 사람이 억지로 할 수 있는 것이 아니다.[70]

수성　금성　지구　화성　목성　토성

---

70) 蓋天者, 日也, 月也, 星者, 日月之餘也. 午未者, 離, 子丑者, 坎. 離爲日, 坎爲月, 午之爲日是已, 子不爲之月者何?月者, 水之精, 懸乎上而受日之光者, 非北方子之位也. 子丑之氣衝乎上, 而與日並, 其方固必在末也. 地者, 水也, 土也. 子水, 丑土, 丑又比水之土, 其爲地之體無可疑也. 地, 土也, 故子丑爲土也. 天位乎上, 地位乎下, 行乎兩間者, 必木火金水矣. 子丑爲水土, 水土之際木必生焉, 所以亥寅爲木, 一長生, 一祿位也. 木成而火已出矣, 寅, 火長生也;卯, 木旺也, 旺則必嬗, 嬗則必歸其根, 故卯戌爲火也. 卯戌爲火. 則戌爲黔天之氣, 戌之所居. 黔天之氣始於辰, 辰亦戌也. 土旺必生金, 故辰酉爲金. 酉者, 金之帝也, 酉居金旺之. 於其未至於極, 而水已生於申. 對宮爲巳, 巳, 金母也, 水必以申巳者. 申巳逼於午未, 最高之地無水也. 擧母則子歸, 水不得舍土而自立, 其麗於土者, 即子丑之位. 土之所攝命爲土, 而不命爲水. 若其離土而言, 水必納於母氣, 故申巳爲水也. 水爲生物之源, 是以麗乎日月, 其次則金, 其次則火, 其次則木, 其次則土. 五緯之序水最近日, 金次之, 火又次之, 木又次之, 土又次之, 此麗乎天者之自然之序也. 水土所生者木, 上生而爲火土, 又上生而爲金, 又上生而爲水, 如畫卦之由下而上也, 此行乎地者之自然之序也. 然則五星, 五行具有實理, 而非人所能强爲也. 『협기변방서(協紀辨方書)』「본원(本原)」.

240　　　　　　陰陽五行, 볕과 그림자 그리고 다섯 원소

육합(六合)은 오성(五星)의 순서대로 배열되었다는 이론이다. 즉, 오성 (五星)의 순서가 태양계에서 먼 순서로 토성(土星) 목성(木星) 화성(火星) 금성(金星) 수성(水星) 태양(日) 이렇게 되어있기 때문에 오미(午未)는 태양 이라고 보고 그와 가장 먼 자축(子丑)은 토(土)가 되고 그다음 목성이니 인해(寅亥)는 목(木), 그다음은 화성이니 묘술(卯戌)은 화(火), 그다음은 금 성이니 진유(辰酉)는 금(金), 그다음은 수성이니 사신(巳申)은 수(水)가 된 다고 보는 것이다. 이 이론은 상당히 설득력이 있다.

하지만 이 『협기변방서』에서는 수성 다음은 일월(日月)이라고 설명하는 데 원래 수성 다음은 태양이다. 월(月)이 태양의 부속이라고 보아도 월(月) 은 지구에 붙어있기 때문에 수성 다음에 월(月)이 나오는 것은 이 이론으 로 본다면 맞지 않는다. 그냥 오미(午未)를 일(日)로만 본다면 이 태양계 와 정확히 일치된다. 그렇다면 지구를 제외한 태양계의 이치를 육합으로 표현한 것이 된다.

그리고 이 본문을 잘못 번역해서 자축(子丑)이 합(合)하여 수(水)도 되고 토(土)도 되며, 사신(巳申)이 합하여 수(水)도 되고 화(火)도 되고 금(金)도 되는 것처럼 이 글을 해석하는 경우도 있는데 그것은 이 본문의 뜻을 잘못 이해한 것이다. 십이지지의 본래 오행이 합쳐져서 육합(六合) 오행이 나오 게 되는 과정을 설명한 것에 지나지 않는다. 제일 위에 올린 그림이 바로 『협기변방서』에 나오는 육합 그림이고 이 문장 자체가 명나라 때의 『삼명 통회』의 본문을 설명하기 위해 청나라 때 나온 글이지 그 글에 반기를 들 려고 나온 문장이 아니기 때문에 육합의 오행 배열은 우리가 알고 있는 그 대로 간다고 보면 된다.

일월회합(日月會合) 이론

이 이론을 이야기하려면 해와 달이 돌아가는 이치에 대해 먼저 이야기해야 한다. 좀 복잡해 보여도 잘 보면 간단할 수도 있으니 한번 살펴보자.

음력은 달의 움직임으로 만든 달력이고 양력은 태양의 움직임으로 만든 달력이다. 지구가 태양 주변을 도는 데 걸리는 시간은 365·1/4일이 된다. 달은 초승달부터 다음 초승달이 뜨기까지 걸리는 시간이 대략 28일 정도 된다.

그래서 실지로 계산해보면 달이 열두 번 바뀌는 데 걸리는 시간은 대략 354일 정도 된다. 바로 여기서 음력이 맞느냐 양력이 맞느냐의 문제가 발생하게 된다. 일반적으로는 음력 5월부터 더워지기 시작하는데, 문제는 354일을 1년으로 보게 되면 365·1/4과의 격차가 11·1/4일이 나게 되고 이 차이가 세월이 흘러가면 점차 쌓이고 격차가 벌어져서 십여 년만

흘러가도 음력 5월이 더워야 하는데 눈이 오는 때가 될 수도 있는 상황이 발생하게 된다. 이것은 실제로 과거 음력을 사용하던 이슬람이나 그리스와 동양권에서도 발생하였던 일들이었다. 그래서 태양력과 병행해서 사용해왔고 서양에서는 어느 순간부터는 태양력만 사용하게 되었다. 우리가 사용하는 양력 3월, 4월 등의 월(月)을 표시하는 month란 용어는 'mon + ~th'가 되는데 mon = moon이다. 즉, 몇 번째 달이란 뜻이 바로 월(月)을 의미하는 month가 된 것이다. 이 말은 과거 음력으로 월(月)을 볼 때 사용해왔다는 뜻이다. 오늘날 양력을 잘 보면 달의 움직임과는

전혀 상관이 없다는 것을 알 수 있다. 실제 달의 움직임에 맞춰서 달력을 보려면 음력을 참고해야지 양력으로는 달의 움직임을 전혀 예측할 수 없다. 그래서 동양에서는 태음력과 태양력을 함께 사용해왔다.

달의 움직임은 초승달에서 다음 초승달까지 걸리는 시간을 계산하면 된다. 그런데 태양의 움직임은 이와는 다르기 때문에 서로 간을 절충하는 어떤 공식이 필요하였다. 동양에서는 1년의 시작되는 기운을 목(木)으로 보고 별 중 목(木) 기운이 강한 별을 목성(木星)으로 보았다. 이 목성의 주기가 거의 12년이고 이 주기를 본받아서 1년을 12개월로 만들게 되었다. 그래서 목성을 세성(歲星)이라는 이름을 붙이게 된 것이다. 그때부터 1년은 무조건 12개의 달로 만들어지게 되었다.

음력과 양력을 만드는 방법은 윤달을 한 달 더 두거나 아니면 한 달의 날짜 수를 조정하는 방법을 도입하였다. 이것에 따라 음력과 양력이 나뉘게 된다. 어쨌든 이 목성의 주기가 거의 12년이니 여기서 12개월이라는 개념을 도입하였고 이 목성의 주기를 따라 12개로 나뉘어서 12성차(星次)를 만들게 되었다. 이 12성차는 목성이 태양을 한 바퀴 도는 데 걸리는 시간과 구역을 12개로 나눈 것이다. 한마디로 태양과의 연관성에서 발생하는 주기이다. 그런데 이것을 달의 움직임과 연관시키기도 한다. 일단 모든 지구에서 보이는 별이 움직이는 것은 실상은 지구가 태양 주변을 돌면서 발생하는 현상이지 실제 별이 움직여서 그렇게 보이는 것은 아니다. 결국 목성(木星)의 움직임은 지구가 태양을 돌면서 또 목성이 태양을 돌면서 차이가 나는 주기의 문제로 목성이 대략 12년에 태양을 한 바퀴 도는 것으로 보이는 것이다. 다른 별도 마찬가지인데 이러한 지구와 다른 별과의 주기 차이로 여러 가지 천체현상이 나타나게 된다.

우리가 보통 음력 1월, 2월 이렇게 이야기하는 것은 달이 초승달에서 보름을 거쳐서 그믐달이 되고 다시 초승달이 뜨게 되면 소위 음력 한 달이 지나가는 것인데 이것은 달의 움직임에 따른 월(月)의 계산법이고 실제 그 월(月)의 기운을 이야기하는 월건(月建)이란 개념이 있다. 이 월건(月建)은 북두칠성의 움직임으로 계산하는 것이 있고, 세성(歲星)으로 계산하는 것이 있다. 북두칠성의 자루 부분이 가리키는 방향이 월건(月建)이라고 한다.

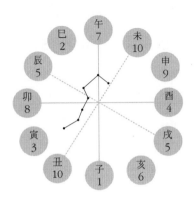

북두칠성의 자루 부분은 작은 1년이니 정월(正月)에는 인(寅)을 가리키고 매월 왼쪽을 따라 12신(辰)을 행한다.[71]

이 내용을 보면 북두칠성이라는 국자의 손잡이 부분이 가리키는 곳이 바로 우리가 사주에서 사용하는 월건(月建)임을 알 수 있다. 그런데 북두칠성은 하늘에서 거의 움직이지 않는 붙박이별이므로 이렇게 되면 북두칠

---

71) 斗杓爲小歲, 正月建寅, 月從左行十二辰. 『회남자(淮南子)』「천문훈(天文訓)」.

陰陽五行, 별과 그림자 그리고 다섯 원소

성 역시 지구가 태양을 한 바퀴 돌 때 같이 회전하게 되어있다. 그렇다면 시시각각으로 북두칠성은 회전하게 되는데 어느 시각에 봐야 북두칠성의 자루 부분이 가리키는 부분이 월건(月建)인지를 알 수가 없게 된다. 그래서 나온 문헌이 다음의 문헌이다.

북두(北斗)의 7개 별은 이른바 선(璇)과 기(璣)와 옥형(玉衡)이 이로써 7정(政)[72]을 가지런히 한다고 말한다. (북두칠성의) 자루는 용의 뿔(角)[73]을 이끌며, (북두칠성의) 형(衡) 부분은 남두(南斗)[74]를 받고, (북두칠성의 첫 번째 별인) 괴(魁)는 삼수(參宿)[75]의 머리에 베개를 베고 있다. 해가 질 녘을 이용하여 가리키는 것은 (북두칠성의) 자루[76] 부분인데 (북두칠성의) 자루는 화산(華山)부터인데 서남쪽으로써 한다.[77] [78]

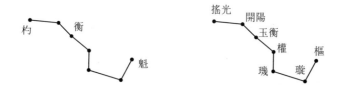

72) 해, 달. 오성(五星: 목성, 화성, 토성, 금성, 수성)을 말한다.
73) 28수 중 동방 창룡(蒼龍)의 뿔에 해당하는 각수(角宿)를 말한다.
74) 28수의 하나인 두수(斗宿)로 서양 별자리의 사수자리(the Archer)에 속한다.
75) 28수 중 하나인 삼수(參宿)를 말하고, 서양 별자리의 오리온자리(Orion)에 속한다.
76) 孟康曰 傳曰斗第七星法太白, 主杓, 斗之尾也. 尾爲陰, 又其用昏, 昏陰位, 在西方, 故主西南.『집해(集解)』.
77) 杓, 東北第七星也. 華, 華山也. 言北斗昏建用斗杓, 星指寅也. 杓, 華山西南之地也.『정의(正義)』.
78) 北斗七星, 所謂旋璣玉衡, 以齊七政. 杓攜龍角, 衡殷南斗, 魁枕參首. 用昏建者杓, 杓自華以西南. 夜半建者衡. 衡殷中州河濟之間. 平旦建者魁, 魁海岱以東北也. 斗爲帝車, 運于中央, 臨制四鄕. 分陰陽, 建四時, 均五行, 移節度, 定諸紀, 皆繫於斗.『사기(史記)』「천관서(天官書)」.

이 문헌에 따르면 해 질 녘, 즉 유시(酉時)에 북두칠성의 자루 부분이 가리키는 방향이 월건(月建)이라고 보면 된다. 유시는 대한민국 기준으로 대략 저녁 5시 30분에서 7시 30분이니 그 시각에 북두칠성의 자루 부분이 어디를 향하고 있는지를 보아서 그 가리키는 방향의 지지(地支)를 월건(月建)으로 이해하면 될 것이다. 즉 정북방 자(子)를 가리키면 자월(子月)이 되는 것이다.

月	1	2	3	4	5	6	7	8	9	10	11	12
12차 (次)	추자 (諏訾)	강루 (降婁)	대량 (大梁)	실침 (實沈)	순수 (鶉首)	순화 (鶉火)	순미 (鶉尾)	수성 (壽星)	대화 (大火)	석목 (析木)	성기 (星紀)	현효 (玄枵)
12진 (辰)	해(亥)	술(戌)	유(酉)	신(申)	미(未)	오(午)	사(巳)	진(辰)	묘(卯)	인(寅)	축(丑)	자(子)
두건 (斗建)	인(寅)	묘(卯)	진(辰)	사(巳)	오(午)	미(未)	신(申)	유(酉)	술(戌)	해(亥)	자(子)	축(丑)

매년 12개월마다 해와 달은 12성차(星次)의 구역에서 만나게 되어있다. 이 만난다는 개념은 그믐과 초하루 즈음을 말하는 것이다. 그믐과 초하루 즈음이 되면 해와 달과 지구가 일렬로 놓이기 때문이다. 그것을 해와 달이 만난다고 보는 것이다. 그런데 그때 북두칠성의 자루 부분이 가리키는 월건(月建)은 서로 일치하는 것이 아니라 오늘날 우리가 사용하는 육합(六合)의 관계를 이루게 된다.

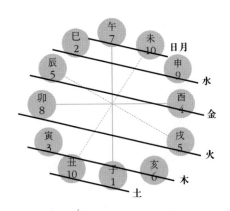

예를 들어, 해와 달이 해(亥)에서 만날 때 북두칠성의 자루 부분이 가리키는 월건(月建)은 인(寅)이라는 뜻이다. 이 이론은 육합(六合) 이론에 있어서 상당한 신빙성을 주는 이론이니 참고하기 바란다.

황도12궁 이론

서양 점성술에서는 목화토금수 오성(五星)과 해와 달 7개의 행성을 사용한다. 이 7개의 행성은 황도를 똑같이 돌면서 서로 간에 특별한 연관성을 갖게 된다. 해와 달이 가장 대표적인 천체이고 해는 가장 양성적인 사자궁을 달은 가장 음성적인 거해궁을 지배한다. 태양은 사자자리와 낮, 달은 게자리와 밤, 목성은 궁수자리와 물고기자리, 화성은 양자리와 전갈자리, 토성은 물병자리와 염소자리, 금성은 천칭자리와 황소자리, 수성은 쌍둥이자리와 처녀자리를 지배한다.

12궁(12支)	지배행성	변화된 오행
물병자리(子) — 염소자리(丑)	토성	토
궁수자리(寅) — 물고기자리(亥)	목성	목
전갈자리(卯) — 양자리(戌)	화성	화
천칭자리(辰) — 황소자리(酉)	금성	금
처녀자리(巳) — 쌍둥이자리(申)	수성	수
사자자리(午) — 게자리(未)	태양과 달	일월

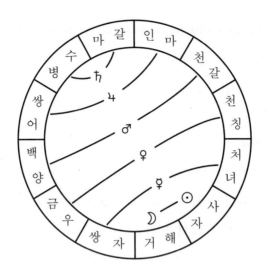

황도 12궁 별자리

위의 그림은 황도 12궁 중 서로 친한 별자리를 그림으로 그린 것이다. 이 이론에 따르면 동양에서 말하는 육합(六合) 이론과 정확히 일치하는데 동양에서 건너갔을 가능성도 배제할 수는 없다. 사자자리와 게자리의 합(合)이 일월(日月)의 합(合)이라고 보는 견해 자체가 동양과 너무도 흡사하다. 형충파해(刑冲破害)의 이론 역시 서양 점성술과의 유사성이 제법 많다. 그래서 어떤 학자들은 육합(六合)오행이 서양천문학의 결과와 너무 일치하니 서양 점성술에서 왔다고 이야기하는데, 태양으로부터의 거리를 의미하는 서양 천문학은 육합오행을 설명하는 방법이 될지언정 육합 이론이 어느 쪽에서 먼저 나왔는지에 대한 설명이 될 수는 없다고 생각한다.

『서경(書經)』의 「우서(虞書)」 편에는 순임금과 신하와의 대화에서 "선기(璿璣)와 옥형(玉衡)에 있으니 써 칠정(七政)을 가지런히 한다.(在璿璣玉衡

以齊七政)"라는 경구가 나온다. 여기에서 칠정(七政)이란 두말할 것도 없이 일월(日月)과 오성(五星)이다. 즉 북두칠성의 7개의 별자리와 오성(五星)+일월(日月) 간의 관계를 다루고 있었다는 뜻이다. 순임금 때는 지금으로 보면 거의 4천 년 전이다. 이때 다루던 책의 이론들이 실전(失傳)되어 전해지지 않는다고 해서 다루고 있지 않았다고 보는 것은 곤란하다. 일월(日月)과 오성(五星)에 대해 다루고 있다고 해서 서양에서부터 배웠다고 하는 것은 잘못된 생각이며 이는 동양 천문학에 대해 잘 모르고 있기 때문이다. 동양천문학의 28수(宿)는 동서남북 사방에 북두칠성의 7자리를 일월+오성에 배열한 7을 곱하여 만들어진 개념이다. 즉 북두칠성의 뜻을 일월과 오성이 대행하고 그것이 동서남북을 관할하는 것을 28수(宿)라고 본 것이다.

육효(六爻) 이론

	양(陽)	음(陰)		양(陽)	음(陰)
1	자(子)	축(丑)	4	오(午)	미(未)
2	인(寅)	해(亥)	5	신(申)	사(巳)
3	진(辰)	유(酉)	6	술(戌)	묘(卯)

이 도표는 지지(地支)를 음양으로 나눠서 양(陽)은 원래의 순서대로, 음(陰)은 역순으로 배열한 것이다. 이것은 육효(六爻)의 십이지지 배열법이기도 하다. 주역의 6개의 효(爻)에 양(陽)인 지지와 음(陰)인 지지를 위의 도표와 같은 순서로 배열하는 것이다.

도표에 나온 순서대로 육효학은 양괘에는 자인진오신술(子寅辰午申戌)

의 순서로 지지를 배당하고, 음괘에는 축해유미사묘(丑亥酉未巳卯)의 순서로 지지를 배당한다. 그리하여 사주의 일간과 비슷하게 체(體)라는 것을 중심으로 형제효, 자손효, 재물효, 관귀효, 부모효의 오성(五星)을 잡는다.

이렇게 육효의 방법으로 십이지지를 배열해도 절묘하게 육합이 이뤄진다. 자축합(子丑合), 인해합(寅亥合), 진유합(辰酉合), 오미합(午未合), 사신합(巳申合), 묘술합(卯戌合)이 절묘하게 형성된다.

64괘 방원도(方圓圖) 이론

지합(支合)에 대한 탁월한 이론을 제시한 또 다른 이론가의 설명을 말하겠다. 『주역선해』로 유명한 탄허 스님의 제자인 소양(素陽)의 이론인데 다음과 같다. 우리가 겉보기에는 평범하게 보이는 64괘 원도(圓圖)이다.

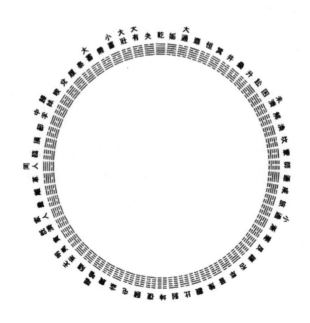

그런데 이 원도에 몇 가지 의미만 붙이면 아주 재미있는 그림이 나오게 된다. 이것은 소양 선생의 지견에서 나온 것임을 말한다. 소양 선생은 『소양정역주해』라는 책을 썼는데 난해하지만 잘 들여다보면 정역을 이해하는데 좋은 내용이 많이 있으니 참고하기 바란다.

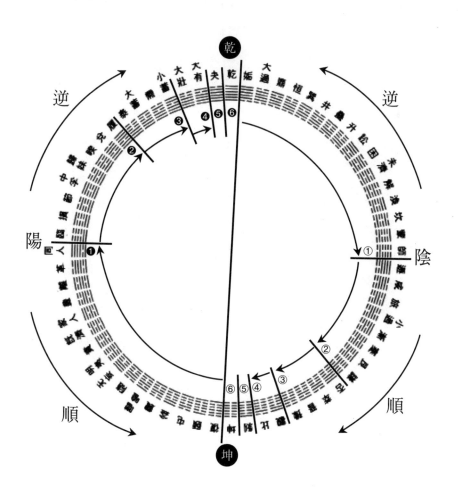

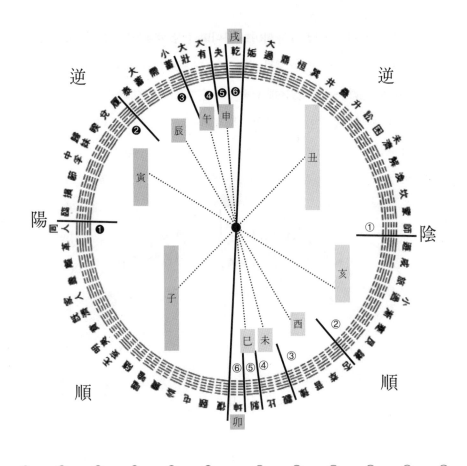

❻	❺	❹	❸	❷	❶	①	②	③	④	⑤	⑥
건위천	택천쾌	뢰천대장	지천태	지택림	지뢰복	천풍구	천산둔	천지비	풍지관	산지박	곤위지
~	~	~	~			~	~	~	~		
화천대유	풍천소축	천택리	천화동인			지수사	지산겸	뢰지예	수지비		

陰陽五行, 볕과 그림자 그리고 다섯 원소

━를 양효(陽爻), ━━를 음효(陰爻)라고 이름 붙인다. 이 그림은 아래에서부터 위로 차곡차곡 음과 양의 효(爻)를 쌓아가는 것으로 보면 된다.

제일 아래의 지뢰복(地雷復) 괘부터 오른편으로 돌면서 제일 아래에 한 개의 양(陽)이 생기기 시작한다. 그래서 제일 아래에 한 개의 양이 있는 것은 천화동인(天火同人) 괘까지이다. 그다음 지택임(地澤臨) 괘부터 천택리(天澤履) 괘까지가 두 개의 양(陽)이 자라난 것이다. 지천태(地天泰) 괘부터 풍천소축(風天小畜) 괘까지가 세 개의 양이 자라난 것이다. 뇌천대장(雷天大壯) 괘부터 화천대유(火天大有) 괘까지는 네 개의 양이 자라난 것이다. 이런 식으로 하면 위의 도표가 나오게 된다. 괘는 땅의 음양(陰陽)을 형상화한 그림이니 십이지지로 논하게 된다. 제일 밑에서부터 위로 올라가는 양효의 숫자에 지지를 하나하나 붙여본다.

○ 양효(陽爻) 위주로 돌아가면 양지(陽支)를 붙인다. 순(順)으로 돌아가니까 지지도 순으로 배열한다.

1양(陽)이 밑에 있는 괘:

　　지뢰복(地雷復) → 천화동인(天火同人)까지 16개 = 자(子)

2양(陽)이 밑에 있는 괘:

　　지택임(地澤臨) → 천택리(天澤履)까지 8개 = 인(寅)

3양(陽)이 밑에 있는 괘:

　　지천태(地天泰) → 풍천소축(風天小畜)까지 4개 = 진(辰)

4양(陽)이 밑에 있는 괘:

　　뇌천대장(雷天大壯) → 화천대유(火天大有) 2개 = 오(午)

5양(陽)이 밑에 있는 괘:

택천쾌(澤天夬) 1개 = 신(申)

6양(陽)이 모두 채운 괘:

건위천(乾爲天) 무위(無位) = 술(戌)

○ 음효(陰爻) 위주로 돌아가면 음지(陰支)를 붙인다. 역(逆)으로 돌아가니까 지지도 역(逆)으로 배열한다.

1음(陰)이 밑에 있는 괘:

천풍구(天風姤) → 지수사(地水師)까지 16개 = 축(丑)

2음(陰)이 밑에 있는 괘:

천산둔(天山遯) → 지산겸(地山謙)까지 8개 = 해(亥)

3음(陰)이 밑에 있는 괘:

천지비(天地否) → 뢰지예(雷地豫)까지 4개 = 유(酉)

4음(陰)이 밑에 있는 괘:

풍지관(風地觀) → 수지비(水地比) 2개 = 미(未)

5음(陰)이 밑에 있는 괘:

산지박(山地剝) 1개 = 사(巳)

6음(陰)이 모두 채운 괘:

곤위지(坤爲地) 무위(無位) = 묘(卯)

술(戌)과 묘(卯)는 건곤(乾坤)이 오게 되는데 건곤(乾坤)은 6개의 효(爻)가 전부 음과 양인 순음(純陰)과 순양(純陽)이라 현실에서는 존재할 수가 없다. 우리가 아무리 착한 사람을 보더라도 어떤 면으로 보면 나쁜 점이 있게 마련이다. 즉 절대적인 순음과 순양은 존재가 불가능하다는 것이다. 때문에 건곤(乾坤)은 실제로는 존재할 수가 없는 위치이다. 어떤 사람도 완전히 하늘과 땅처럼 순수할 수는 없다는 말이다. 무위(無位)이지만 어떤 플라톤의 이데아(idea) 같은 이상향이다. 때문에 우리가 사모하지만, 현실에서는 존재하지 않는다 하여『정역(正易)』에서는 이를 존공(尊空)이라고 부른다.

술(戌)과 묘(卯)가 합(合)하여 화(火)가 되니 그것이 바로 2천(天) 7지(地)가 되는 자리이다. 이것이 상화(相火)인데 상화는 땅속의 마그마 같은 불이니 2천(天) 7지(地)는 바로 땅속의 속 불이다. 탄허 스님은 속 불이 올라와서 현재 남북극이 녹으면서 지구 온난화 현상이 일어나고 그로 인해 해빙되어 남북극의 얼음이 녹아서 해수면이 상승할 것이라고 예언한 적이 있다. 탄허 스님은 이것을 여성이 생리하면서 임신을 할 수 있는 상태가 되는 것으로 비유하였다. 즉 오늘날 지구 온난화가 공해로 인해서 일어나는 재해라고 생각하는 사람들이 있는데, 그것이 아니라 지구가 성숙하기 위한 움직임의 하나라고 보는 것이다.

이 64괘 원도는 중심점을 중심으로 반대편에 있는 괘와의 관계가 음효와 양효가 정반대로 되어있다. 즉 서로 음양이 반대이기 때문에 오히려 남녀의 관계처럼 서로 합쳐지는 관계가 된다. 이 때문에 십이지지의 육합이 발생하게 된다. 이 그림은 양(陽)의 시작은 자(子), 음(陰)의 시작은 축(丑)에서부터 시작해서 양(陽)은 순서대로, 음(陰)은 역순으로 돌린 것이다. 그러니 자인진오신술(子寅辰午申戌)의 순서, 축해유미사묘(丑亥酉未巳卯)의 순서로 돌린 것이다. 이것은 육효학에서도 나오는 내용이다. 그런데 64괘 원도가 이렇게 해석이 되는 것은 아마 모르는 사람들이 더 많으리라 생각된다.

1. 육합(六合) 도표

六合	子丑合	寅亥合	卯戌合	辰酉合	巳申合	午未合
五行	土	木	火	金	水	日月

2. 육합 이론의 종류

1) 방위의 육합(六合) 이론

: 동서남북(東西南北) 상하(上下)

2) 지축(地軸, axis of the earth)을 중심으로 한 대대(待對) 이론

: 자축(子丑)과 오미(午未) 사이의 지축(地軸)을 중심으로 한 반대방향 지지(地支)와의 합(合).

3) 『삼명통회(三命通會)』의 삼생만물(三生萬物) 이론

: 지지(地支)를 반으로 나누어서 1~6까지의 순서를 붙이고 지지(地支)끼리의 합(合)이 3 또는 9가 되는 것끼리의 합(合)이 육합(六合)이다.

4) 『협기변방서(協紀辨方書)』의 오성(五星) 이론

: 오미(午未)가 일월(日月)이고 거기서 밑으로 내려가면서 태양(日)과 가까운 오성(五星)의 순서대로 오행(五行)을 배열.

5) 일월회합(日月會合) 이론

: 해와 달이 만나는 초하루 또는 그믐의 때의 방위에 해당하는 지지(地支)와 월건(月建)과의 관계를 합(合)으로 설정.

6) 황도(黃道) 12궁 이론

: 4)의 오성(五星) 이론과 같음.

7) 육효(六爻) 이론

	1爻	2爻	3爻	4爻	5爻	6爻
陽	子	寅	辰	午	申	戌
陰	丑	亥	酉	未	巳	卯

8) 64괘 방원도(方圓圖) 이론

64괘 방원도(方圓圖)에서 첫 번째부터 6번째까지 순서대로 음효(陰爻)와 양효(陽爻)의 개수가 같은 것을 모아서 지지(地支)를 배열한 후 서로의 음양(陰陽)이 정반대인 지지(地支)끼리 모아보면 육합(六合)이 나온다.

삼합(三合)

삼합(三合)은 생지(生支), 왕지(旺支), 묘지(墓支)에서 각 1개씩 3개 지지가 모여 형성된 것이다. 생지, 왕지, 묘지는 다음과 같다.

생지(生支) = 인(寅), 신(申), 사(巳), 해(亥)

왕지(旺支) = 자(子), 오(午), 묘(卯), 유(酉)

묘지(墓支) = 진(辰), 술(戌), 축(丑), 미(未)

지합이 1대1로서 합이 된 것이라고 하면, 삼합은 다양한 구성원이 한데 모여 형성된 것이다. 예를 들어 미국이나 프랑스는 흑인, 황인, 백인이 한데 모여 형성된 국가인데 이런 나라를 삼합에 비유할 수 있다. 또 일본의 초밥은 밥과 생선회의 1대1 비율을 중시하는 지합에 비유한다면, 우리나라의 김밥은 밥 이외에 다양한 야채와 고기를 넣는 삼합에 비유할 수 있겠다.

사주에 지합이 있는 사람은 1대1의 관계에 능하다. 남녀 관계도 능하고 친구 관계도 1대1로 형성하는데 능하다. 그런데 삼합이 있는 사람은 다자(多者) 관계에 능한데, 1대1로 만나는 관계보다는 다양한 사람들이 왁자지껄 모이는 모임을 선호한다. 아마 삼합인 사람은 이성 관계도 둘이 만나는 것보다는 여러 사람이 모여서 같이 하는 데이트를 선호할 것이다.

또한 삼합은 대가족을 좋아한다. 할아버지, 아버지, 아들의 삼대(三代)도 삼합이라 할 수 있다. 전혀 다른 계층이 한데 모인 것이다. 그래서 삼합이 형성된 사람은 다양한 구성원을 조정할 줄 안다. 삼합이 있는 사람은 모두를 중재하는 역할에 잘 어울린다. 일종의 매개체(media) 역할을 하는 것이다. 여기서 삼합(三合)은 다음과 같다.

신자진(申子辰) = 수국(水局)

사유축(巳酉丑) = 금국(金局)

인오술(寅午戌) = 화국(火局)

해묘미(亥卯未) = 목국(木局)

신자진(申子辰)이 수국(水局)이라는 것은 신(申), 자(子), 진(辰) 셋이 한데 모이면 수(水)의 지지가 하나 추가로 생기는 것과 같다. 자(子)는 원래 수(水)였으니 상관없지만, 신(申)과 진(辰)이 수(水)로 바뀌는 것이 아니라 신자진 외에 수(水)가 하나 더 추가로 생성된 것이니 오해가 없어야 할 것이다. 갑기합(甲己合)을 하면 토(土)가 하나 생기는 것과 같다. 나머지 사유축(巳酉丑), 인오술(寅午戌), 해묘미(亥卯未) 삼합도 마찬가지다.

그런데 반합(半合)이란 것이 있다. 삼합에서 3개 지지가 모두 모이지 못하고 2개 지지만 모인 것이다. 삼합보다는 강력함이 떨어지지만, 반합 또한 간합과 지합 못지않게 합(合)의 작용력이 분명 존재한다. 간합이 5수를 써서 합(合)이 생성된 것처럼 반합도 5수를 써서 합(合)이 생성된 것이기 때문이다.

사례 신자진(申子辰) 수국(水局)

時	日	月	年
甲	庚	庚	辛
申	辰	子	亥

사례 사유축(巳酉丑) 금국(金局)

時	日	月	年
丁	癸	丁	辛
巳	未	丑	酉

사례 인오술(寅午戌) 화국(火局)

時	日	月	年
癸	壬	庚	甲
卯	戌	午	寅

사례 해묘미(亥卯未) 목국(木局)

時	日	月	年
庚	乙	乙	辛
辰	卯	未	亥

한의학 최고 고전(古典)인 『내경』에서 유래하는 삼합(三合) 이론

4살 차이는 궁합도 안 본다는 이론의 모태가 되는 이 삼합(三合) 이론은 명리학에서 가장 많이 사용하는 이론 중 하나이다. 그런데 이 이론이 어떻게 해서 발생했고 그 응용은 어떻게 되는지 문헌을 통해 제대로 공부해서 사용하는 사람은 극히 드물다. 그래서 이 이론이 어디서 시작되었고 어떻게 설명되어 왔는지 문헌을 통해서 알아보겠다.

> 역법(曆法)을 만드는 사람들을 고찰해보니 신자진(申子辰)의 육기(六氣) 중 첫 번째 오는 기(氣)는 모두 물시계의 1각(刻)에서 일어나고, 사유축(巳酉丑)의 첫 번째 오는 기(氣)는 모두 26각에서 일어나며, 인오술(寅午戌)의 첫 번째 오는 기(氣)는 모두 51각에서 일어나고, 해묘미(亥卯未)의 첫 번째 오는 기(氣)는 모두 76각에서 일어난다. 기(氣)는 모두 같은 각(刻)에서 일어나는데, 이것이 하늘과 땅의 자연스러운 이치라. 그러므로 삼합(三合)이라 말하였으니, 혹 삼합으로서 하는 경우는 예를 들어 사람 한 몸의 운(運)에 적용하는 것 같은 것이다. [79]

---

79) 考曆家, 申子辰初之氣, 俱起於漏下一刻, 巳酉丑初之氣, 俱起於二十六刻, 寅午戌初之氣, 俱起於五十一刻, 亥卯未初之氣, 俱起於七十六刻. 氣皆起於同刻, 是天地自然之理也. 故謂之三合, 或以三合者, 如人一身之運用也. 『삼명통회(三命通會)』 「논지원육합(論支元三合)」.

이 글은『삼명통회(三命通會)』에 나오는 글인데, 사실 내용은 원래 한의학 최고 고전인『내경(內經)』에서 유래가 된다. 『삼명통회』의 저자는『내경』,『노자(老子)』등 많은 경전을 인용하고 있다.

삼합(三合)은 어쩌면 육합(六合)보다도 역사가 훨씬 오래된 것이라 할 수 있다. 『내경』에 따르면 육기(六氣)가 매년 들어오는 시간대가 있는데 신자진(申子辰)에 해당하는 년(年)은 처음 들어오는 기(氣)가 1각(刻)에서 시작되고, 사유축(巳酉丑)에 해당하는 년은 26각(刻)에서 시작되며, 인오술(寅午戌)에 해당하는 년은 51각(刻)에서 시작되고, 해묘미(亥卯未)에 해당하는 년은 76각(刻)에서 시작된다고 한다. 이것을 도표로 만들어보면 다음과 같다.

년(年)	신자진년 (申子辰年)	사유축년 (巳酉丑年)	인오술년 (寅午戌年)	해묘미년 (亥卯未年)
1년이 처음 시작되는 하루의 시각	1각(刻)	26각(刻)	51각(刻)	76각(刻)

원래 1일을 100각(刻)으로 나눈 것은 물시계로 나눈 것으로『내경』에는 "누수하(漏水下) ○각(刻)" 이렇게 표현한다. 사실 이 물시계의 시작이 언제부터인지는 모른다. 편작(扁鵲)이『내경』에 나오는 여러 가지 명제들을 쉽게 설명하기 위해『난경(難經)』을 만든 것이기 때문에 진월인(秦越人)이었던 편작 선생님 이전에도 분명『내경』은 존재했을 수밖에 없다. 그렇다면『내경』의 역사는 아마도 한(漢)나라 이전인 진시황 때거나 그 이전으로 거슬러 올라가는 것이 맞지 않나 싶다. 하도의 수 55와 낙서의 수 45의 합이 100이고, 모든 시간 계산의 가장 기본이 하루이기 때문에 이 하루에

100이란 숫자를 도입하였다. 이 하루를 100각으로 나눈 숫자에 따른 육기(六氣)가 들어오는 시간대를 『내경』에는 나열하고 있는 것이다.

이 글에 따르면 신자진(申子辰), 사유축(巳酉丑), 인오술(寅午戌), 해묘미(亥卯未)에 해당하는 년(年)은 이상하게도 각각 육기(六氣)가 처음 들어오는 시간이 일치함을 보게 되어서 이『내경』에 적어놓은 것이다.

우리가 만약 성격도 다르고 취미도 다르지만 가까이에 있는 어떤 사람과 기상 시간, 아침 점심 저녁밥을 먹는 시간, 똥 누는 시간, 자기 업무 보는 시간, 쉬는 시간, 잠자는 시간까지 모든 기본 생활 패턴과 그 시간대가 만약 같다고 하면 우리는 이 사람에게 어떤 마음을 느낄까. 아마도 동질감이 생겨 같이 붙어 다닐 가능성이 매우 높다. 『내경』에서는 '회동(會同)'이라는 표현을 썼다. 같이 모이게 된다는 것이다. 이것이 삼합(三合) 이론의 시작이다. 같이 모이다 보니 기존 사주(四柱)나 역학(易學)에서는 '삼합(三合)'이란 단어를 쓰게 된 것이다. 또 같이 모이게 되면 주축이 되는 사람을 따라서 그 모임의 성격이 규정이 되는데, 십이지지(地支) 중에서 가장 강한 성격을 가진 것은 자오묘유(子午卯酉) 네 가지 지지다. 때문에 그 강한 지지를 따라 삼합의 오행이 결정된다고 보는 것이 삼합 이론의 시작이다. 예를 들어 신자진(申子辰)에서는 자(子)가 제일 세니 자(子)는 수(水)라 신자진(申子辰)이라는 모임은 자(子)를 중심으로 합(合)하여 수(水)를 이루게 된다는 것이다. 그렇게 해서 삼합(三合)의 이론을 만들다 보니 지금과 같은 이론이 된 것이다. 이 4년 간격의 삼합(三合) 이론은 오늘날 역학에서 '4년 나이 차의 배필은 궁합도 보지 않는다.'는 생각의 근간이 되었다.

상수(象數) 철학적 관점의 삼합 이론

앞에서 말한 간합(干合)은 예를 들어 갑기토(甲己土)만 보더라도 갑(甲)과 기(己) 간격이 5의 차이가 난다. 여기에선 갑(甲)부터 셀 때 갑(甲) 본인은 세지 않는다.

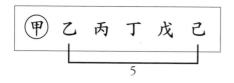

하늘에서 하나의 씨앗이 던져진 후 나머지는 그 씨앗이 변화된 모습이므로 처음의 본체인 씨앗은 빼고 계산한다는 개념이다. 그래서 갑(甲)을 빼고 기(己)까지 5를 세는 것이다. 간합(干合)이 부자(父子) 관계란 말 자체가 아버지가 씨앗을 던져서 자식이 생겨나는 그 이치를 말하고 있는 것이다.

이 5라는 숫자는 중요한 의미가 있다. 생수(生數) 1, 2, 3, 4에서 1+4=2+3=5가 된다. 양(陽)인 홀수와 음(陰)인 짝수의 합으로 이루어진 이 숫자는 음(陰)과 양(陽)이 조화된 숫자요, 이 5를 통해서 만물(萬物)이 형체를 가지게 된다. 이 5를 오행에서는 토(土)라고 보는데 흙에서 만물이 태어나는 것과도 같은 것이다. 아빠와 엄마의 합(合)으로 만물이 태어나는 것과도 같다. 정자(精子)라는 작은 씨가 난자(卵子)라는 형체(形體)와 결합해서 생명이 탄생하는 것처럼 생수(生數)라는 씨앗이 5라는 흙과 결합하여 외형(外形)을 이룬 성수(成數)를 형성하게 된다. 만물의 기(氣)는 5 토(土) 이전에 생수(生數)로 이미 존재하지만, 형체를 이룬 성수(成數)로 태어나는 것은 흙인 5를 통해 이루어진다. 그래서 이 5는 음(陰)과 양(陽)의 합(合)이요 형체를 만드는 숫자라고 할 수 있다.

5만큼 차이 나는 기(己)와 갑(甲)이 서로 합(合)이 되어서 새로운 생명인 토(土)를 만들어내는 것이 바로 간합(干合)의 개념이다. 하지만 천간은 원래 양(陽)이고 씨앗이라 홀수처럼 갑(甲)은 빼고 다른 한쪽인 기(己)는 셈에 넣고 그런 것이 가능하지만, 지지는 땅이고 음(陰)이라 짝이 맞아야 한다. 다시 말하면 천간(天干)은 하늘이기 때문에 하늘은 정자(精子)요 씨앗이니 천간의 흐름은 이 첫 씨앗이 자리를 잡아가는 과정이라 첫 씨앗은 그대로 두어서 뺀 채로 5를 세어서 나가는 것이고, 지지(地支)는 땅이기 때문에 하늘에 있는 씨앗이 땅으로 이미 떨어졌고 그것이 이제 자라나는 과정과 같아서 처음의 지지(地支)부터 한 번으로 세야 한다. 그래서 천간 간합(合)은 자기를 빼고 5를 세지만, 지지 삼합(三合)은 자기를 포함해서 5를 센다. 삼합(三合)은 양쪽을 다 넣어서 5를 계산한 것이다. '

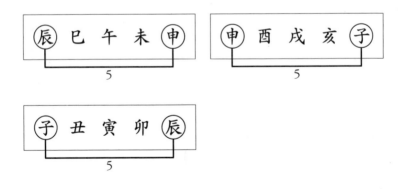

이것은 씨앗으로 만들어지는 하늘에서의 간합(干合)이 아니라 남자와 여자, 2개의 존재를 포함해서 만들어지는 합(合)이다. 양극단이 다 포함

陰陽五行, 볕과 그림자 그리고 다섯 원소

되어서 5가 이루어지는 것이니 부부(夫婦)의 합(合)이라 할 수 있다. 그런데 이것을 잘 보면 이 예에서는 신자진(申子辰)의 합(合)이 만들어졌다. 이 개념이 바로 삼합(三合)이다. 그래서 이 삼합을 배우자를 구하거나 배우자와의 띠 궁합을 볼 때 많이 사용하는 것이다. 삼합의 상수학적 원리는 이러하다.

『삼명통회』의 삼합 이론

정(精)은 곧 기(氣)의 원(元)이요, 기(氣)는 곧 신(神)의 근본이라. 이로써 정(精)을 기(氣)의 어머니로 삼고 신(神)을 기(氣)의 자식으로 삼게 되니, 어머니와 자식이 서로 생(生)하게 된다. 정(精), 기(氣), 신(神)이 온전하여 흩어지지 않는 것이 합(合)이 되니 대개 지지(地支)에서의 인원(人元)에 속한다고 말한다. 그러므로 이것으로써 논해보면 예를 들어, 신자진(申子辰)이면 신(申)은 곧 자(子)의 어머니이고 진(辰)은 곧 자(子)의 자식이다. 신(申)은 곧 수(水)의 생(生)이고, 자(子)는 곧 수(水)의 왕(旺)이며, 진(辰)은 곧 수(水)의 고(庫)이다. 생(生)인 즉 낳는 것이고, 왕(旺)인 즉 이루는 것이며, 고(庫)인 즉 거두는 것이다. 생(生)이 있고, 이룸이 있고, 거둠이 있어서 만물(萬物)이 시작할 수 있고 마칠 수 있는 것이니 곧 자연(自然)의 이치이다. 그러므로 신자진(申子辰)은 수국(水局)이 된다. 만약 신자진(申子辰) 3글자에서 그 하나라도 빠지면 화(化)한 것이 국(局)을 이루지 못하여 삼합(三合)으로써 국(局)으로 화(化)한다고 논할 수가 없는 것이다. (중략) (삼합의) 오행(五行)에서 토(土)를 말하지 않은 것은 (나머지) 4개의 운행이 모두 토(土)에 의지하여 국(局)을 이루고, 만물은

모두 토(土)로 돌아가 장(藏)하기 때문이다. 만약 진술축미(辰戌丑未)가
온전하면 스스로 토(土)의 국(局)을 만든 것이라고 논한다.[80]

이 이론에 따지면 삼합(三合)은 사람 몸 안에 있는 정기신(精氣神)과 같
다고 본다. 신자진(申子辰)을 예로 들면, 신(申)은 정(精), 자(子)는 기(氣),
진(辰)은 신(神)이 된다는 것이다. 정기신(精氣神) 중 하나라도 빠지면 사
람이 죽는 것처럼, 삼합 중에서 하나라도 빠지면 삼합이 아니라고 보는
것이다. 삼합에서 목화금수(木火金水) 네 개의 오행만 있고 토(土)가 없는
이유는, 토(土)는 진술축미(辰戌丑未) 네 개가 사주에 다 있어야 토국(土
局)이 된다고 보는 것이다. 이 이론이 과연 맞는 것일까? 이 이치대로라면
삼합(三合)에서 신(申)과 진(辰) 또는 신(申)과 자(子), 자(子)와 진(辰) 이렇
게 두 개씩만 있어서는 합(合)이 성립되지 않는 것이 된다. 진술축미(辰戌
丑未) 역시 한 개라도 빠지면 토국(土局)이 성립이 안 된다. 오행의 국(局)
을 이루는 부분에서는 맞는 이야기가 될 수 있지만, 합(合)이 되느냐 안 되
느냐의 측면에서 본다면 이 이야기가 꼭 맞는다고 볼 수만은 없다. 앞에
서 나온 상수철학의 이치대로 삼합(三合)을 해석하면 삼합 중 두 개만 있
으면 오행의 국(局)은 이루지 못할지언정 합(合)은 이루어질 수 있기 때문
이다. 오히려 진술축미(辰戌丑未)가 네 개 다 모이면 충(沖)이 된다.

---

80) 精乃氣之元, 氣乃神之本, 是以精爲氣之母, 神爲氣之子, 子母互相生. 精氣神全而不散之爲
合. 蓋謂支屬人元, 故以此論之. 如申子辰, 申乃子之母, 辰乃子之子. 申乃水生, 子乃水旺, 辰乃
水庫. 生卽産, 旺卽成, 庫卽收. 有生, 有成, 有收, 萬物得始得終, 乃自然之理. 故申子辰爲水局.
若三字缺其一, 則化不成局, 不可以三合化局論. … 五行不言土者, 四行皆賴土成局, 萬物皆歸
藏於土故也. 若辰戌丑未全, 自作土局論. 『삼명통회』「논지원육합」.

삼합국(三合局)에도 토(土)가 있다는 주장

『회남자』의 이론에서는 목화금수(木火金水) 네 개의 국(局)뿐 아니라 토(土)의 국(局)도 있게 된다. 한번『회남자』의 이론을 살펴보겠다.

목(木)은 해(亥)에서 생(生)하고 묘(卯)에서 장성했다가 미(未)에서 죽으니 세 개의 진(辰: 亥卯未)은 모두 목(木)이다. 화(火)는 인(寅)에서 생(生)하고 오(午)에서 장성했다가 술(戌)에서 죽는데, 세 개의 진(辰: 寅午戌)은 모두 화(火)이다. 토(土)는 오(午)에서 생(生)하고 술(戌)에서 장성했다가 인(寅)에서 죽는데, 세 개의 진(辰: 午戌寅)은 모두 토(土)이다. 금(金)은 사(巳)에서 생(生)하고 유(酉)에서 장성했다가 축(丑)에서 죽는데, 세 개의 진(辰: 巳酉丑)은 모두 금(金)이다. 수(水)는 신(申)에서 생(生)하고 자(子)에서 장성했다가 진(辰)에서 죽는데, 세 개의 진(辰: 申子辰)은 모두 수(水)이다. 그러므로 오행이 승(勝)한 것은 1에서 생(生)하고 5에서 장성했다가 9에서 끝마치게 된다. 5×9=45, 그러므로 신(神, 오행)은 45일에 하나를 이동하며, 3으로써 5에 응(應)하니 그러므로 8번을 이동하여 1년이 마쳐진다. (45일×8번=360일)[81]

목화금수(木火金水) 네 개의 오행 국(局)뿐 아니라 토국(土局)이 있다고 『회남자』에서는 주장한다. 토국(土局)은 오(午)에서 생(生)하고 술(戌)에서

---

81) 木生於亥, 壯於卯, 死於未, 三辰皆木也. 火生於寅, 壯於午, 死於戌, 三辰皆火也. 土生於午, 壯於戌, 死於寅, 三辰皆土也. 金生於巳, 壯於酉, 死於丑, 三辰皆金也. 水生於申, 壯於子, 死於辰, 三辰皆水也. 故五勝生一, 壯五, 終九. 五九四十五, 故神四十五日而一徙, 以三應五, 故八徙而歲終. 『회남자』「천문훈」.

왕(旺)하며 인(寅)에서 고(庫: 墓)한 것이 되는 것이다. 물론『회남자』를 제외한 어떤 책도 이러한 논설을 주장하는 경우는 그리 많지 않다.

『회남자』의 내용에 따르면 삼합의 이론이 첫 번째 지지에서 5칸을 가고 그 5칸을 간 지지에서 9칸을 가는 것끼리 서로 합이 되어 국을 이루면 오행 기운이 세져서 국을 이룬다는 것을 이야기하는 것이다. 이 이야기는 상수철학으로 보면 하도의 5칸 간 것과 합(合)을 이루는 이치인데 실제 각각의 지지(地支)의 간격은 4가 된다. 그래서 1, 5, 9번째 지지(地支)와 합(合)이 되는 것인데 서로를 곱하면 45가 나온다. 이 45는 낙서 숫자의 합이기도 하다. 실제『주비산경(周髀算經)』을 보면 이것은 팔절(八節)을 의미하니 동지(冬至) 하지(夏至) 춘분(春分) 추분(秋分)과 4립(立)인 입춘(立春) 입하(立夏) 입추(立秋) 입동(立冬)을 말한다. 45란 숫자는 삼합(三合)을 담고 있는 숫자인데 이 삼합(三合)을 담은 숫자가 8번 반복되면 1년이라는 완전체가 이루어진다는 말이다.

하지만 화국(火局)은 인오술(寅午戌)인데, 토국(土局)은 오술인(午戌寅)이라는 말은 상당히 의아한 부분이 있다. 년지(年支)부터 시지(時支)까지의 순서가 인오술(寅午戌)의 순서로 가면 화국(火局)이고 오술인(午戌寅)의 순서로 가면 토국(土局)이고 이 중 하나라도 빠지면 국(局)이 이루어지지 않는다는 뜻으로 보인다. 이렇게 되면 여기 언급되지 않은 술인오(戌寅午)는 뭐라고 할 것인가? 인오술(寅午戌)만 이렇게 볼 것인가? 아니면 다른 오행 국(局)도 똑같이 이렇게 보아야 하는 것인가? 의문점이 들지 않을 수가 없는 이론이다.

陰陽五行, 빛과 그림자 그리고 다섯 원소

1. 삼합이론의 종류

1) 『내경(內經)』의 이론

육기(六氣)의 교차 시간이 같은 월건(月建)을 모아서 만든 이론.

2) 상수(象數) 철학의 이론

지지(地支)의 시작점과 끝점을 포함한 5의 숫자만큼 떨어진 지지(地支)
끼리의 합(合).

3) 『삼명통회(三命通會)』 이론

: 삼합국(三合局)이 인체의 정(精)·기(氣)·신(神)과 같다고 보는 이론.

2. 삼합국(三合局)에도 토(土)가 있다는 주장

: 삼합국(三合局)에도 오행(五行)이 전부 다 있어야 한다는 생각에서 나
온 이론. 반론의 여지가 있어서 오늘날은 사용하지 않고 있음.

간합(干合)과 삼합(三合)의 관계

오행(五行)이 음양(陰陽)으로 나뉘어 십간(干)이 되는데, 맑아서 내려 오지 않는다. 5개의 지지(地支)가 강유(剛柔)로 바뀌어 십지(支)가 되나 니 탁해서 올라가지 않는다. 토(土)는 사계절의 기(氣)를 따라가니 그러 므로 십이지(支)가 있는 것이다. 십이지(支)는 부부로서 체(體)를 삼고, 십간(干)은 부자(父子)로써 서로 승(乘)한다.

삼재(三才)에도 음양으로 나눈 천지(天地)가 있어 오행(五行)이 물(物) 의 화(化)를 돌리는 인륜이라 그러므로, 가로되 갑기(甲己)는 참다운 궁 음(宮音)이고, 을경(乙庚)은 참다운 상음(商音)이며, 병신(丙辛)은 참다운 우음(羽音)이고, 정임(丁壬)은 참다운 각음(角音)이며, 무계(戊癸)는 참다 운 치음(徵音)이다. 인오술(寅午戌)은 화(火)의 체(體)이고, 해묘미(亥卯 未)는 목(木)의 체(體)이며, 신자진(申子辰)은 수(水)의 체(體)이고, 사유축 (巳酉丑)은 금(金)의 체(體)인데, 이것은 진짜 체(體)가 아니라 곧 오행의 생(生)·왕(旺)·고(庫)의 자리이니, 토(土)인 즉 그 4사(事: 木火金水)를 따 라 그것을 이루는 것이다. [82]

---

82) 五行分陰陽爲十干, 淸而不下, 五支易剛柔爲十支, 濁而不上. 土逐四時之氣, 故有十二 支. 十二支以夫婦爲體, 十干以父子相乘. 三才有陰陽之天地, 五行運物化之人倫. 故曰甲 己眞宮, 乙庚眞商, 丙辛眞羽, 丁壬眞角, 戊癸眞徵. 寅午戌火體, 亥卯未木體, 申子辰水體. 巳酉丑金體, 斯非眞體, 乃五行生旺庫之地, 土則從四事成之. 『이허중명서』.

이 글을 잘 읽으면 참으로 놀랍다는 생각이 저절로 들게 된다. 그동안 한의학의 오운육기(五運六氣)에서는 갑(甲)과 기(己)가 합(合)하는 것이니 무조건 갑(甲)은 목(木)이 아니라 토(土)로 보아왔다. 물론 28수(宿)의 천간(天干) 기운이 서로 합이 되어서 만들어지는 화기(化氣) 오행이 지구에 들어오면서 생기는 것이 오운(五運)이기 때문에 우리가 무조건 그렇게 갑기합(甲己合)은 토(土)로 보는 것이기는 하다.

이 글을 잘 이해해야 하는데 이러한 삼합(三合)의 국(局)을 참다운 체(體)가 아니라고 『이허중명서』에서는 이야기한다. 이 말은 무슨 뜻이냐면 인오술(寅午戌) 화국(火局)에서 오(午)는 실제 화(火)이지만 인(寅)과 술(戌)은 화(火)가 아니라 삼합(三合)을 통해서 화(火)를 도와주어 화국(火局)이 하나 더 형성되도록 도와주는 지지(地支)일 뿐이다. 즉, 삼합(三合)이 이루어졌다고 해서 인(寅)과 술(戌)까지 다 화(火)라고 보면 안 된다는 것이다. 그래서 천간의 합(合)에 대해서는 진궁(眞宮)이네 진우(眞羽)네 이런 말이 들어가지만 지지(地支) 삼합(三合)에서 '비진체(非眞體)'라고 하여 참다운 실체가 아니라고 말하는 것이다.

5는 남녀의 합(合)이요 음양의 합이기 때문에 합(合)이라는 개념은 이 5수에서 시작된다. 위의 그림을 다시 보면 천간(天干)은 하나의 씨앗이 되는 출발점부터 5를 세면 나오는 천간과 합(合)이 된다. 즉 갑(甲)이 씨앗이 되어서 그 이후부터 5칸을 가서 나오는 기(己)가 바로 합(合)이 되는 것이다. 즉, 갑(甲)이라는 씨앗이 아버지이고 기(己)라는 5칸을 간 천간(天干)이 아들이 되는 것이다. 그래서 '십간이부자상승(十干以父子相乘)'이라고 하여 십간은 부자(父子) 관계로서 서로 승(乘)한다고 말한 것이다.

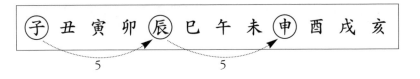

십이지지(地支)는 부부(夫婦)가 서로 포함되어서 5칸을 세는 것과 합(合)이 된다. 부부(夫婦)관계는 서로를 안에 담아야 하기 때문이다. 어찌 보면 남녀의 성기가 서로 안으로 들어가야 합(合)이 되고, 남녀의 마음이 서로를 안에 담아야 합이 되기 때문에 당연한 말인지도 모른다. 이렇게 해서 합(合)이 되더라도 어찌 보면 남녀 스스로는 전혀 변하지 않는다. 여자는 변하지 않는 남자 때문에 속이 터질 지경이고, 남자는 또 잔소리하는 여자 때문에 열이 받아 죽을 지경이 된다. 서로 바뀌지 않는 그 모습이 어찌 보면 당연한 것임을 이 글은 이야기한다.

이러한 합(合)을 통해서 오행이 나오게 되는 것이 바로 삼합국(三合局)이다. 하지만 본인들의 오행은 전혀 변하지 않는 것이다. 다음은 『내경』에서 오운(五運)이 만들어지는 과정을 담고 있는 글을 인용해보겠다.

기백이 가로되 "밝다, 질문이여! 신(臣)이 『태시천원책(太始天元冊)』이란 글을 보니 '붉은 하늘의 기(氣)는 우(牛)·녀(女)에서 무분(戊分)을 지나고, 누런 하늘의 기(氣)는 심(心)·미(尾)와 기분(己分)을 지나며, 푸른 하늘의 기는 위(危)·실(室)과 류(柳)·귀(鬼)를 지나고, 흰 하늘의 기는 항(亢)·저(氐)와 묘(昴)·필(畢)을 지나며, 검은 하늘의 기는 장(張)·익(翼)과 루(婁)·위(胃)를 지난다.'고 한다. 소위 무분(戊分)과 기분(己分)이라고 말하는 것은 규(奎)·벽(壁)과 각(角)·진(軫)인 즉 하늘과 땅의 문호(門戶)

　　　　　陰陽五行, 볕과 그림자 그리고 다섯 원소

이니, 무릇 살피는 것이 시작된 곳과 도(道)가 생기는 곳은 통하지 않을 수가 없다."라고 하였다.[83]

이 글은 28수(宿)와 십간(干)과 그 간합(干合)과의 관계를 말하고 있다. 위의 28수에 해당하는 부분에 천간(天干)을 배열하면 아래 그림과 같이 될 것이다. 한번 그림을 보자. 아래 그림에서 한 가지 중요한 부분은 십이지지(地支)로 보면 술(戌)과 해(亥) 사이가 무분인 천문(天門)이 되는데 진(辰)과 사(巳) 사이가 기분인 지호(地戶)가 된다는 것이다. 십이지지(地支) 역시 그렇게 배열한다. 그런데 다들 28수에 십이지지를 배열한 그림을 많이 보았지만 이처럼 십간을 배열한 그림은 많이 보지 못했을 것이다. 원래는 28수에는 십간을 배열하는 것이 먼저 시작되는 그림이다. 이것을 땅에 적용하고 써먹으려다 보니 천문(天文)과 지리(地理)에서 십이지지를 배열한 그림이 나온 것이다. 원조는 이 십간을 배열한 그림이 먼저라고 알고 있으면 될 것 같다. 문왕팔괘는 이 천문(天門)과 지호(地戶)를 중심으로 위아래의 괘가 음괘(陰卦) 양괘(陽卦)로 완전히 대비된다. 이것을 천문도에 표현하면 다음과 같다.

---

83) 歧伯曰. 昭乎哉, 問也! 臣覽《太始天元冊》文, 丹天之氣, 經于牛女戊分. 黔天之氣, 經于心尾己分. 蒼天之氣, 經于危室柳鬼. 素天之氣, 經于亢氐昴畢. 玄天之氣, 經于張翼婁胃. 所謂戊己分者, 奎壁角軫, 則天地之門戶也. 夫候之所始, 道之所生, 不可不通也.『내경』「오운행대론(五運行大論)」.

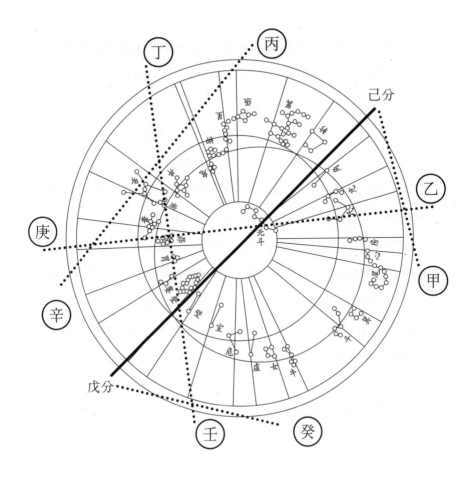

① 동방 7사 : 28수 중 춘분날 초저녁 동쪽 지평선 위로 떠오르는 각수(角宿 : 첫째 별자리의 별들)를 필두로 하여 시간이 경과되면 차례로 동쪽 지평선 위로 떠올라오는 항(亢)·저(氐)·방(房)·심(心)·미(尾)·기(箕) 등 7개의 수가 차지하는 성수(星宿)들을 말한다.

② 북방 7사 : 28수 중 하짓날 초저녁 동쪽 지평선 위로 떠오르는 두수(斗宿 : 여덟째 별자리의 별들)를 필두로 하여 시간이 경과되면 차례로 동쪽 지평선 위로 떠올라오는 우(牛)·여(女)·허(虛)·위(危)·실(室)·벽

　陰陽五行, 별과 그림자 그리고 다섯 원소

(壁) 등 7개의 수가 차지하는 성수들을 말한다.

③ 서방 7사 : 28수 중 추분날 초저녁 동쪽 지평선 위로 떠오르는 규수(奎宿 : 열다섯째 별자리의 별들)를 필두로 하여 시간이 경과되면 차례로 동쪽 지평선 위로 떠올라오는 루(婁)·위(胃)·묘(昴)·필(畢)·자(觜)·삼(參) 등 7개의 수가 차지하는 성수들을 말한다.

④ 남방 7사 : 28수 중 동짓날 초저녁 동쪽 지평선 위로 떠오르는 정수(井宿 : 스물둘째 별자리의 별들)를 필두로 하여 시간이 경과되면 차례로 동쪽 지평선 위로 떠올라오는 귀(鬼)·유(柳)·성(星)·장(張)·익(翼)·진(軫) 등 7개의 수가 차지하는 성수들을 말한다.

— 이십팔수(二十八宿), 한국민족문화대백과사전

이처럼 다른 방위에 있는 28수끼리 서로 기운이 교차하면서 합해져 새로운 오행이 만들어지고 그 오행이 지구로 들어오면서 오운(五運)이 만들어지게 된다. 이것을 음양(陰陽)으로 나눠서 십간이 되는데 이 십간끼리 합쳐지는 오행에 따라 배열하면 바로 간합(干合)이 나오게 된다. 이것의 자세한 이치는 『정역(正易)』에 자세히 나오니 살펴보길 바란다. 『정역』에는 지금까지의 역학이 그런 이치를 왜 이야기하고 있는지에 대해 자세한 설명을 풀어놓았다.

지구에 들어온 오행은 이미 28수끼리 교차하고 합해져서 새롭게 만들어진 기운이 들어오는 것이기 때문에 간합(干合)이 되는 천간들은 다 간합으로 이미 만들어지는 오행을 따라가게 된다. 즉, 갑(甲)은 목(木)이 아니라 간합(干合)으로 갑기토(甲己土)가 되는 것이다. 혹, 오운육기(五運六氣)에는 무조건 다 간합(干合) 오행을 따라가지만, 사주는 간합 오행뿐 아니라 본래 천간의 오행을 많이 보는데 그 이유를 궁금해하는 분들도 있을 것이다. 간단하게 말하면 오운육기(五運六氣)는 28수가 던져주는 우주의 기운이 지구로 들어와서 오운과 육기를 형성하고 그것이 지구의 기후와 생물에 미치는 영향을 설명한 이론이다. 때문에 그러한 모든 과정을 그대로 이치로 담고 있다. 하지만 사주명리학은 인체 자체를 그대로 하나의 우주이고 연월일시 사주의 시간 오행이 서로 어떻게 연관되는가를 보는 학문이다. 때문에 지구의 대기권으로 들어와서 기운이 어떻게 변하고 그런 것이 아니라 그 자체가 하나의 우주인 것이다. 때문에 간합(干合)이 된다고 해서 갑(甲)이 토(土)로 변하지 않게 되고 그냥 간합으로 토(土)가 하나 더 형성된다고 보는 것이 더 맞지 않을까 생각된다.

요약

천간(天干)의 간합(干合)으로 만들어진 오행은 참다운 오행이고,
지지(地支)의 삼합(三合)으로 만들어진 오행은 참다운 오행이 아니라
오행의 생(生)·왕(旺)·고(庫)일 따름이다.

陰陽五行, 별과 그림자 그리고 다섯 원소

회(會)

갑자(甲子)와 기축(己丑) 이것은 하늘의 천간(天干)과 땅의 지지(地支)가 합(合)하니 가볍고 무거움이 저절로 나누어지고, 정해(丁亥)와 임진(壬辰)은 청결하게 모이니 지지(地支)와 천간(天干)이 더욱 형통하다. 인(寅) 중에 갑(甲)이 있어서 음토(陰土)를 얻어 써 처(妻)로 삼으니, 바야흐로 갑(甲)과 기(己)가 합하여 축(丑), 인(寅), 미(未)가 회(會)함을 알게 된다. 자(子)와 사(巳)는 임(壬)과 정(丁)의 합(合)에 체(體)를 두며, 묘(卯)와 신(申)은 을(乙)과 경(庚)의 사귐과 같이하며, 병오(丙午)와 신유(辛酉)는 천간이 없다고 하더라도 파(破)와 형(刑)이 되지 않으며, 계수(癸水)는 해(亥) 가운데에서 비롯되고 진술(辰戌)은 무토(戊土)와 같음을 이루므로 이것이 이에 있고 없는 것이 서로 이어지는 것이나 육합(六合)이 짝하여 배필이 되는 것과는 다른 것이다.[84]

인(寅)은 양목(陽木)이니 천간(天干)으로 따지면 갑(甲)이 되고, 축(丑)과 미(未)는 음토(陰土)라 천간으로 따지면 기(己)이니 갑(甲)과 기(己)가 합(合)이 되는지라 인(寅)과 축(丑)과 미(未) 역시 합과 비슷한 회(會)가 된다는 것이다. 자(子)는 양수(陽水)라 임(壬), 사(巳)는 음화(陰火)라 정(丁)이 되니, 정임합(丁壬合)과 같이 자사회(子巳會)가 된다. 해(亥)는 음수(陰水)라 계(癸), 진술(辰戌)은 양토(陽土)라 무(戊)가 되니 무계합(戊癸合)과 같

---

84) 甲子己丑, 是天地合輕重自分, 丁亥壬辰, 淸潔會支干尤亨. 寅中有甲得陰土以爲妻, 方知甲與己合丑寅未會. 子巳體壬丁之會, 卯申同乙庚之交, 丙午辛酉無干不爲破刑癸始亥中辰戌得同乎戊, 此乃有無之相承, 異乎六合之配偶. 『이허중명서』.

이 해(亥), 진(辰), 술(戌)은 모이면 회(會)가 된다. 오(午)는 양화(陽火)라 병(丙), 유(酉)는 음금(陰金)이라 신(辛)이니 병신합(丙辛合)과 같은지라 오유회(午酉會)가 된다.

12支	子	丑	寅	卯	辰	巳	午	未	申	酉	戌	亥
會	巳	寅	丑未	申	亥	子	酉	寅	卯	午	亥	辰戌

회(會)는 『이허중명서』의 이론이다. 우리가 기존에 알고 있는 지지(地支)의 육합(六合) 외에 간합에서 파생한 새로운 회(會)가 있다는 내용이다. 예를 들어 갑기합(甲己合)이 형성되는 것처럼, 인(寅)과 미(未)가 만나서 인미회(寅未會)가 형성되고, 인(寅)과 축(丑)이 만나서 인축회(寅丑會)가 형성된다. 갑(甲)에는 인(寅)이 들어있고, 기(己)에는 미(未)와 축(丑)이 들어있기 때문이다. 이런 식으로 간합에서 파생된 7가지 회(會)가 존재한다. 칠회(七會)는 다음과 같이 형성되어 있다.

갑기합(甲己合) → 인미회(寅未會)/인축회(寅丑會)

을경합(乙庚合) → 묘신회(卯申會)

병신합(丙辛合) → 오유회(午酉會)

정임합(丁壬合) → 자사회(子巳會)

무계합(戊癸合) → 진해회(辰亥會)/술해회(戌亥會)

합(合)이 한자 뜻 그대로 합치는 것이라면, 회(會)는 한자 뜻 그대로 모이는 것이다. 합(合)은 강한 접착력으로 서로 강하게 붙는 것이라면, 회

陰陽五行, 별과 그림자 그리고 다섯 원소

(會)는 강하지는 않지만 서로 모여서 가까이하는 것이라고 보면 된다.

사례 1 인미회(寅未會)

時	日	月	年
甲	己	壬	丁
戌	未	寅	巳

상기 사주는 월지 인(寅)과 일지 미(未)가 만나 인미회(寅未會)를 이루고 있다. 이런 경우 합(合)처럼 끈끈하지는 않지만, 합과 비슷하게 서로 모이는 작용을 한다.

사례 2 오유회(午酉會)

時	日	月	年
丙	乙	庚	甲
戌	酉	午	寅

상기 사주는 월지 오(午)와 일지 유(酉)가 만나 오유회(午酉會)를 이루고 있다. 이런 경우에도 역시 합(合)처럼 끈끈하지는 않지만, 합과 비슷하게 서로 모이는 작용을 한다.

02
형충파해(刑衝破害)

형(刑)

형(刑)이란 것은 상(傷)하게 하고 해치게 하는 것이다. 감옥에 갇혔을 때 죄수를 도망가지 못하게 날카로운 칼을 목이나 다리 쪽에 달아놓아 심하게 움직이면 잘라지거나 다치게 만드는 것이 바로 형틀이다. 즉, 상대방을 구속하고 다치게 하려는 목적으로 만든 것이다. 역학에서의 형(刑) 역시 상대방을 그렇게 다치게 하는 것을 말한다. 쉽게 말하면 형(刑)은 형벌을 내리는 것이다.

『삼명통회』의 설을 이야기해보면 다음과 같다. 『음부경(陰符經)』에 '삶이란 죽음의 뿌리요 죽음이란 삶의 뿌리라. 은혜는 해로움에서 생기고 해로움은 은혜에서 생기느니라. (生者 死之根 死者 生之根, 恩生于害 害生于恩 생자 사지근 사자 생지근, 은생우해 해생우은)'라는 본문이 있다. 이처럼 가장 나쁜 형살(刑殺)은 합(合)에서 생긴다고 주장한다. 아래 그림과 같다.

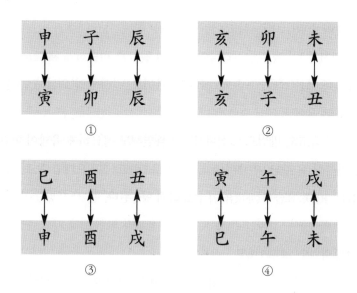

형(刑)의 잘못된 예

　①에서 위의 신자진(申子辰) 수국(水局)과 밑의 인묘진(寅卯辰) 목국(木局)의 관계는 서로 수생목(水生木)의 상생관계이다. ②의 해묘미(亥卯未) 목국(木局)과 해자축(亥子丑) 수국(水局)의 관계는 역시 수생목(水生木)의 상생관계이다. 물론 ①과 상하관계는 뒤바뀌어 있다. ③에서 위의 사유축(巳酉丑) 금국(金局)과 아래의 신유술(申酉戌) 금국(金局)은 서로 같은 금(金)으로 같은 오행이다. ④에서 위의 인오술(寅午戌) 화국(火局)과 사오미(巳午未) 화국(火局) 역시 같은 화(火)로 같은 오행이다. 문제는 이것이 어떤 것은 같은 오행이고 어떤 것은 상생(相生) 관계이고 그것도 어떨 때는 삼합(三合)이 방합(方合)을 생(生)하고 또 어떨 때는 방합(方合)이 삼합(三合)을 생하는 등 이런 부분의 이치가 일관성이 없고 개연성이 떨어져서 우

연의 일치로 딱 맞기는 해도 이것을 이치로 취할 수는 없다.

　합(合)을 할 때는 5수를 썼던 것처럼, 형(刑)은 4수를 쓴다. 5수는 동서남북 사방으로 찢어진 것을 하나로 합치는 상이지만, 4수는 동서남북 사방으로 찢어지는 상이다. 즉 5수는 합(合)의 수이고, 4수는 분(分)의 수이다. 인사신(寅巳申), 축술미(丑戌未), 자묘(子卯), 진진(辰辰), 오오(午午), 유유(酉酉), 해해(亥亥)의 형(刑)이 성립되는 것은 4수를 쓰기 때문이다.

　무릇 형(刑)의 시작부터 4칸씩 가는 것을 4번 하면 원래 자리로 되돌아오게 된다. 즉, 자(子)에서 시작하면 바로 자(子)로 돌아오게 된다. 그러니 4칸씩 가는 것을 3번 했을 때를 기준하여 그 중간에 오는 것을 충(沖)하는 것이 자형(自刑)이니, 곧 3번째 마지막에 만나는 것으로 두번째 형(刑)이 대(對)하여 충(沖)하는 지지(地支)가 자형(自刑)이다. 예컨대 인사신해(寅巳申亥)는 인(寅)부터 시작해 사(巳)를 지나, 신(申)까지 가서 다시 신(申)에서 해(亥)로 교(交)할 때 끝부분은 해(亥)를 말한다. 이 해(亥)는 2번째 충(沖)인 사(巳)와 충(沖)의 관계가 된다. 따라서 사(巳)가 해(亥)를 충(沖)하니 그 충(沖)을 받는 머리 부분은 해(亥)가 된다. 그래서 이 해(亥)가 자형(自刑)이 되는 것이다.

　일단 형(刑)은 4수이니 자(子)부터 시작하여 4개인 자(子), 축(丑), 인(寅), 묘(卯) 4개 지지를 기준으로 한다.

　자(子)는 양지(陽支)이니 순(順)방향으로 묘(卯)를 형(刑)한다. 묘(卯)는 오(午)를 형(刑)해야 하나, 오(午)는 자(子)를 충(沖)하니 묘(卯)는 오(午)를 형(刑)하지 못하고, 오(午)는 오(午)끼리 자형(自刑)이 되었다.

　축(丑)은 음지(陰支)이니 역(逆)방향으로 술(戌)을 형(刑)한다. 술(戌)은 미(未)를 형(刑)한다. 미(未)는 진(辰)을 형(刑)해야 하나, 진(辰)은 술(戌)과 충(沖)하니 미(未)가 진(辰)을 형(刑)하지 못하고, 진(辰)은 진(辰)끼리 자형(自刑)이 되었다.

인(寅)은 양지(陽支)이니 순(順)방향으로 사(巳)를 형(刑)한다. 사(巳)는 신(申)을 형(刑)한다. 신(申)은 해(亥)를 형(刑)해야 하나, 해(亥)는 사(巳)를 충(沖)하니 신(申)은 해(亥)를 형(刑)하지 못하고, 해(亥)는 해(亥)끼리 자형(自刑)이 되었다.

묘(卯)는 음지(陰支)이니 역(逆)방향으로 자(子)를 형(刑)한다. 자(子)는 유(酉)를 형(刑)해야 하나, 유(酉)는 묘(卯)를 충(沖)하니 자(子)는 유(酉)를 형(刑)하지 못하고, 유(酉)는 유(酉)끼리 자형(自刑)이 되었다. 이것이 진(辰)·해(亥)·오(午)·유(酉)가 자형(自刑)이 된 이유다.

그런데 왜 하필이면 두 번째에서 충(沖)이 되는 쪽을 자형(自刑)으로 하는 것일까? 형(刑)을 계산하는 방법은 십이지(支)를 둥글게 벌려놓되 축(丑)과 인(寅)을 아래로 향하게 하고 여기서부터 시작하여 두 개의 흐름으로 나눈다. 그 시작은 자축인묘(子丑寅卯)를 기준으로 하는데, 양지(陽支)인 자(子)와 인(寅)은 순행하고, 음지(陰支)인 축(丑)과 묘(卯)는 역행하여 4개의 간격을 띄우는 것이 형(刑)이다. 오행의 시작은 목(木)이니 인묘(寅卯)요, 지지(地支)의 시작은 자축(子丑)이다. 형살(刑殺)은 4수를 쓰는 것이니 이 4개의 지지(地支)에서 시작된다.

즉, 자(子)는 양(陽)이라 자(子)에서부터 순행 방향으로 4칸을 가면 묘(卯)이니 자(子)와 묘(卯)는 형(刑)이 된다. 인(寅)에서부터 순방향으로 4칸을 가면 사(巳)이니 인(寅)과 사(巳)는 형(刑)이 된다. 축(丑)은 음(陰)이라 축(丑)에서 역방향으로 4칸 가면 술(戌)이니 축(丑)과 술(戌)은 형(刑)이 된

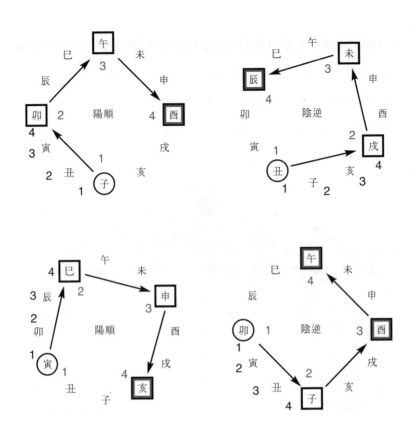

다. 다른 것도 다 마찬가지가 된다.

4는 금(金)이고 금(金)은 추살지기(秋殺之氣)를 의미하며 동시에 그 살기는 형(刑)으로 작용하게 된다. 그것이 형(刑)은 4칸을 띄우게 되는 이유이다. 예를 들어 우리나라에서 엘리베이터를 타면 보통 4층이 없는 경우를 많이 보았을 것이다. 그 이유는 전체 숫자 중에서 4라는 수가 살기를 의미하기 때문이다.

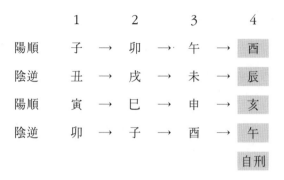

	1	2	3	4
陽順	子 →	卯 →	午 →	酉
陰逆	丑 →	戌 →	未 →	辰
陽順	寅 →	巳 →	申 →	亥
陰逆	卯 →	子 →	酉 →	午
				自刑

그런데 본인을 포함해서 4번째에 해당하는 것을 형살(刑殺)이라고 하고 그렇게 4칸씩 띄워서 본인을 포함해서 4번째를 움직이면 거기에 해당하는 것이 바로 자형(自刑)에 해당한다. 4칸씩 4번을 띄우니 4가 중첩되는지라 그 자리는 형살이 중첩된다고 보고 스스로만 있어도 자형(自刑)이 된다고 계산을 하는 것이다. 예를 들어 '년(年)의 지지(地支)가 진(辰)이고 월(月)의 지지 역시 진(辰)이면 진(辰)을 만나 자형(自刑)을 이룬다'가 되는 거다. 이렇게 하면 다음 그림처럼 된다.

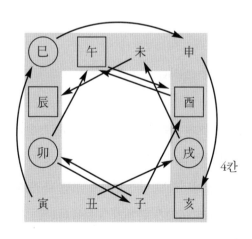

※ ○은 삼형(三刑) 중 가운데 글자. ○안의 글자가 충(冲)하는 것이 자형(自刑)이 된다. □안의 글자는 자형(自刑)이다.

진(辰), 오(午), 유(酉), 해(亥)는 자형(自刑)이 되니 그것을 4칸씩 가는 것에 제외하고 나머지를 계산한다면 우리가 아는 인사신(寅巳申), 축술미(丑戌未) 삼형(三刑)과 자묘(子卯) 상형(相刑)이 나온다. 자묘(子卯)와 묘자(卯子)는 서로 형(刑)하니 호형(互刑)이라고도 하고, 축술미(丑戌未), 인사신(寅巳申)은 붕형(朋刑)이라 한데 일러 삼형(三刑)이라고도 한다. 무릇 붕형(朋刑)에서 오직 축(丑)이 능히 술(戌)을 형(刑)하고 술(戌)이 능히 미(未)를 형(刑)하나 미(未)는 술(戌)을 형(刑)할 수가 없고 술(戌)은 축(丑)을 형(刑)할 수가 없으며 인(寅)은 능히 사(巳)를 형(刑)하고 사(巳)는 능히 신(申)을 형(刑)하나 신(申)은 사(巳)를 형(刑)할 수가 없고 사(巳)는 인(寅)을 형(刑)할 수가 없다. 즉 위의 도표를 볼 때 화살표 방향으로의 형(刑)은 가능하나 화살표의 반대 방향으로의 형(刑)은 불가능하다는 뜻이다. 육임(六壬)이라는 학문을 보면 복음과(伏吟課)에서는 인사신(寅巳申), 축술미(丑戌未)의 순서대로 삼전(三傳)을 전개시키는 내용이 나온다. 즉 반대 방향은 불가능하다는 이야기다.

인사신(寅巳申)을 은혜로움이 없는 무은지형(無恩之刑)이라 하고, 축술미(丑戌未)를 세력을 보존하는 지세지형(持勢之刑)이라 한다. 자묘(子卯)라는 상형(相刑)은 예의가 없는 무례지형(無禮之刑)이라 한다. 인사신(寅巳申)은 서로 다른 오행끼리 형살을 가하는 것이니 오행 상으로 보면 인(寅)과 사(巳)는 상생(相生)관계이고 사(巳)와 신(申)은 합(合)도 되는데도 불구하고 서로의 친분이나 사정을 봐주지 않고 형(刑)을 가한다고 하여 은혜도 모르는 형살이라고 한다.

축술미(丑戌未)는 같은 토(土)끼리의 형살이니 서로에게 형(刑)을 가하는 것은 맞지만 토(土)라는 오행의 형세(形勢)가 꺾이는 것은 아니므로 그 세력은 유지하기 때문에 세력을 보존하는 형살이라고 한다. 예를 들어 축술(丑戌)의 형(刑)이 사주 안에 있는데 만약 이 토(土)가 재물이라면 재물의 형살로 인한 소송, 분쟁 등의 흉함이 오기는 하지만 그렇다고 재물의 엄청난 손실이 오지는 않는다. 이것은 축술미(丑戌未) 삼형(三刑)이 세력은 유지하는 형살이기 때문이다. 인사신(寅巳申) 삼형(三刑)보다는 그런 면에서는 낫다고 봐야 할 것이다.

인사신(寅巳申)과 축술미(丑戌未)의 끝에서는 신(申)이 인(寅)을, 미(未)가 축(丑)을 충(冲)한다고 보아야지 형(刑)이라고 볼 수는 없다. 왜냐하면 숙살의 숫자인 4를 써야 형(刑)이라고 할 수 있는데, 신인(申寅)과 미축(未丑)은 4칸이 아니기 때문이다. 6칸이니 그냥 충(冲)이 된다.

자묘(子卯)의 상형(相刑)은 한쪽이 한 대를 때리면 다른 쪽도 참지 않고 한 대를 때리는 형국이라 서로 간의 예의가 없이 서로를 공격하면 이전투구(泥田鬪狗)가 되기 때문에 예의가 없는 형살이라고 한다. 형살(刑殺)을 가하는 양쪽이 다 피해를 보는 형살이다. 자묘(子卯)의 형(刑)이 아닌 다른 형살은 형살을 당하는 쪽만 안 좋아지는 것에 반해 자묘(子卯)의 상형(相刑)은 양쪽이 다 피해를 본다.

진(辰), 오(午), 유(酉), 해(亥) 자형(自刑)은 스스로 자만하다가 제 꾀에 제가 넘어가는 형살이다. 제가 저지른 행동이라 누구를 탓하지도 못하는 그러한 형살이다. 남이 자기를 얽어매는 것이 아니요, 스스로가 자신을 스스로 얽어맨 것이 특징이다. 모든 것은 자기 탓이요 남 탓을 할 이유가 전혀 없는 것이 바로 이 자형(自刑)이다. 똑똑한 사람이 이러한 자형(自刑)이 있는 경우가 많다. 자신의 능력을 너무 믿고 남의 말을 안 듣다가 스스로가 벌인 일에 어쩔 수 없이 말려 들어가게 된 것이다.

사례 인사신(寅巳申) 삼형(三刑)

時	日	月	年
壬	己	甲	癸
申	巳	寅	亥

사례 축술미(丑戌未) 삼형(三刑)

時	日	月	年
甲	乙	丙	辛
申	未	戌	丑

사례 자묘(子卯) 상형(相刑)

時	日	月	年
壬	癸	壬	辛
子	卯	辰	酉

사례 묘술합화(卯戌合火)

時	日	月	年
癸	壬	丁	辛
卯	戌	亥	亥

요약

1. 무은지형(無恩之刑): 인사신(寅巳申)
2. 지세지형(持勢之刑): 붕형(朋刑): 축술미(丑戌未)
3. 무례지형(無禮之刑): 상형(相刑): 자묘(子卯)
4. 자형(自刑): 진진(辰辰), 오오(午午), 유유(酉酉), 해해(亥亥)

충(沖)

지충(支沖)

앞에서 천간(天干)의 간합(干合)은 씨앗 하나를 제외하고서 5를 세어서 합(合)을 만들었고, 삼합(三合)은 양쪽의 지지를 다 넣어서 5를 세어서 삼합(三合)을 만들었다. 하지만 이 충(沖)은 양쪽을 다 제외하고 5를 센다.

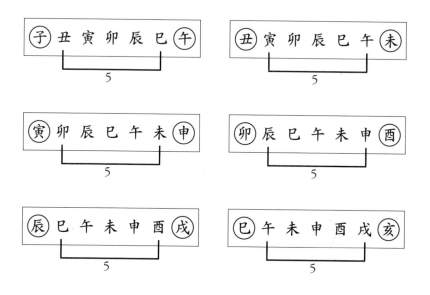

합(合) 안에 5가 들어가야 합(合)이 되는데 충(沖)에서 합(合)은 양극단의 숫자 안에만 있고, 충(沖)이 되는 본인들은 합(合)의 밖에 존재한다. 합(合)의 외(外)에 위치해 있기 때문에 합하지는 않는지라 합(合)의 반대로 충한다고 하여 충(沖)이라고 이름을 붙인 것이다. 양극단의 숫자를 비워놓고 안에만 5라는 숫자를 계산해서 만든 것이라 원래의 양극단은 비워놓고 내부의 5만 합(合)이 되므로 '비다'는 의미의 '빌 충(沖)'이 되는 것이다. 결국 충(衝)도 되고, 충(沖)도 된다.

사주에 충(沖)이 있으면 충돌이 일어난다. 대운이나 세운에서 충(沖)이 들어와도 그 시기에 충돌이 일어난다. 예를 들어 사주원국 내에 자(子)와 오(午)가 같이 있으면 충(沖)이고, 축(丑)과 미(未)가 같이 있어도 충(沖)이 며, 인(寅)과 신(申)이 같이 있으면 충(沖)이고, 묘(卯)와 유(酉)가 같이 있어 도 충(沖)이며, 진(辰)과 술(戌)이 같이 있으면 충(沖)이고, 사(巳)와 해(亥) 가 같이 있어도 충(沖)이 되는 것이다.

충(沖)의 거리도 영향이 있다. 연월, 월일, 일시 등에 충(沖)이 가까이 있 으면 충돌이 강하게 일어나고, 연과 시에 지지가 멀리 있으면 충돌이 미미 하고 늦게 발동한다.

충(沖)은 내부에 5라는 숫자가 있기 때문에 이 충돌로 인해서 무엇인가 가 만들어진다. 원래 이 5란 남녀의 합(合)으로 새로운 무엇인가를 만들어 내는 힘이 있다. 이 충(沖)을 통해서 한의학에서 말하는 육기(六氣)가 생성 된다고 한다. 육기는 기후 현상을 일으키는 6가지 기(氣)를 표현한 말로 바람(風), 추위(寒), 더위(暑), 습기(濕), 건조(燥), 뜨거움(火)으로 표현된 다. 이 개념을 사주학에서는 쓰지 않지만 한의학에서는 사용한다.

충 (沖)	자오 (子午)	축미 (丑未)	인신 (寅申)	묘유 (卯酉)	진술 (辰戌)	사해 (巳亥)
삼음삼양 (三陰三陽)	소음 (少陰)	태음 (太陰)	소양 (少陽)	양명 (陽明)	태양 (太陽)	궐음 (厥陰)
오행 (五行)	군화 (君火)	토 (土)	상화 (相火)	금 (金)	수 (水)	목 (木)
육기 (六氣)	서 (暑)	습 (濕)	화 (火)	조 (燥)	한 (寒)	풍 (風)

이렇게 새로운 오행(五行)과 육기(六氣)가 발생한다. 이것을 사주학에 적용해야 하는지에 대해서는 더 연구가 필요하다. 이 육기라는 것은 1년의 계절이 순서대로 돌아갈 때 들어오는 구체적인 기후의 특성을 말하는 것으로 일반적으로 계절이 돌아가는 순서대로 만들어놓은 것이다. 우리가 겪는 계절은 보통 겨울이 풀리고 찬 바람이 부는 꽃샘추위를 겪은 후 새싹이 피는 봄이 오는데, 이것이 풍(風)의 단계다. 그다음 날씨가 점점 더워져서 여름이 오는데, 이것이 열(熱)의 단계다. 여름이 오다가 장마철이 와서 비가 많이 오게 되는데, 이것이 습(濕)의 단계다. 그 장마가 끝나면 본격적인 찌는 무더위가 오게 되는데, 이것이 상화(相火)의 단계다. 무더운 여름이 지나면 하늘이 맑은 가을이 오게 되는데, 이것이 조(燥)의 단계다. 그다음에 추운 겨울이 오게 되는데, 이것이 한(寒)의 단계다.

풍목(風木) → 군화(君火) → 습토(濕土) → 상화(相火) → 조금(燥金)
→ 한수(寒水)

이러한 순서가 바로 육기(六氣)가 오는 순서이다. 여기서 한 가지 생각을 해봐야 하는 부분이 있다. 왜 육기(六氣)에서 쓰이는 용어인 삼음삼양(三陰三陽)이 사상(四象)의 용어인 태양, 태음, 소양, 소음과 흡사한지 말이다. 이 부분을 말하기 전에 한의학 최고 고전인『내경』의 구절을 한번 언급해보겠다.

황제가 가로되 "좋습니다. 원컨대 음양(陰陽)을 3개로 나누는 것이 어떻게 일컫는지 듣고 싶습니다."라고 하니 기백이 가로되 "기(氣)가 많고 적음이 다르게 쓰이는 것입니다."라고 하였다.

황제가 가로되 "양명(陽明)은 무엇을 말하는 것입니까?"라고 하니

기백이 가로되 "두 개의 양(陽)이 합하여 밝아지는 것입니다."라고 하였다.

황제가 가로되 "궐음(厥陰)은 무엇을 말하는 것입니까?"라고 하니

기백이 가로되 "두 개의 음(陰)이 교(交)하여 다하는 것입니다."라고 하
였다.[85]

삼음삼양(三陰三陽)에는 궐음(厥陰), 소음(少陰), 태음(太陰), 소양(少陽), 양명(陽明), 태양(太陽)이 있다. 그런데 이 질문을 잘 들여다보면 황제가 기백에게 태양, 태음, 소양, 소음에 대한 질문은 전혀 던지지 않고, 양명(陽明)과 궐음(厥陰)에 대한 질문만 던진다. 그 말은 태양, 태음, 소양, 소음은 이미 사상(四象)이기 때문에 본인이 알고 있는 개념이란 뜻이다. 그런데 사상에 나오지 않는 이상한 단어인 양명과 궐음이 등장했기 때문에 거기에 대해 기백에게 질문을 한 것이다. 이 구절이 의미하는 바는 삼음삼양(三陰三陽)은 사상(四象)에서 나온 것이라는 뜻도 된다. 여기서 참고로 우리가 공부하는 연월일시의 사주도 바로 이 사상에서 나온 것이다.

양명이 합해서 밝아지는 2개의 양은 태양(太陽)과 소양(少陽)이다. 두 개의 음(陰)이 교(交)하여 다하는 2개의 음은 소음(少陰)과 태음(太陰)이다. 즉, 사상끼리 서로의 관계에서 합(合)하고 교(交)하여 양명과 궐음이 만들어졌다는 뜻이다. 그래서 삼음삼양은 결국 사상에서 파생되어 나왔다고 봐도 무방하다 할 수 있을 것이다. 사상은 잘 알다시피 음양(陰陽)

---

85) 帝曰, 善. 願聞陰陽之三也何謂. 歧伯曰, 氣有多少異用也. 帝曰, 陽明何謂也? 歧伯曰, 兩陽合明也. 帝曰, 厥陰何謂也? 歧伯曰 兩陰交盡也. 『내경』「지진요대론(至眞要大論)」

에서 파생되어 나온 것이다. 결국 한의학에서 말하는 육기(六氣)의 삼음삼양 역시 음양에서 나온 것이다.

음양을 계절의 기후로 표시하면 한열(寒熱)이라 할 수 있을 것이다. 물질로 표현하면 가장 대표적인 것이 물(水)과 불(火)이다. 이 말은 육기라는 바람, 추위, 더위, 습함, 건조함, 뜨거움은 결국 추위(寒)와 더위(熱), 또는 물(水)과 불(火)의 변화된 모습에 지나지 않는다는 것이다. 예를 들어, 건조(燥)한 것은 열 때문에 말라서 건조해지거나 추위 때문에 겉에 있는 수분이 땅속으로 들어가서 건조해지거나 바람이 수분을 말리거나 아니면 물 자체가 부족해서 건조해지는 것이다. 결국 한열(寒熱) 또는 수화(水火)의 변화된 모습을 음(陰)과 양(陽) 각각 3단계로 나눠서 분석한 것이 육기임을 알아야 한다. 한의학의 『상한론(傷寒論)』을 공부하다 보면 이 한열(寒熱)의 움직임이 어떻게 경락(經絡)에 작용하는지 자세히 나온다.

이 육기는 크게 2개로 나뉘는데, 육기의 씨앗과 본격적인 육기가 그것이다. 예를 들어, 자오(子午) 소음군화(少陰君火)에서 오(午)는 본격적인 육기라서 실제로 기후가 뜨겁다. 하지만 자(子)는 열의 씨앗이므로 원래 씨앗은 열이 미미하다. 때문에 이때는 온도가 그리 뜨겁지 못하고 속에서만 뜨거운 기운이 피어오르기 시작하는 것이다. 이것을 도표로 표시해보겠다.

	소음군화 (少陰君火)	태음습토 (太陰濕土)	소양상화 (少陽相火)	양명조금 (陽明燥金)	태양한수 (太陽寒水)	궐음풍목 (厥陰風木)
본격적 육기	오(午)	미(未)	신(申)	유(酉)	술(戌)	해(亥)
씨앗 육기	자(子)	축(丑)	인(寅)	묘(卯)	진(辰)	사(巳)

이렇게 해서 지지의 충(沖)이 형성되면 무조건 이러한 육기가 형성된다. 육기가 형성이 되면 그에 따른 오행 역시 형성이 된다. 물론 육기끼리의 법칙이 따로 있기는 하지만 이러한 오행으로 분류해서 상생과 상극으로 돌아가기도 한다. 문제는 이 육기의 이치를 사주에 적용을 해야 하느냐 말아야 하느냐다. 이것은 매우 중요한 문제이다. 사실 한의학의 운기학(運氣學)에서는 이 육기를 무조건 다 적용한다. 예를 들어 올해가 병신년(丙申年)이면 인신(寅申) 소양상화(少陽相火)로 보아 무조건 1년을 주관하는 기운은 소양상화(少陽相火)로 본다. 육기가 들어오는 6단계 중 1년을 주관하는 기운은 3번째로 온다.

	1기(氣)	2기(氣)	3기(氣)	4기(氣)	5기(氣)	6기(氣)
지지	오(午)	미(未)	신(申)	유(酉)	술(戌)	해(亥)
객기 (客氣)	소음군화 (少陰君火)	태음습토 (太陰濕土)	소양상화 (少陽相火)	양명조금 (陽明燥金)	태양한수 (太陽寒水)	궐음풍목 (厥陰風木)

여기서는 분명 인(寅)과 신(申)의 충(沖)이 존재하는데도 불구하고 무조건 소양상화(少陽相火)를 적용하고 있다.

이 충(沖)으로 생긴 오행과 육기(六氣)는 간합(干合)과 마찬가지로 지구에서 발생한 육기로 인해서 발생한 것이기 때문에 사주 자체를 우주의 축소판으로 보는 관점에서 생각한다면 다 적용된다고 볼 수는 없다. 다만 사주 내에 충(沖)이 존재할 때만 해석할 수 있을 것이다. 그리고 이러한 개념은 혹 후대의 조후용신(調候用神)을 잡을 때 사용할 수 있을 것이다.

여기서 조후용신은 사주의 온도와 기후를 기준으로 용신을 잡는다는 이론이다. 우리가 기존에 알고 있던 조후용신은 어떤 의미에서는 미완성이라고 볼 수도 있다. 현재 사주에서의 조후용신은 전체 육기에서 한(寒), 열(熱), 조(燥), 습(濕) 4개만 가지고 이야기하기 때문이다. 한의학의 오운육기(五運六氣)의 개념을 빼고 조후용산을 논하는 게 맞는 것인지 의문이 든다.

사례 1

時	日	月	年
己	己	辛	辛
巳	未	丑	亥

상기 사주는 월지 축(丑)과 일지 미(未)가 만나 축미충(丑未沖)을 이루고 있다. 연지 해(亥)와 시지 사(巳)도 간격이 길긴 하지만, 사해충(巳亥沖)을 형성하고 있다. 충(沖)의 간격이 길면 영향력이 감소한다.

사례 2

時	日	月	年
丙	癸	戊	庚
辰	未	寅	申

상기 사주는 연지 신(申)과 월지 인(寅)이 만나 인신충(寅申沖)을 이루고 있다.

冲	子午	丑未	寅申	卯酉	辰戌	巳亥
三陰三陽	少陰	太陰	少陽	陽明	太陽	厥陰
五行	君火	土	相火	金	水	木
六氣	暑	濕	火	燥	寒	風

	少陰君火	太陰濕土	少陽相火	陽明燥金	太陽寒水	厥陰風木
본격적 六氣	午	未	申	酉	戌	亥
씨앗 六氣	子	丑	寅	卯	辰	巳

파(破)

10이란 숫자는 완전한 숫자이다. 기독교에서는 하느님의 숫자라고 할 정도로 모든 것을 갖춘 숫자라고 본다. 1+2+3+4=10이니 생수(生數)의 사상(四象) 숫자를 다 더해서 나오는 숫자로 가장 완벽한 숫자라고 할 수 있다. 그래서 모든 것을 다 갖추었다고 한다. 그런데 바꾸어 말해서 모든 것을 다 갖춘 것은 어찌 보면 아무것도 가지지 않았다고 할 수도 있다. 그래서 10=0이라고 동양의 상수(象數)철학에서는 이야기한다. 원래 있던 것이 0화(化) 되어 없어진다는 것은 그것이 망가졌기 때문이다. 쉽게 말해서 무언가를 다하면 끝나는 법이다. 10은 다하는 것이고, 0은 없어지는 것인데, 10이 되면 0이 되는 것과 같은 것이다. 있던 것이 없어졌다는 의미는 부서졌기 때문이라고 보고 파(破)라는 개념이 생겼다고 본다.

앞에서 말한 형(刑)은 4로 움직였지만, 이 파(破)는 10으로 움직인다. 양(陽)에 해당하는 지지(地支)는 오른쪽으로, 음(陰)에 해당하는 지지는 왼쪽으로 움직이는 것이다. 양(陽)인 자(子)에서부터 10을 세면 유(酉)가 나온다. 반대로 음(陰)인 유(酉)에서부터 10을 거꾸로 세면 자(子)가 나온다. 이 둘은 서로 파(破)의 관계가 되는 것이다.

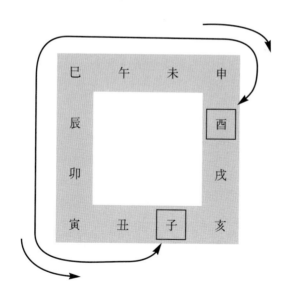

파(破)는 다음과 같이 여섯 가지가 있다.

자유파(子酉破)

축진파(丑辰破)

인해파(寅亥破)

묘오파(卯午破)

사신파(巳申破)

술미파(戌未破)

파(破)가 형(刑)이나 충(冲)과 겹치게 되면 형(刑)이나 충(冲)을 당해서 깨져서 없어지게 된다는 것을 의미한다. 때문에 이 2개에서 3개가 겹치면 굉장히 좋지 못한 것으로 본다. 물론 나쁜 자리가 형(刑), 충(冲), 파(破)가 되면 오히려 전화위복이 된다.

우리가 여기에서 형(刑), 충(冲), 파(破)의 의미를 정확히 알 필요가 있다. 형(刑)은 응징할 목적으로 형벌을 내리는 것이다. 충(冲)은 부딪치고 충돌하는 것이다. 파(破)는 상대를 깨뜨리고 손괴를 입히는 것이다. 형(刑), 충(冲), 파(破)에 대해 그냥 안 좋은 것이라고 뭉쳐서 생각하는 경향이 있는데, 분명 기능이 각기 다르다는 걸 알아야 한다.

사례 자유파(子酉破)

時	日	月	年
戊	己	壬	癸
辰	未	子	酉

사례 축진파(丑辰破)

時	日	月	年
庚	乙	庚	辛
辰	丑	寅	亥

사례 인해파(寅亥破)

時	日	月	年
甲	癸	壬	辛
寅	亥	辰	酉

사례 묘오파(卯午破)

時	日	月	年
癸	壬	丁	丙
卯	戌	亥	午

사례 사신파(巳申破)

時	日	月	年
乙	壬	戊	辛
巳	申	子	未

사례 술미파(戌未破)

時	日	月	年
庚	乙	庚	辛
戌	未	子	亥

해(害)

　여섯 개의 해(害)란 자(子)와 미(未)가 서로 친하지 않고, 축(丑)이 오(午)에 해를 끼치며 인(寅)과 사(巳)가 화를 내고 묘(卯)는 진(辰)에 해를 끼치며 신(申)이 해(亥)에 해를 끼치고 유(酉)와 술(戌)이 서로 만나면 도리어 (해를 끼침이) 깊어짐을 보게 된다.[86]

　해(害)는 방해(妨害)를 한다는 의미가 있다. 역학에서의 해(害)란 지지(地支)의 합(合)을 방해한다는 의미로 사용된다. 지합(支合)이라고 두 개의 지

---

86) 子未不相親, 丑害午兮寅自嗔, 卯害辰兮申害亥, 酉戌相逢轉見深. 『명리정종(命理正宗)』.

지(地支)끼리의 합(合)이 있는데 그것을 충(沖)으로 깨서 한쪽을 튕겨 나가게 만든다는 의미에서 방해의 '害'를 써서 해(害)라고 표현한다.

예를 들어, 자축(子丑)이 합(合)인데 자(子)와 오(午)는 충(沖)이 된다. 그러면 오(午)는 축(丑)이 자(子)와 합(合)이 되려는 것을 방해하니 오(午)와 축(丑)은 해(害)의 관계가 형성된다. 마찬가지로 자(子)와 축(丑)이 합(合)이 되려는데 미(未)가 축(丑)을 충(沖)하여 튕겨 나가게 하여 자(子)와 축(丑)의 합(合)을 방해하니 미(未)는 자(子)와 해(害)의 관계가 된다. 다음 도식과 같다.

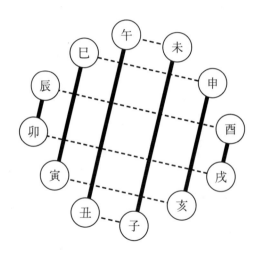

도식을 보면, 해(害)는 다음과 같이 여섯 가지로 정리된다.

자미해(子未害)

축오해(丑午害)

인사해(寅巳害)

묘진해(卯辰害)

신해해(申亥害)

유술해(酉戌害)

해(害)는 합(合)이 있을 때만 발동한다고 본다. 왜냐하면 해(害)는 방해
한다는 의미인데, 이는 방해할 대상이 있어야만 해(害)의 의미가 있기 때문
이다. 방해할 존재가 없는데 방해할 수는 없는 노릇이다. 그래서 합(合)이
있을 때만 발동한다는 것이다. 즉, 다른 사람들이 서로 합(合)하는 것을
훼방 놓는다는 뜻이다. 사촌이 논을 사면 배가 아파하는 것처럼 말이다.

사례 자미해(子未害)

時	日	月	年
壬	己	壬	癸
子	未	子	丑

자축합(子丑合)이 있는 상황에서 합(合)을 방해하는 자미해(子未害)가
형성되었다. 이런 경우는 해(害)에 의해 훼방을 받아 합(合)이 풀린다.

사례 축오해(丑午害)

時	日	月	年
甲	乙	甲	辛
申	未	午	丑

오미합(午未合)이 있는 상황에서 합(合)을 방해하는 축오해(丑午害)가 형
성되었다. 이런 경우는 해(害)에 의해 훼방을 받아 합(合)이 풀린다.

사례 인사해(寅巳害)

時	日	月	年
壬	癸	庚	辛
子	巳	寅	亥

인해합(寅亥合)이 있는 상황에서 합(合)을 방해하는 인사해(寅巳害)가 형성되었다. 이런 경우는 해(害)에 의해 훼방을 받아 합(合)이 풀린다.

사례 묘진해(卯辰害)

時	日	月	年
癸	壬	辛	丙
卯	辰	卯	戌

묘술합(卯戌合)이 있는 상황에서 합(合)을 방해하는 묘진해(卯辰害)가 형성되었다. 이런 경우는 해(害)에 의해 훼방을 받아 합(合)이 풀린다.

사례 신해해(申亥害)

時	日	月	年
壬	己	甲	癸
申	巳	寅	亥

인해합(寅亥合)이 있는 상황에서 합(合)을 방해하는 신해해(申亥害)가 형성되었다. 이런 경우는 해(害)에 의해 훼방을 받아 합(合)이 풀린다.

사례 유술해(酉戌害)

時	日	月	年
甲	乙	丙	辛
申	卯	戌	酉

묘술합(卯戌合)이 있는 상황에서 합(合)을 방해하는 유술해(酉戌害)가
형성되었다. 이런 경우는 해(害)에 의해 훼방을 받아 합(合)이 풀린다.

03

공망(空亡)

　공망은 십간과 십이지의 개수 차이에서 생기는 개념이다. 우리는 십간과 십이지를 서로 짝을 지어서 사용하는데, 이때 십간이 갑(甲)으로 시작해서 계(癸)로 끝날 때까지 그 십간과 짝이 되지 못하고 남아도는 2개의 지지(地支)를 공망이라고 한다.

　예를 들어, 갑(甲)이 자(子)와 짝이 되면, 갑자(甲子), 을축(乙丑), 병인(丙寅), 정묘(丁卯), 무진(戊辰), 기사(己巳), 경오(庚午), 신미(辛未), 임신(壬申), 계유(癸酉) 이렇게 순서가 되는데, 마지막 계(癸)는 유(酉)와 짝이 되어 있다. 즉 12개의 지지(地支) 중 술(戌)과 해(亥)는 갑자(甲子)로 시작하는 그룹에서 짝을 짓지 못했으니 공망이 된 것이다. 만약 갑술(甲戌)로 시작하는 그룹이라면, 갑술(甲戌), 을해(乙亥) … 계미(癸未) 이렇게 순서가 되고, 12개의 지지(地支) 중 신(申)과 유(酉)는 갑술(甲戌)로 시작하는 그룹에서 짝을 짓지 못했으니 공망이 된 것이다. 갑신(甲申), 갑오(甲午), 갑진(甲辰), 갑인(甲寅)으로 시작하는 그룹도 마찬가지로 공망을 계산하면 된다.

공망이라는 것은 이렇게 '비어서 없다'는 것을 의미한다.

참고로 공망을 한자로 쓰면 '空亡'이다. '亡'은 '망하다, 죽다, 달아나다'의 뜻일 때는 '망'으로 읽고, '없다'의 뜻일 때는 '무'로 읽는다. 위 설명처럼 亡이 '없다'의 뜻이라면 '공무'로 읽는 것도 가능할 것이다.

갑자(甲子), 을축(乙丑), 병인(丙寅), 정묘(丁卯), 무진(戊辰), 기사(己巳), 경오(庚午), 신미(辛未), 임신(壬申), 계유(癸酉) 이 10개를 갑자순(甲子旬)이라고 부른다. 여기서 순(旬)은 열, 열흘, 십 년을 뜻한다. 그래서 갑자순(甲子旬)이라고 하면 갑자(甲子)로 시작해서 계유(癸酉)로 끝나는 10개의 간지(干支)를 말한다. 또 갑술순(甲戌旬)이라고 하면 갑술(甲戌)로 시작해서 계미(癸未)로 끝나는 10개의 간지(干支)를 말한다. 갑신순(甲申旬), 갑오순(甲午旬), 갑진순(甲辰旬), 갑인순(甲寅旬)도 각각 해당하는 10개의 간지(干支)를 부르는 이름이다. 이렇게 총 6개의 순(旬)이 있다. 각 순(旬)마다 해당하는 공망이 있는데 아래 표와 같다.

갑자순 (甲子旬)	甲子	乙丑	丙寅	丁卯	戊辰	己巳	庚午	辛未	壬申	癸酉	공망(空亡)	
											戌	亥
갑술순 (甲戌旬)	甲戌	乙亥	丙子	丁丑	戊寅	己卯	庚辰	辛巳	壬午	癸未	공망(空亡)	
											申	酉
갑신순 (甲申旬)	甲申	乙酉	丙戌	丁亥	戊子	己丑	庚寅	辛卯	壬辰	癸巳	공망(空亡)	
											午	未
갑오순 (甲午旬)	甲午	乙未	丙申	丁酉	戊戌	己亥	庚子	辛丑	壬寅	癸卯	공망(空亡)	
											辰	巳
갑진순 (甲辰旬)	甲辰	乙巳	丙午	丁未	戊申	己酉	庚戌	辛亥	壬子	癸丑	공망(空亡)	
											寅	卯
갑인순 (甲寅旬)	甲寅	乙卯	丙辰	丁巳	戊午	己未	庚申	辛酉	壬戌	癸亥	공망(空亡)	
											子	丑

그렇다면 공망(空亡)의 의미는 무엇일까. 그리고 연월일시(年月日時) 중 무엇을 기준으로 공망을 판단해야 할까. 공망을 한마디로 표현하면 '하늘과 땅의 엇박자'다. 하늘인 천간(天干)은 10개인데, 땅인 지지(地支)는 12개다. 그래서 하늘은 이미 한 바퀴를 돌았는데 땅은 아직 덜 돌아서 2개가 남는 것이다. 그 남은 것이 하늘과 땅의 엇박자며 공망(空亡)이다. 다시 말하면 천간과 지지가 순서대로 짝이 지어지다가 마지막 2개의 순서는 왔지만 짝이 없게 되는 것이다. 바로 이 부분이 중요하다.

만물이 형체를 이루고 생명을 가지게 되는 것은 반드시 하늘과 땅의 조합이 있어야 가능한 것이다. 그리고 그 조합 비율에 따라 만물의 생긴 모습과 움직임이 달라진다. 우리가 하늘과 땅을 보면 하늘은 태양도 달도 별도 잠시도 쉬지 않고 움직이고 있고, 땅은 이곳저곳 구역이 나누어져 있고 형체를 가지고 있다. 즉 하늘은 움직임으로, 땅은 형체로 그 개념을 대표할 수 있다. 만약 하늘이 없이 땅만 있다면 움직임이 없이 형체만 있는 것이니 생명력이 없는 흙이나 돌과 같은 것이다. 즉 공망은 천간(天干)과 짝이 되지 못한 지지(地支)이기 때문에 생명력이 없는 흙이나 돌과 같은 존재인 것이다.

참고로 만약 생명력이 없는 것을 죽어 있는 것이라고 표현한다면, '亡'은 '죽다'는 의미로 쓰인 것이니 '망'으로 읽을 수도 있다. 즉 '空亡'은 앞에서처럼 '없다'는 의미로 '공무'로 읽을 수도 있고, '죽다'는 의미로 '공망'으로 읽을 수도 있다. 그러니 공무나 공망 어느 것으로 읽어도 될 것이다.

흙이나 돌은 혼자서는 움직일 수가 없다. 외부에서 어떤 힘이 작용해야만 움직일 수가 있다. 만약 움직임이 없던 돌에 외부에서 어떤 힘이 작용해서 움직임이 발생했다면, 형체에 움직임이 발생한 것이니 그 잠깐은 하늘과 땅의 조합이 이루어진 것이다.

　　기백이 가로되 "무릇 사람은 땅에서 생하나 명(命)은 하늘에 달려있
　　나니 하늘과 땅이 기(氣)를 합하면 명(命)하여 가로되 '사람'이라 합니
　　다."라고 하였다.[87]

　즉 사람은 하늘과 땅의 합작품이라는 것이다. 그런데 먼저 알아야 할
것이 있다. 여기에서 말하는 '사람'은 살아 있는 모든 생명체를 대표해서
한 말이다. 불교에서 말하는 중생의 개념이다. 사람만을 지칭한다고 오
해하면 안 된다.

　공망은 땅만 있고 하늘은 없는 것이니까 눈에 보이는 것만 있고 생명은
없는 것이다. 만약 사주 내에 공망이 있다면, 그 공망 혼자서는 어떤 작
용도 할 수 없는 것이다. 바위를 예로 든다면 산길 모퉁이에 바위가 있었
는데, 내가 걷던 중 딴생각을 하다가 그 바위에 부딪혀 넘어졌다면 이것
은 나의 실수로 넘어진 것이지 바위가 나를 넘어지게 한 것이 아니다. 즉
바위가 나에게 의도적으로 좋은 일을 하거나 나쁜 짓을 할 수가 없다. 이
렇게 길가의 바위처럼 아무것도 아닌 것이 공망이다.

　만약 내가 힘들 때마다 항상 위로해 주고 힘이 되어 주던 친구가 있었는
데, 외국 사람과 결혼해서 외국으로 간 이후로 연락조차 잘 되지 않는다
면, 그 친구는 더이상 나에게 위로도 안 되고 힘도 안 되게 되어 버린 것이
다. 즉 친구가 옆에 있을 때보다는 내가 조금 나빠졌다고 볼 수 있다. 사

---

87) 歧伯曰, 夫人生於地, 懸命於天, 天地合氣, 命之曰人. 『내경』 「보명전형론(寶命全形論)」.

주로 본다면 이것은 나에게 좋게 작용하던 길신(吉神)이 공망이 된 것이다.

또 만약 나를 괴롭히던 직장 상사가 있었는데 회사 내의 어떤 사정으로 인해 다른 부서로 발령을 받아서 다시 볼 일이 없어졌다면, 그 상사는 더 이상 나를 괴롭힐 수 없게 되어버린 것이다. 즉 그 상사가 있을 때보다는 내가 조금 좋아졌다고 볼 수 있다. 사주로 본다면 이것은 나에게 나쁘게 작용하던 흉신(凶神)이 공망이 된 것이다.

쉽게 생각하면 공망이라는 것은 활력을 잃어서 나에게 어떠한 작용도 할 수 없게 된 것을 말한다. 좋은 것이 활력을 잃으면 이전보다는 오히려 나빠지게 되고, 나쁜 것이 활력을 잃으면 이전보다는 오히려 좋아지게 되는 것이다.

사주 내의 지지(地支)가 각각 생명을 가지고 있다고 가정하면, 공망이 된 지지는 무생물이 되어버리는 것이다. 우리에 갇혀 있는 사자와 같고, 그림 안에 있는 떡과 같은 것이다.

여기서 중요한 것은 두 가지이다. 년(年)을 중심으로 공망을 볼 것이냐, 아니면 일(日)을 중심으로 공망을 볼 것이냐, 이 두 가지 문제가 생기게 된다. 이것이 문제가 되는 이유는 실제로 서자평이라는 분이 사주학에서 처음으로 '나'를 일간(日干)으로 만들었다. 그 때문에 그 이후로 공망 역시 일(日)을 중심으로 보아야 한다는 이론이 나오게 되었다. 그전에는 일간만이 아니라 년간을 더 중요시하게 여긴 경우도 있었지만, 서자평 이후로는 일간이 가장 중요하게 되었다. 예를 들어보겠다.

時	日	月	年
壬申	甲戌	壬辰	丙申
日空		年空	日空

이 도표에서 말하는 년공(年空, 년주(年柱)의 공망)이란 년(年)을 위주로 한 순에서 말하는 공망이고, 일공(日空)이란 일(日)을 위주로 한 순에서 말하는 공망이다. 여기서는 병신년(丙申年)이니 갑오순(甲午旬)이라 진사(辰巳)가 공망이 되어 월(月)만 공망이 된다. 갑술일(甲戌日)을 위주로 공망을 따지면 신유(申酉) 공망(空亡)이니 년(年)의 병신(丙申)과 시(時)의 임신(壬申)이 공망이 된다. 어느 쪽을 위주로 볼지에 따라 공망은 완전히 달라지는데 과연 년(年)을 위주로 볼 것인지 일(日)을 위주로 볼 것인지를 심각하게 생각하지 않을 수가 없다. 일단 공망에서 말하는 순(旬)을 위주로 내 사주를 본다는 것은 나의 운명이 어떤 패턴 내에서 왔다 갔다 한다는 것을 의미한다. 즉, 내 사주가 갑오순(甲午旬)이라면 내 운명은 갑오순(甲午旬)이라는 패턴 안에서 왔다 갔다 한다는 것이다. 그 패턴을 벗어난 패턴은 내 운명에서 올 확률이 그다지 높지 않다는 것을 의미하기도 한다.

이것은 그 사람의 성격과 행동반경이 어느 정도 윤곽이 있다는 것을 의미하기도 한다. 일간을 중심으로 볼 때는 나의 자율적인 의지를 강조한 것이고, 년간을 중심으로 볼 때는 나에게 정해져 내려온 조상 또는 전생의 업보를 의미하는 것이다. 내가 어느 순중(旬中)에 속하느냐가 나의 삶의 어떤 패턴을 의미하는 것이라면 당연히 년간(年干)을 위주로 공망을 봐야 바뀌지 않는 나의 패턴을 알 수 있는 것이라 할 것이다. 내가 아무리 성형을 하고 노력을 하고 해봤자 내가 부모님 자식이라는 사실은 변하지 않는다. 마찬가지로 콩을 아무리 잘 가꿔봤자 콩이 수박이 되지는 않는다는 것이다. 따라서 변하지 않는 삶의 패턴을 순중(旬中)으로 보고 그 순중(旬中)에서 벗어난 것을 공망으로 보려면 당연히 년간(年干)을 위주로 공망을 보는 것이 맞을 것이다. 위의 예에서 말하는 사주에 따르면 년간(年干)을 위주로 보았을 때 월(月)이 공망을 맞은 상태이다. 즉, 조상과 나와 부인과 자식은 내 패턴 안으로 들어와 있다는 것을 의미한다. 하지만 월(月)에 해당하는 부모님은 내 패턴 안으로 들어와 있지 않다. 이 사주에서는 충(冲)이 있기 때문에 공망이 깨졌으므로 월(月)이 나에게 어느 정도의 작용을 한다고 할 수 있지만 형충파해(刑冲破害), 합(合)이 없는 상태에서 부모 자리가 공망이 된다면 고아가 되거나 아니면 남 같은 부모가 될 것이다.

다른 자리 역시 마찬가지다. 재물의 공망이 확실히 이루어지면 나한테서 돈은 눈을 씻고 봐도 안 들어온다. 들어왔다 싶으면 어느새 사기당해서 나가거나 도둑맞거나 할 테고 말이다. 그런 분들은 차라리 돈이 들어올 때 고아들을 돕는다든지 힘든 학생에게 장학금을 지원한다든지 하는 일들을 꾸준히 하면 오히려 돈이 덜 새어나가게 된다.

요약

갑자순 (甲子旬)	甲 子	乙 丑	丙 寅	丁 卯	戊 辰	己 巳	庚 午	辛 未	壬 申	癸 酉	공망(空亡) 戌　亥
갑술순 (甲戌旬)	甲 戌	乙 亥	丙 子	丁 丑	戊 寅	己 卯	庚 辰	辛 巳	壬 午	癸 未	공망(空亡) 申　酉
갑신순 (甲申旬)	甲 申	乙 酉	丙 戌	丁 亥	戊 子	己 丑	庚 寅	辛 卯	壬 辰	癸 巳	공망(空亡) 午　未
갑오순 (甲午旬)	甲 午	乙 未	丙 申	丁 酉	戊 戌	己 亥	庚 子	辛 丑	壬 寅	癸 卯	공망(空亡) 辰　巳
갑진순 (甲辰旬)	甲 辰	乙 巳	丙 午	丁 未	戊 申	己 酉	庚 戌	辛 亥	壬 子	癸 丑	공망(空亡) 寅　卯
갑인순 (甲寅旬)	甲 寅	乙 卯	丙 辰	丁 巳	戊 午	己 未	庚 申	辛 酉	壬 戌	癸 亥	공망(空亡) 子　丑

V

열두 단계의 인생역정

01

12포태(胞胎)의 의미

　한의학에서 십간(干)은 오운(五運)을 만들어내고 오운(五運)은 만물의 생명에 깃들어서 그 생명의 흐름을 주관한다. 그래서 털 나는 육지동물 모충(毛蟲), 나는 새 비충(飛蟲), 사람처럼 직립이 가능한 나충(倮蟲), 외골격으로 껍질이 단단한 개충(介蟲), 물고기같이 비늘이 있는 린충(鱗蟲)으로 나누게 된다. 이런 생물들은 다음과 같은 12단계를 거친다.

　　어머니 난자의 상태는 포(胞).

　　임신이 된 상태는 태(胎).

　　태아 상태에서 어머니의 배 속 양수 속에서 기르는 상태는 양(養).

　　출산으로 태어난 상태는 생(生).

　　양수(羊水)가 깨끗이 씻어진 아기의 상태는 욕(浴).

　　머리카락과 털이 자라서 몸을 보호할 정도가 되어 옷을 입을 수 있을

　　상태는 대(帶).

차츰 자기 앞가림을 할 수 있을 상태는 관(冠).

가장 왕성한 활동력으로 사회활동을 할 수 있는 상태는 왕(旺).

그 정점에 이르러 쇠퇴하기 시작하는 상태는 쇠(衰).

쇠함이 가속화되어 병이 드는 상태는 병(病).

병들어 죽은 상태는 사(死).

죽어서 땅속에 들어가게 된 상태는 장(葬).

이러한 12가지 생명의 삶의 과정과 같은 10간의 변화를 12포태(胞胎), 또는 12운성(運星)이라고 한다.

02
12포태(胞胎)의 종류

　시중에 많이 돌고 있는 12포태에 관한 의견은 크게 2가지가 있다. 음(陰)에 해당하는 천간(天干)과 양(陽)에 해당하는 천간의 12포태 변화를 반대로 할 것인가 똑같이 할 것인가이다. 그것에 따라 이론의 적용도 달라질 수밖에 없다. 먼저 가장 많이 쓰이는 12포태법을 이야기해보겠다.

기존의 12포태법

화토동포(火土同胞)로 풀어낸 12포태

	갑(甲)	을(乙)	병(丙)	정(丁)	무(戊)	기(己)	경(庚)	신(辛)	임(壬)	계(癸)
포(胞)	申	酉	亥	子	亥	子	寅	卯	巳	午
태(胎)	酉	申	子	亥	子	亥	卯	寅	午	巳
양(養)	戌	未	丑	戌	丑	戌	辰	丑	未	辰
생(生)	亥	午	寅	酉	寅	酉	巳	子	申	卯
욕(浴)	子	巳	卯	申	卯	申	午	亥	酉	寅
대(帶)	丑	辰	辰	未	辰	未	未	戌	戌	丑
록(綠)	寅	卯	巳	午	巳	午	申	酉	亥	子
왕(旺)	卯	寅	午	巳	午	巳	酉	申	子	亥
쇠(衰)	辰	丑	未	辰	未	辰	戌	未	丑	戌
병(病)	巳	子	申	卯	申	卯	亥	午	寅	酉
사(死)	午	亥	酉	寅	酉	寅	子	巳	卯	申
묘(墓)	未	戌	戌	丑	戌	丑	丑	辰	辰	未

『화토동포(火土同胞)』

예)　　壬 癸 己 戊

　　　　戌 酉 未 午

　　　　衰 病 墓 胞

계(癸) 일간을 기준으로 본 것이다. 12포태로 봤을 때 연지 오(午)는 포(胞)에 해당하고, 월지 미(未)는 묘(墓)에 해당하고, 일지 유(酉)는 병(病)에 해당하고, 시지 술(戌)은 쇠(衰)에 해당한다.

예)　壬 庚 丙 己
　　　午 辰 寅 巳
　　　浴 養 胞 生

경(庚) 일간을 기준으로 본 것이다. 12포태로 봤을 때 연지 사(巳)는 생(生)에 해당하고, 월지 인(寅)은 포(胞)에 해당하고, 일지 진(辰)은 양(養)에 해당하고, 시지 오(午)는 욕(浴)에 해당한다.

천간의 음양에 따른 12포태 흐름

이 도표를 보면 천간의 음양에 따라 12포태가 십이지지에 서로 반대 방향으로 배치되어 있다는 것을 알 수 있다. 다음 그림을 보자.

 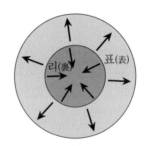

[그림 1]　　　　　　　　　　　　[그림 2]

천간의 음양은 그림처럼 겉(表)과 속(裏)의 관계라고 할 수 있다. 예를 들어 갑(甲)은 목(木)의 겉이고, 을(乙)은 목(木)의 속이라고 할 수 있다. 음(陰)인 천간은 속, 양(陽)인 천간은 겉이다. 만약 겉(表)과 속(裏)의 에너지가 서로 반대로 가지 않고, 서로 같은 방향으로 간다고 가정해보자. 만약 두 에너지가 다 안으로 흐른다면 아마도 블랙홀처럼 쭈그러들어 형체조차 사라져버릴 것이다. 만약 두 에너지가 다 밖으로 흐른다면 겉과 속의 기(氣)가 흩어져서 존재조차 사라져버릴 것이다. 위의 그림처럼 겉과 속의 흐름이 정반대가 되어야 그 형태가 유지되게 된다. 때문에 위의 도표처럼 12포태 역시 그 흐름이 정반대가 되어야 맞는 것이다.

12포태와 오장육부의 흐름

원래 한의학에서 음(陰)에 해당하는 경락은 오장(五臟)에 해당하는 속(裏)이고, 양(陽)에 해당하는 경락은 육부(六腑)에 해당하는 겉(表)이라고 본다. 오장은 간심비폐신(肝心脾肺腎)으로 주로 진액(津液)과 혈(血) 등 우리 몸에 좋은 것들이 내부에서 이동하고 있다. 육부는 쓸개, 소장, 위, 대장, 방광, 삼초(三焦)인데, 쓸개를 제외한다면 주로 형체가 있는 음식물과 그 노폐물 등이 내부에서 이동하고 있다. 이것이 바로 겉과 속의 음양이다.

> 족태양방광(足太陽膀胱)과 족소음신(足少陰腎) 경맥은 겉과 속(表裏)이 되고, 족소양담(足少陽膽)과 족궐음간(足厥陰肝) 경맥은 겉과 속이 되며, 족양명위(足陽明胃)와 족태음비(足太陰脾) 경맥은 겉과 속이 되나니 이것은 발에 있는 경맥의 음양이다. [88]

> 수태양소장(手太陽小腸)과 수소음심경맥(手少陰心經脈)은 겉과 속(表裏)이 되고, 수소양삼초(手少陽三焦)와 수궐음심주경맥(手厥陰心主經脈)

---

[88] 足太陽與少陰爲表裏, 少陽與厥陰爲表裏, 陽明與太陰爲表裏, 是爲足陰陽也. 『내경』「혈기형지편(血氣形志篇)」.

은 겉과 속이 되며, 수양명대장(手陽明大腸)과 수태음폐경맥(手太陰肺經脈)은 겉과 속이 되나니 이것은 손에 있는 경맥(經脈)의 음양(陰陽)이다. [89]

표(表)	담경맥 (膽經脈)	소장경맥 (小腸經脈)	삼초경맥 (三焦經脈)	위경맥 (胃經脈)	태양경맥 (大腸經脈)	방광경맥 (膀胱經脈)
리(裏)	간경맥 (肝經脈)	심경맥 (心經脈)	심포경맥 (心包經脈)	비경맥 (脾經脈)	폐경맥 (肺經脈)	신경맥 (腎經脈)

이것을 도표로 만들어 보면 위와 같다. 여기서 중요한 것은 이 표리(表裏)관계란 것은 오장육부(五臟六腑) 위치의 표리가 아니라 경락(經絡)의 표리라는 것이다. 그 때문에 이렇게 『내경』에서는 경락으로 적어놓았다. 오장육부의 위치를 아무리 뜯어보아도 겉과 속으로 바로 붙어있지 않다. 간(肝)과 쓸개(膽)가 붙어있지만 오히려 쓸개가 간 속에 파묻혀있다. 표리관계가 오히려 반대인 것이다.

우리가 표리, 음양으로 알고 있는 이것은, 경락의 표리관계이니 혼동하지 말기 바란다. 이 표리 관계는 앞에서도 말하였지만 하도(河圖)의 생수(生數)와 성수(成數)로 표현된다.

---

89) 手太陽與少陰爲表裏, 少陽與心主爲表裏, 陽明與太陰爲表裏, 是爲手之陰陽也. 『내경』「혈기형지편」.

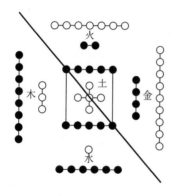

이렇게 생수와 성수가 같은 자리에서 서로 붙어서 합쳐져 있다. 예를 들어, 3과 8은 동쪽에서 같이 붙어서 위치한다. 4와 9는 서쪽에서 붙어서 위치한다.

이것이 겉과 속(表裏)의 합(合)이다. 그래서 오장과 육부는 서로 합(合)으로 이루어져 있다고 하는 것이다. 그 때문에 오장과 육부 경락의 혈(穴)자리의 오행도 역시 서로 간합(干合)이 이루어져 있는 것이다.

12포태와 12경맥의 흐름

황제가 가로되 "원컨대 육부(六腑)의 응(應)에 대해 듣고 싶습니다."라고 하니,

기백이 대답하여 가로되 "폐(肺)는 대장(大腸)과 합(合)하니 대장(大腸)은 피부가 그 응(應)함입니다. 심(心)은 소장(小腸)과 합(合)하니 소장(小腸)은 맥(脈)이 그 응함입니다. 간(肝)이 담(膽)과 합(合)하니 담(膽)은 근육이 그 응함입니다. 비(脾)가 위(胃)와 합(合)하니 위(胃)는 살이 그 응함

입니다. 신(腎)이 삼초(三焦)·방광(膀胱)과 합(合)하니 삼초(三焦)와 방광(膀胱)은 주리(腠理)와 크고 작은 털이 그 응함입니다."라고 하였다.[90]

64난에 가로되 "「10변(變)」에서 또 말하기를 '(12경락 중) 음(陰)에 해당하는 경락의 첫 번째 시작하는 정혈(井穴)은 목(木)이고 양(陽)에 해당하는 경락의 첫 번째 시작하는 정혈(井穴)은 금(金)이며, 음에 해당하는 경락의 두 번째 시작하는 형혈(滎穴)은 화(火)이고 양에 해당하는 경락의 두 번째 시작하는 형혈(滎穴)은 수(水)이며, 음에 해당하는 경락의 세 번째 시작하는 수혈(兪穴)은 토(土)이고 양에 해당하는 경락의 세 번째 시작하는 수혈(兪穴)은 목(木)이며, 음에 해당하는 경락의 네 번째 시작하는 경혈(經穴)은 금(金)이고 양에 해당하는 경락의 네 번째 시작하는 경혈(經穴)은 화(火)이며, 음에 해당하는 경락의 다섯 번째 시작하는 합혈(合血)은 수(水)이고 양에 해당하는 경락의 다섯 번째 시작하는 합혈(合血)은 토(土)이니라.'라고 하니 음양이 모두 같지 않은데 그 뜻은 어떻게 되는가? 그래서 이것은 강유(剛柔)의 일이니 (음에 해당하는 경락과 양에 해당하는 경락은 합(合)이 되는지라) 음에 해당하는 경락의 정혈(井穴)은 을목(乙木)이고 양에 해당하는 정혈(井穴)은 경금(庚金)이다. 양에 해당하는 경락의 정혈(井穴)은 경(庚)이고 경(庚)은 을(乙)의 강(剛)이다. 음에 해당하는 경락의 정혈(井穴)은 을(乙)이고 을(乙)은 경(庚)의 유(柔)이다. 을(乙)은 목(木)이 되니 그러므로 (「10변(變)」에서) 말하길 '음에 해당하는

---

90) 黃帝曰 願聞六府之應. 歧伯答曰 肺合大腸, 大腸者, 皮其應; 心合小腸, 小腸者, 脈其應; 肝合膽, 膽者, 筋其應; 脾合胃, 胃者, 肉其應; 腎合三焦膀胱, 三焦膀胱者, 腠理毫毛其應.『내경』「본장(本藏)」.

경락의 정혈(井穴)은 목(木)이 되고, 경(庚)은 금(金)이니 그러므로 양(陽)에 해당되는 경락의 정혈(井穴)은 금(金)이다.'라고 하였다. 나머지는 모두 이것대로 하면 된다."라고 하였다.[91]

위에 인용한 구절은 경락의 혈 자리마다 천간이 배당되어 음(陰)의 경락에는 음간(陰干)이 배당되고, 양(陽)의 경락에는 양간(陽干)이 배당되어 서로 간합(干合)이 형성되고 있음을 밝히고 있다. 이 간합(干合)의 오행(五行)이 하도(河圖)에서 나오게 되는 것 역시 앞의 '하도낙서' 편에서 이야기하고 있으니 그 설명을 자세히 보기를 바란다.

하지만 오행이 아니라 내부의 기(氣)의 흐름이라면 또 다르다. 한의학에서는 음(陰)에 해당하는 경락과 양(陽)에 해당하는 경락의 기(氣)의 흐름은 정반대라고 보고 있다.

다음 도표를 보자.

수족(手足) 음양(陰陽) 경맥	흐르는 방향	
	음(陰)에 해당되는 경락	양(陽)에 해당되는 경락
손에 해당되는 경락	가슴 → 손	손 → 가슴
발에 해당되는 경락	발 → 가슴	가슴 → 발

---

91) 六十四難曰,『十變』又言陰井木, 陽井金, 陰滎火 陽滎水, 陰兪土, 陽兪木, 陰經金, 陽經火, 陰合水, 陽合土, 陰陽皆不同, 其意何也? 然是剛柔之事也. 陰井乙木, 陽井庚金, 陽井庚, 庚者 乙之剛也. 陰井乙, 乙者 庚之柔也. 乙爲木, 故言陰井木也. 庚爲金, 故言陽井金也. 餘皆倣此. 『난경(難經)』.

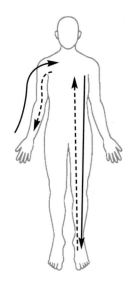

팔의 실선은 손의 양경락을 대표해서 표시한 것이고,
팔의 점선은 손의 음경락을 대표해서 표시한 것이다.
발 역시 마찬가지이다.

　이처럼 12포태법도 음(陰)에 해당하는 천간(天干)과 양(陽)에 해당하는
천간(天干)에서 그 흘러가는 지지(地支)의 방향은 정반대가 된다. 이처럼
한의학과 십간 십이지의 이치는 전혀 다르지 않다.

　그리고 도표를 잘 들여다보면 알겠지만 양(養), 대(帶), 쇠(衰), 장(葬) 부
분은 무조건 다 진술축미(辰戌丑未) 토(土)로 되어있다. 장(葬)이란 원래
흙에 무덤을 쓰는 것이니 당연한 부분이라고 하더라도 다른 부분에 대한
것은 깊이 생각해야 한다. 원래 토(土)란 어떤 기운이 흘러가는 마디에 위
치한다. 목(木)과 화(火) 사이에 진토(辰土)가 있고, 화(火)와 금(金) 사이
에 미토(未土)가 있으며, 금(金)과 수(水) 사이에 술토(戌土)가 있고, 수(水)
와 목(木) 사이에 축토(丑土)가 위치하여 기운과 기운의 마디에 토(土)가
위치해 있다. 그 말은 양(養), 대(帶), 쇠(衰), 장(葬) 이 4개는 삶의 흐름에
있어서 큰 마디가 된다는 것이다.

우리는 아기가 태어나는 생(生)이 큰 마디가 될 것으로 생각할 수 있지만 12포태법에서는 이미 생명은 임신이 되는 순간 생명이기 때문에, 생(生)으로 출산하는 순간은 어머니 뱃속에서 외부로 그 환경만 바뀌는 것이지 생명이라는 대세에는 별로 큰 차이가 없다고 보는 것이다. 오히려 임신이 처음 되는 것보다 그 임신을 유지하는 양(養)이 생명에 있어서는 가장 중요하다고 보는 것이다. 태교시기에 해당하는 이 양(養)의 시기는 아주 위험한 시기로 잘못하면 유산되어 생명 자체가 태어나지 않게 된다. 또 소위 태교는 인생에 있어서 매우 큰 영향을 미친다. 이때 인성(人性)의 반 정도가 형성된다고 한다.

또한 인간이 동물과 다른 점은 바로 옷이다. 그 옷을 제일 처음 입는 때가 대(帶)다. 동물로 보면 털이 많이 나거나 피부의 각질이 단단해져서 외부로부터 보호할 피부의 층이 처음 제대로 생기는 때를 말한다. 소위 외부의 기운을 이겨낼 수 있는 보호층을 처음으로 가지게 되는 때다.

가장 잘나가던 때에서 꺾이기 시작하는 때가 바로 쇠(衰)다. 죽어서 땅으로 들어가는 때가 바로 장(葬)이다. 이 4개의 마디를 토(土)로 넣은 후 나머지는 순서대로 배열하면 된다.

이것이 결정되었다면 또 2가지로 고민해야 할 부분이 있다. 화(火)에 해당하는 천간(天干)과 토(土)에 해당하는 천간의 12포태(胞胎)를 같게 할 것인가? 아니면 수(水)에 해당하는 천간과 토(土)에 해당하는 천간의 12포태를 같게 할 것인가에 대한 논란이다. 화(火)에 해당하는 천간과 토(土)에 해당하는 천간의 12포태를 같게 하는 것을 화토동포(火土同胞), 화토동덕(火土同德)이라고 한다. 그리고 수(水)에 해당하는 천간(天干)과 토(土)에 해당하는 천간의 12포태를 같게 하는 것을 수토동덕(水土同德)이라고 한다. 예를 들어 화토동포(火土同胞)가 되면 무기토(戊己土)의 록(祿)과 왕(旺)은 사오화(巳午火)가 되고, 수토동덕(水土同德)이 되면 무기토의 록과 왕은 해자수(亥子水)가 된다.

이것에 대해서 나온 문헌으로는 『이허중명서(李虛中命書)』가 있다. 다음은 『이허중명서』에 나온 본문이다. 십간의 록(祿)에 대해 설명하고 있다.

> 경신(庚申)과 을묘(乙卯)로써 부부(夫婦)의 근본된 조종(祖宗)으로 삼고, 자(子)는 계(癸)를, 해(亥)는 임(壬)을, 정(丁)은 오(午)를, 병(丙)은 사(巳)를 기위(寄位)로 삼는다. 이것은 천간(天干)의 록(祿)을 논(論)하는 것이다.[92]

화토동포(火土同胞)와 수토동덕(水土同德)

아래에 나온 도표는 화토동포(火土同胞)와 수토동덕(水土同德)의 12포태 도표다.

---

92) 以庚申乙卯爲夫婦之本宗, 子癸亥壬丁馬丙巳之寄位. 『이허중명서』.

	갑(甲)	을(乙)	병(丙)	정(丁)	무(戊)	기(己)	경(庚)	신(辛)	임(壬)	계(癸)
포(胞)	申	酉	亥	子	亥	子	寅	卯	巳	午
태(胎)	酉	申	子	亥	子	亥	卯	寅	午	巳
양(養)	戌	未	丑	戌	丑	戌	辰	丑	未	辰
생(生)	亥	午	寅	酉	寅	酉	巳	子	申	卯
욕(浴)	子	巳	卯	申	卯	申	午	亥	酉	寅
대(帶)	丑	辰	辰	未	辰	未	未	戌	戌	丑
록(祿)	寅	卯	巳	午	巳	午	申	酉	亥	子
왕(旺)	卯	寅	午	巳	午	巳	酉	申	子	亥
쇠(衰)	辰	丑	未	辰	未	辰	戌	未	丑	戌
병(病)	巳	子	申	卯	申	卯	亥	午	寅	酉
사(死)	午	亥	酉	寅	酉	寅	子	巳	卯	申
묘(墓)	未	戌	戌	丑	戌	丑	丑	辰	辰	未

화토동포(火土同胞)의 12포태

	갑(甲)	을(乙)	병(丙)	정(丁)	무(戊)	기(己)	경(庚)	신(辛)	임(壬)	계(癸)
포(胞)	申	酉	亥	午	巳	子	寅	酉	巳	子
태(胎)	酉	申	子	巳	午	亥	卯	申	午	亥
양(養)	戌	未	丑	辰	未	戌	辰	未	未	戌
생(生)	亥	午	寅	卯	申	酉	巳	午	申	酉
욕(浴)	子	巳	卯	寅	酉	申	午	巳	酉	申
대(帶)	丑	辰	辰	丑	戌	未	未	辰	戌	未
록(祿)	寅	卯	巳	子	亥	午	申	卯	亥	午
왕(旺)	卯	寅	午	亥	子	巳	酉	寅	子	巳
쇠(衰)	辰	丑	未	戌	丑	辰	戌	丑	丑	辰
병(病)	巳	子	申	酉	寅	卯	亥	子	寅	卯
사(死)	午	亥	酉	申	卯	寅	子	亥	卯	寅
묘(墓)	未	戌	戌	未	辰	丑	丑	戌	辰	丑

수토동덕(水土同德)의 12포태

V. 열두 단계의 인생역정

이 둘 중 어느 것이 맞는지는 사주를 공부하는 이들의 연구과제다. 화토동포의 이론대로 지구를 보면 땅덩어리 밑에 실제 마그마라는 어마어마한 온도의 불덩어리가 있는데 불과 흙이 지구에 같이 있으니 그것을 12포태의 화토동포(火土同胞) 이론이 상징한다고 볼 수 있다. 이처럼 인간은 땅덩어리 밑에 불덩어리를 깔고 그 뜨뜻한 온도의 영향을 받아서 항상 따뜻하게 살아가고 있다. 만약 이 속불인 마그마 불덩어리가 없다면 지구는 순식간에 빙하기가 되어 생물은 다 얼어 죽고 말 것이다.

『이허중명서』의 12포태법

『이허중명서』의 12포태법

『이허중명서』의 12포태법은 기존에 알려진 12포태법과는 다르다. 기존의 12포태법은 음간과 양간의 십이지지(地支)의 순서가 정반대인데, 이허중명서의 12포태법은 음간과 양간의 십이지지의 순서가 같다.

> 오행(五行)이 음양(陰陽)으로 나뉘어 십간(干)이 되는데, 맑아서 내려오지 않는다. 5개의 지지(地支)가 강유(剛柔)로 바뀌어 10지(支)가 되나니 탁(濁)해서 올라가지 않는다. 토(土)는 사계절의 기(氣)를 따라가니 그러므로 십이지(支)가 있는 것이다. 십이지(支)는 부부(夫婦)로서 체(體)를 삼고, 십간(干)은 부자(父子)로서 서로 승(乘)한다. 삼재(三才)에도 음양(陰陽)으로 나눈 천지(天地)가 있어 오행(五行)이 물(物)의 화(化)를 돌리는 인륜(人倫)이라 그러므로, 가로되 갑기(甲己)는 참다운 궁음(宮音)이고, 을경(乙庚)은 참다운 상음(商音)이며, 병신(丙辛)은 참다운 우음(羽

音)이고, 정임(丁壬)은 참다운 각음(角音)이며, 무계(戊癸)는 참다운 치음
(徵音)이다. 인오술(寅午戌)은 화(火)의 체(體)이고, 해묘미(亥卯未)는 목
(木)의 체(體)이며, 신자진(申子辰)은 수(水)의 체(體)이고, 사유축(巳酉丑)
은 금(金)의 체(體)인데, 이것은 진짜 체(體)가 아니라 곧 오행의 생(生)·
왕(旺)·고(庫)의 자리이니, 토(土)인 즉 그 네 가지 사(事:木火金水)를 따
라 그것을 이루는 것이다. [93]

이 글을 잘 보다 보면 기존의 12운성(運星)과는 다른 흐름을 볼 수 있
다. 일단 윗글에 나온 대로 도표를 만들어보면 다음과 같다.

	생(生)	왕(旺)	고(庫)
목국(木局)	亥	卯	未
화국(火局)	寅	午	戌
금국(金局)	巳	酉	丑
수국(水局)	申	子	辰

미(未)는 토(土)의 바른 위치이다. … 미(未)는 목인(木人)의 고(庫)이고
토인(土人)의 생왕(生旺)의 지지(地支)이다. [94]

이것을 근거로 미(未)를 토(土)의 왕지(旺地)에 두고 위의 도표를 근거로

---

93) 五行分陰陽爲十干, 淸而不下, 五支易剛柔爲十支, 濁而不上. 土逐四時之氣, 故有十二支.
十二支以夫婦爲體, 十干以父子相乘. 三才有陰陽之天地, 五行運物化之人倫. 故曰甲己眞宮, 乙
庚眞商, 丙辛眞羽, 丁壬眞角, 戊癸眞徵. 寅午戌火體, 亥卯未木體, 申子辰水體, 巳酉丑金體, 斯
非眞體, 乃五行生旺庫之地, 土則從四事成之. 『이허중명서』.
94) 未者土之正位, … 未者木人之庫, 土人生旺之地也. 『이허중명서』.

한번 12포태를 배열해보면 다음 도표로 나온다고 볼 수 있다.

	목(木)	화(火)	토(土)	금(金)	수(水)
포(胞)	申	亥	子	寅	巳
태(胎)	酉	子	丑	卯	午
양(養)	戌	丑	寅	辰	未
생(生)	亥	寅	卯	巳	申
욕(浴)	子	卯	辰	午	酉
대(帶)	丑	辰	巳	未	戌
록(祿)	寅	巳	午	申	亥
왕(旺)	卯	午	未	酉	子
쇠(衰)	辰	未	申	戌	丑
병(病)	巳	申	酉	亥	寅
사(死)	午	酉	戌	子	卯
묘(墓)	未	戌	亥	丑	辰

이것은 천간(天干)의 음양(陰陽)에 따른 12포태법(胞胎法)이 아니라 납음오행(納音五行)에 따른 12포태법이다. 후세에는 대부분 천간의 음양에 따라 12포태의 흐름이 거꾸로 돌아가는 것이 전부인 것처럼 이야기하기 때문에 그것만 있다고 생각할 수 있지만 『이허중명서』에는 이처럼 천간의 음양과 상관없이 납음오행에 따른 12포태법이 따로 존재한다.

무진(戊辰), 무신(戊申), 무술(戊戌)은 미(未)를 좋아하는데 미(未)는 목(木)인 사람의 고지(庫地)이며 토(土)인 사람의 생(生) 또는 왕(旺)한 지지다.[95]

무진(戊辰)은 납음오행(納音五行)에서 대림목(大林木)이고 무술(戊戌)은 평지목(平地木)이니 이 문장처럼 '목인 사람(木人)'이라는 말이 나올 수 있다. 무신(戊申)은 대역토(大驛土)이니 '토인 사람(土人)'이라는 말이 나왔다. 이 문장은 납음오행을 생각지 않고서는 이해할 수가 없는 문장이다. 당연히 납음오행에 따른 12포태법을 이야기하는 것이다.

例) 생(生)

壬 庚 丁 丁
午 申 未 丑
生　　　水(납음)

연주 정축(丁丑)의 납음오행은 수(水)다. 납음 수(水)를 기준으로 일지 신(申)이 12포태에서 생(生)이 된다.

例) 왕(旺)

癸 庚 甲 癸
卯 寅 寅 丑
旺　　　木(납음)

연주 계축(癸丑)의 납음오행은 목(木)이다. 납음 목(木)을 기준으로 시지 묘(卯)가 12포태에서 왕(旺)이 된다.

---

95) 戊辰戊申戊戌喜未, 未者木人之庫, 土人生旺之地也. 『이허중명서』.

12포태와 인체의 경(經)의 관계

앞에서 천간의 음양에 따른 12포태법은 인체의 경맥(經脈)처럼 음경맥 (陰經脈)과 양경맥(陽經脈)에 따라 그 흘러가는 방향이 반대가 된다고 이 야기하였다. 그런데 『이허중명서』에서는 천간 오행의 음양에 따라 12포 태의 흐름을 순역(順逆)으로 나누지 않고, 오행 그 자체만의 한 방향으로 만 흐르는 12포태법을 이야기한다.

	목(木)	화(火)	토(土)	금(金)	수(水)
포(胞)	申	亥	子	寅	巳
태(胎)	酉	子	丑	卯	午
양(養)	戌	丑	寅	辰	未
생(生)	亥	寅	卯	巳	申
욕(浴)	子	卯	辰	午	酉
대(帶)	丑	辰	巳	未	戌
록(祿)	寅	巳	午	申	亥
왕(旺)	卯	午	未	酉	子
쇠(衰)	辰	未	申	戌	丑
병(病)	巳	申	酉	亥	寅
사(死)	午	酉	戌	子	卯
묘(墓)	未	戌	亥	丑	辰

그렇다면 자연에서는 이러한 모습으로 보이는 것이 없을까? 파도가 많 이 치는 바닷물의 흐름을 보면 수면이 얕은 곳에서는 위아래로 파도와 움 직이는 음양의 흐름이 분명히 드러난다. 그런데 아주 깊은 바닷속에서는 고요해서 위아래의 파도는 거의 없고 한 방향으로만 흐르는 물의 흐름이

주로 존재한다.

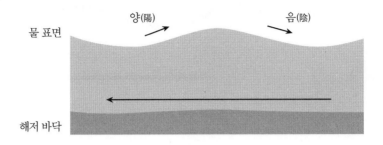

아마도 이런 부분 때문에 12포태법도 『이허중명서』처럼 한 방향으로만 흐르는 것이 있고, 후대의 12포태처럼 음양에 따라 순역으로 방향이 다르게 흐르는 흐름이 있다고 생각된다. 이것은 한의학에서도 이런 모습이 보인다. 인체의 구성조직에 대해 한의학에서는 크게 이렇게 본다.

피부(皮)	경피(經皮)
혈맥(脈)	경맥(經脈)
살(肉)	–
근육(筋)	경근(經筋)
뼈(骨), 오장육부(五臟六腑)	경(經)

쉽게 이야기해보면 각각의 피부와 인체의 다른 부분을 이어주는 역할을 해주는 경로가 경피(經皮)이고, 혈맥(血脈)으로 인체의 다른 부분을 이어주는 경로가 경맥(經脈)이며, 근육과 인체의 다른 부위를 이어주는 경로가 경근(經筋)이고, 오장육부나 뼈와 인체의 다른 부위를 이어주는 경로가 경(經)이다. 그림을 그려보면 다음와 같다.

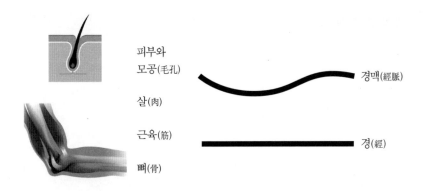

피부와
모공(毛孔)

살(肉)

근육(筋)

뼈(骨)

경맥(經脈)

경(經)

경(經)과 경맥(經脈)이 나뉜다는 부분은 역대 한의사들 사이에서도 논란이 많이 되고 있다. 경맥은 음양에 따라 흘러가는 방향이 정반대인 반면 경(經)은 무조건 손발 끝에서 몸의 중심부를 향해서 흐르기 때문이다.

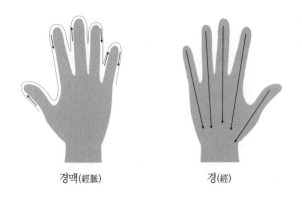

경맥(經脈)   경(經)

어찌 보면 12포태법과 비슷한 부분이 있다. 인체의 표면에 위치한 경맥은 물의 수면의 파도처럼 경맥의 음양에 따라 오르락내리락하는 흐름이 존재하고, 인체의 깊은 속에 위치한 경(經)은 깊은 바닷속 해저처럼 고요하여 오르락내리락하는 흐름은 거의 없고 한쪽으로만 기혈이 흐르게 된다.

한의학과 역학은 같은 근원으로서 역학에 대한 인식이 한의학을 해석하는 데 큰 도움이 되고, 인체에 대한 해석이 역학을 근원적으로 이해할 수 있다는 것을 이야기하고 싶어 이런 복잡한 내용을 실었으니 참고하기 바란다.

아울러 지금 사주로 사상 체질을 본다든지 사주로 병을 파악해서 진단해 약을 쓰는 것은 과연 한의학의 본질과 맞는지에 대해서도 확실하게 각성을 해야 한다. 이치의 근간을 정확히 파악해야 그것이 서로 통하는지 알 수가 있다. 한의학 진단의 가장 기본은 진맥이다. 그것도 『내경』의 진단이 가장 근간이 되고, 후대의 진맥은 목이나 발, 배 등의 부위를 진맥할 수가 없기 때문에 손으로 그것을 모두 옮겨서 진단을 한 것일 뿐이다. 따라서 『내경』의 진맥법과 망진법(望診法)을 한의학 진단의 근간이라고 보아야 하는데 그 진단의 이치와 사주가 정확히 일치해야 사주에서 말하는 한의학이 서로 통할 수가 있게 되는 것이다.

12포태(胞胎) 종류

기존의 12포태법

	갑(甲)	을(乙)	병(丙)	정(丁)	무(戊)	기(己)	경(庚)	신(辛)	임(壬)	계(癸)
포(胞)	申	酉	亥	子	亥	子	寅	卯	巳	午
태(胎)	酉	申	子	亥	子	亥	卯	寅	午	巳
양(養)	戌	未	丑	戌	丑	戌	辰	丑	未	辰
생(生)	亥	午	寅	酉	寅	酉	巳	子	申	卯
욕(浴)	子	巳	卯	申	卯	申	午	亥	酉	寅
대(帶)	丑	辰	辰	未	辰	未	未	戌	戌	丑
록(祿)	寅	卯	巳	午	巳	午	申	酉	亥	子
왕(旺)	卯	寅	午	巳	午	巳	酉	申	子	亥
쇠(衰)	辰	丑	未	辰	未	辰	戌	未	丑	戌
병(病)	巳	子	申	卯	申	卯	亥	午	寅	酉
사(死)	午	亥	酉	寅	酉	寅	子	巳	卯	申
묘(墓)	未	戌	戌	丑	戌	丑	丑	辰	辰	未

화토동포(火土同胞)

	갑(甲)	을(乙)	병(丙)	정(丁)	무(戊)	기(己)	경(庚)	신(辛)	임(壬)	계(癸)
포(胞)	申	酉	亥	午	巳	子	寅	酉	巳	子
태(胎)	酉	申	子	巳	午	亥	卯	申	午	亥
양(養)	戌	未	丑	辰	未	戌	辰	未	未	戌
생(生)	亥	午	寅	卯	申	酉	巳	午	申	酉
욕(浴)	子	巳	卯	寅	酉	申	午	巳	酉	申
대(帶)	丑	辰	辰	丑	戌	未	未	辰	戌	未
록(祿)	寅	卯	巳	子	亥	午	申	卯	亥	午
왕(旺)	卯	寅	午	亥	子	巳	酉	寅	子	巳
쇠(衰)	辰	丑	未	戌	丑	辰	戌	丑	丑	辰
병(病)	巳	子	申	酉	寅	卯	亥	子	寅	卯
사(死)	午	亥	酉	申	卯	寅	子	亥	卯	寅
묘(墓)	未	戌	戌	未	辰	丑	丑	戌	辰	丑

수토동덕(水土同德)

이허중명서의 12포태법

	목(木)	화(火)	토(土)	금(金)	수(水)
포(胞)	申	亥	子	寅	巳
태(胎)	酉	子	丑	卯	午
양(養)	戌	丑	寅	辰	未
생(生)	亥	寅	卯	巳	申
욕(浴)	子	卯	辰	午	酉
대(帶)	丑	辰	巳	未	戌
록(祿)	寅	巳	午	申	亥
왕(旺)	卯	午	未	酉	子
쇠(衰)	辰	未	申	戌	丑
병(病)	巳	申	酉	亥	寅
사(死)	午	酉	戌	子	卯
묘(墓)	未	戌	亥	丑	辰

12포태(胞胎) 보는 법

12포태가 가장 깊이 있게 적용되는 부분은 바로 신살(神煞)이다. 이 신살이 12포태 중에서 좋은 자리에 위치하면 좋은 쪽으로 해석을 하고, 나쁜 자리에 위치하면 나쁜 쪽으로 해석을 하는 것이다.

예를 들어, 문창귀신(文昌貴紳)이 12포태 중 좋은 자리에 위치하면 글로 세상에 떨치게 되지만, 나쁜 자리에 위치하면 문약(文弱)하고 글밖에 몰라서 순진하게 살려고 하다가 사기당하면서 험한 꼴을 보게 되는 것이 된다.

장성(將星)이 좋은 자리에 위치하면 남들을 이끌어가는 사람이 되지만, 나쁜 자리에 위치하면 조폭이나 범죄 조직의 우두머리가 될 수도 있다.

12포태의 좋은 자리와 나쁜 자리만 확실히 구별할 줄 알면 해석은 이와 같은 방식으로 하면 된다. 먼저 『이허중명서』에서의 개념을 살펴보겠다.

12포태법의 개념

한 방위(方位)의 기(氣)를 논(論)할 때는 각(角)을 지나칠 수가 없으니, 각(角)에서 나아가면 고(孤)가 되고 각(角)에서 물러나면 과(寡)가 된다. 이미 왕(旺)한 것은 한 방위의 기(氣)에 지나지 않나니 도리어 쇠(衰)를 말하는 것은 공(功)을 이룬 것이다. 꽃의 화려함이 지나 쇠퇴하면 열매가 이루어지나니 이것이 궁(窮)하면 변화(變化)가 통(通)하는 모습이다.[96]

여기에서 각(角), 고(孤), 과(寡)가 나오는데, 그 개념이 이해되지 않을 것이다. 이에 따른 이허중(李虛中)의 주석을 한번 살펴보자.

한 방위의 기(氣)인 즉 사상(四象)이 각기 (사계절 중) 한때의 귀탱이를 주관하는 것이다. 인묘진(寅卯辰) 같으면 사(巳)가 고(孤)이고 축(丑)이 과(寡)이다. 목(木)은 해(亥)에서 생(生)하고 진(辰)에서 쇠(衰)하나니 이것은 목(木)이 동방 봄의 방위에서 나와서 쇠퇴하는 것인데 이것은 근본과 말단이 쇠(衰)하고 왕(旺)하여 공(功)이 이루어지면 몸은 물러나는 것이요, 씨앗이 뭉치면 꽃은 떨어지는 것이다. 물(物)이 주(主)로 관(官)에 임(臨)한다면 기혈(氣血)이 단단하고 씩씩해지니 적(敵)을 받아서 제어하여 그 귀(鬼)를 두려워하지 않을 수 있다. 병(病)이란 것은 형세(形勢)가 고(孤)하고 약한 것이니 목(木)이 사(巳)에서 병(病)이 되면 인(寅)에서 진(辰)의 고(孤)가 된다. 이러한 장생(長生)의 기(氣)는 오행(五行)이 절

---

96) 論一方之氣, 不可過角. 進角爲孤, 退角爲寡. 旣旺不過一方之氣, 卻言衰者成功也. 華過衰而實成, 是窮則變通之象.『이허중명서』.

(絶)에 이르러 기(氣)를 받아서 십이지지(地支) 위치의 이치를 이루고 형성하고 곧 대신하여 물러나는 스스로 그러함을 말한 것이다.[97]

쉽게 이야기해보면 지지(地支)의 방합(方合)을 각(角)이라고 하고 그 각(角)에서 바로 하나 뒤로 간 지지(地支)는 고(孤)가 되고, 그 전에 하나 앞선 지지(地支)는 과(寡)가 된다. 위 본문에서 예를 들었는데 목(木)의 방합(方合)은 인묘진(寅卯辰)이니 이 인묘진이 동쪽의 한 각(角)을 차지하고 있는 것이다. 그런데 이 동쪽의 한 각(角)인 인묘진에서 하나 뒤로 간 사(巳)가 고(孤)가 되고 하나 앞으로 간 축(丑)이 과(寡)가 된다는 것이다.

丑　寅卯辰　巳
寡　東方 木角　孤

앞前　　　　뒤後

목욕(沐浴)에서 비로소 생(生)하여 바람과 물이 도화(陶化) 하는 원인이 된다.

관대(冠帶)이면 재주와 그릇이 가히 맡길만한 것인데 관(官)에 임(臨)하면 칠살(七殺)인 귀(鬼)라는 해로움의 어려움이 있게 된다.

왕(旺)이면 강한 갑옷으로 스스로 처신하는 것이다.

---

97) 一方之氣, 則四象各主于一時之偶也, 如寅卯辰則巳孤丑寡. 木生亥, 衰於辰, 是木出東方春位而衰, 此本末衰旺, 功成身退, 子結花落也. 物主臨官, 則氣血堅壯, 可受制敵不畏其鬼. 病者形勢孤弱, 如木病巳則寅辰之孤也. 此長生之氣, 言五行至絶受氣而成形十二支位之理, 乃代謝自然. 『이허중명서』.

쇠(衰)는 화려함이 가고 열매가 서는 것이다.

병(病)은 고립(孤立)되는 것이다.

사(死)여! 물(物)이 없어지는구나!

묘(墓)에 간직하게 되니 조화(造化)의 마침이 된다.

절살(絶煞)은 근본 된 몸이 새롭게 되는 기(氣)가 있으니 기(氣)가 다한

뒤에 포(胞)를 이룬다.

태(胎)가 엉기고 뭉쳐서 비로소 (생물의) 모습으로 나누어지게 되는 것

이다.[98]

12포태법의 처음 시작은 포(胞)인데 이 포(胞) = 절(絶)이라고 보면 된

다. 그래서 12운성(運星) 포태법을 포(胞), 태(胎), 양(養) … 이렇게 읽기도

하지만 절(絶), 태(胎), 양(養) … 이렇게 읽기도 한다.

① 절(絕) 또는 포(胞)

포(胞)는 아직 임신하기 전의 난자와 정자라고 보면 된다. 정자가 아니

라 난자라고 보기도 한다. 『이허중명서』의 위에 언급한 본문을 보면 오히

려 이때는 새로운 시작을 할 수 있는 절호의 기회라고 볼 수 있다. 정(鼎)

은 도가(道家)에서 우리 몸 3개의 단전(丹田)을 말하고, 유교(儒敎)에서는

임금님을 상징하는 화로라고 이야기한다. 그래서 '근본된 몸'이라고 번역

하였다. 그것이 절(絶)에 이르러 새롭게 되어서 포(胞)를 이룬다고 한다.

---

98) 始生於沐浴, 爲風水陶化之因. 冠帶則材器可任, 臨官則鬼害之難. 旺則剛介自處, 衰則去華
立實, 病者孤也. 死兮無物墓藏爲造化之終, 絶煞有鼎新之氣, 氣盡後成胞, 胎凝結, 始分形狀.
『이허중명서』.

이 개념은 새롭게 시작하는 일에는 좋다고 보아야 한다. 새로 사업을 하거나 임신을 하려고 하거나 새롭게 마음먹고 공부를 하려고 하면 아주 좋다. 하지만 좋은 일이 계속 그대로 가야 하는 상황에서 근본부터 새롭게 바뀌는 일이 일어나게 되면 오히려 나쁜 쪽으로 흘러갈 수 있다. 그래도 일단 새롭게 흐름이 바뀌니 어느 정도는 길(吉)하다고 할 수 있다.

② 태(胎)

임신하는 것을 말하는데 임신을 원한 상태라면 길(吉)이지만 그렇지 않은 경우라면 흉(凶)이요, 임신이 되어도 매우 조심해야 하는 때이기 때문에 잘못하면 유산이 될 수 있다. 이때는 아이의 성별을 결정하는 때이다. 그리고 아이의 건강을 결정하는 때이다. 어머니, 아버지가 자신의 건강을 돌보지 않아 몸이 좋지 않은 상태로 아이를 가지면 그 아이가 건강하기를 바라는 것은 이상하지 않은가!

자식에게 병을 물려주고 싶지 않으면 본인의 병을 잘 치료한 후 아이를 가져야 한다. 그렇지 않으면 병을 물려받아 괴로워하는 자식의 모습을 보게 될 것이다. 때문에 바로 임신하지 말고 자신의 건강을 최대한 챙긴 후 아이를 가져라. 그것이 낳을 아이에 대한 최대한의 사랑이자 예의이다. 태(胎)가 사주 안에 중요한 자리를 차지하고 있다면 이 사람은 어떤 일이든 그 일의 씨앗이 될 수 있는 사람이다. 그것이 좋은 일이든, 나쁜 일이든.

③ 양(養)

아이가 어머니 뱃속에서 점점 자라나는 시기이다. 이때 태교를 어떻게 하느냐에 따라 아기의 먹는 습관, 생활 습관, 인성 등이 결정된다. 필자의 경험으로 보면 이때 부인이 매운 음식을 자주 안 먹었더니 아이가 출산 후 자라서 매운 것을 잘 먹지 않으려고 하는 것을 보았다. 이처럼 이때 어떻게 건강관리와 마음가짐을 가지느냐에 따라 아기의 습관과 인성이 결정되니 아주 조심해야 한다.

물론 이때 태교를 잘못 하면 유산도 될 수 있으니 정말 조심해야 할 때이다. 이때가 아이의 인생을 결정하는 첫 단추가 될 수 있으니 아이를 가질 준비가 안 된 사람들은 조심하고 신중해야 할 것이다. 이 시기에 정말 올바른 태교를 하기 바란다. 이때 태교를 잘하면 개천에서 용이 날 수도 있으니 자신과 아이의 인생을 걸고 태교를 하기 바란다.

양(養)이 본인에게 중요한 자리에 있으면 이 사람은 부모가 어떻게 교육을 시키느냐에 따라 매우 달라질 수 있는 사람이다. 맹모삼천지교가 꼭 필요한 사람이라 하겠다. 왜냐하면 본인의 의지보다는 외부의 환경에 더 많이 흔들릴 수 있는 사람이기 때문이다.

④ 생(生)

말 그대로 출산을 한 것이다. 아기는 태어난 것만으로도 축복을 받아야 한다. 그 아기가 나중에 잘 될지 못 될지를 떠나서 말이다. 생명은 그 자체로도 충분히 경이롭다. 이 경이로움의 추억은 부모에게 평생을 가게 될 것이다. 아기가 겉으로 보면 다 같아 보이지만 부모는 안다. 그 아기가 내 아기라는 것을. 아기에게는 가장 행복한 때일지도 모른다. 커가면서 기쁨과 괴로움의 롤러코스터를 탈 걱정도 미리 할 필요도 없고 오로지 세상을 향해서 힘차게 울어댄다. 세상의 모든 태어난 아기들에게 진심으로 축하를 드린다. 생(生)은 당연히 길(吉)한 자리리라. 생(生)은 새로 시작하는 일에 가장 좋은 이 자리라 사주 안에 있으면 뭐든지 지금까지 누구도 하지 않았던 그러한 일을 하라. 그러면 좋은 결실이 있으리라.

⑤ 욕(浴)

욕(浴)은 아기가 태어나면 씻기는데 이 씻기는 행위는 완전히 외부와 적응하는 과도기의 행위다. 여기서 외부 환경에 잘 적응하면 튼튼히 자라고 외부 환경에 잘 적응하지 못하면 감기를 달고 살거나 바이러스에 감염이 되게 된다. 때문에 목욕 온도를 얼마나 잘 맞추느냐, 목욕시킨 후 얼마나 따뜻하게 잘해주느냐, 먹는 것은 얼마나 잘 챙겨주느냐에 따라 환경에 적응하는 상태가 달라진다.

욕(浴)은 쉽게 생각하면 새 기운을 담기 위해 기존의 묵은 잔재를 청산하려는 행위다. 문제는 기존의 묵은 잔재가 나쁜 것일지라도 세상을 유지하고 있는 하나의 축이라는 것을 명심해야 한다. 이것을 준비하지 않고 갑자기 없애버리면 세상은 크게 뒤흔들리게 되고 잘못하면 무너져버리게 된다. 때문에 '온고이지신(溫故而知新)'이라고 한 것이다. 즉, 새것을 알고 받아들이는 것도 옛것에 대한 꾸준하고도 차분한 이해를 통해서 이루어져야지 옛것을 무시하고 새것만 받아들이게 되면 몸은 잘못하면 급격하게 무너지게 된다.

질병으로 보면 변비가 심할 때 변비를 치료해주면 몸이 금방 좋아질 것 같지만 갑자기 급격하게 허기가 져서 견디기 힘든 경우도 있다. 숙변이 비록 더러운 노폐물이지만 어찌 되었든 그동안 내 몸을 유지해오던 하나의 축이었던 것이다. 그런데 그것을 준비 없이 갑자기 밖으로 배출시켜서 내

몰게 되면 숙변으로 채워졌던 부분이 갑자기 텅 비어서 일시적인 허탈 상태에 빠지게 된다. 이때 그 빈 부분을 채우려고 무지막지하게 배가 고파질 수도 있다. 이때 그 빈 공간을 채우기 위해 천천히 먹지 않고 허겁지겁 먹게 되면 오히려 살은 더 찌게 되고 노폐물은 더 쌓이게 된다. 기존의 잔재를 청산하고 새 기운으로 시작하려고 해도 차분하고 합리적으로 해야 이런 문제점이 없게 된다.

따라서 이 욕(浴)은 기회가 될 수도 있지만 오히려 더 망가지는 길이 될 수도 있다. 잔재 청산을 제대로 못하게 되면 새로 시작하는 것이 오히려 더 나빠질 수도 있고, 잔재 청산을 천천히 확실히 제대로 해서 그 빈 곳을 완벽하게 메우게 되면 이 욕(浴)이라는 시작의 과도기적인 상황은 엄청난 기회가 되는 것이다. 때문에 반흉반길(半凶半吉)이라 볼 수 있다. 어떤 것이 여기에 위치하느냐에 따라 달라진다고 할 수 있다. 물론 모든 것이 좋은 것이 오느냐 나쁜 것이 오느냐에 따라 길흉이 달라지기는 하지만 대체로 이렇다고 볼 수 있다.

이 시기는 자기 혼자 씻지 못하고 어른들이 씻겨주어야 씻을 수 있는 시기로 아기에서 어린이로 되어가는 시기라고 할 수 있으니 독립성이 떨어지는 시기다. 자기 혼자 아무것도 하지 못하는 시기를 총칭해서 욕(浴)이라고 한다. 이런 12운성의 자리에 독립성을 요구하는 일이 오게 되면 좋을 리가 없다. 예를 들어 스스로 독립해서 운영하는 자영업을 하려고 하는데 그 자리에 욕(浴)이 오게 되면 스스로 씻지 못하고 남이 씻겨줘야 하는 상황이니 망할 수밖에 없을 것이다. 자기 혼자 하지 못하고 남이 해주는 것만 바라보고 있는데 자영업이 제대로 되겠는가. 물론 아기처럼 모든 것을 다 챙겨주는 존재가 있다면 사업은 성공할 수 있을 것이다. 하지만 그런 사람 만나기는 하늘의 별 따기처럼 어렵다.

이런 사람은 순진하고 아무것도 모르기 때문에 모성애를 자극하여 여자들에게 또는 모성이 강한 남자들에게 인기가 좋을 것이다. 하지만 세상 물정을 모르기 때문에 엄마처럼 모든 것을 다 챙겨주는 사람을 만나야 하지 그렇지 않으면 흉(凶)하게 될 것이다.

⑥ 대(帶)

옷을 자기 혼자 입을 수 있는 시기이다. 당연히 자기 몸도 자기가 씻을 수 있게 된다. 최소한 자기 몸 하나는 약간의 건사는 할 수 있는 시기이다. 사람으로 보면 어린이에서 청소년을 지나 젊은이가 되어가는 시기이다. 혼자 할 수 있다고 우기면서 자신의 능력을 뽐낸다. 어른이 보기에는 가소롭지만 스스로는 그 모습을 세상의 최고라고 착각하면서 함부로 행동을 할 수 있다.

이때는 매우 조심해야 할 시기이기도 하다. 아직 어른이 되지 않았는데도 스스로 어른이 된 것처럼 착각하여 어른의 흉내를 낸다. 그러다 보니 어른이 될 준비도 아기를 가질 준비도 안 되었는데 어른 흉내를 내면서 이성 친구와 허락되지 않는 성교를 하기도 하고 뜻대로 되지 않는 세상을 향해서 반항하기도 한다. 이때는 어찌 보면 가장 정력적이고 왕성한 때일 수 있다. 몸으로 보면 가장 튼튼한 때일 수 있다. 하지만 정신적으로는 미숙한 때이기 때문에 어른들의 조언이 더 필요한 때라고 할 수 있다.

작은 일에는 이 대(帶)의 자리도 충분히 감당할 수 있기 때문에 좋다고 할 수 있다. 하지만 큰일에는 이 대(帶)는 급한 마음과 과도한 의욕으로 일을 그르칠 수 있으니 욕심을 부리지 말고 천천히 작은 일부터 이루어나가면 오히려 좋게 풀릴 것이다.

⑦ 관(冠)

청소년기를 지나 소위 어떤 임무(冠)를 맡아도 될 만한 나이가 된 것이다. 요새 사람들로 보면 취업 준비를 한 후 본격적으로 세상에 뛰어드는 시기이다. 이제 의젓하게 세상을 향해 나아갈 준비가 되었기 때문에 모든 일에 의욕적으로 덤벼들 수 있다. 젊기에 어떤 일이든 도전도 할 수 있고 꿈을 꾸면서 앞으로 나갈 수 있다. 넘어져도 다시 일어날 수 있다. 이때는 실패는 성공의 어머니라고 생각하면서 오로지 앞만 보고 가야 한다. 직책을 맡겨도 그 임무를 맡을 수 있는 나이가 비로소 된 것이다.

이 시기야말로 꿈을 올바로 꿔야 남은 인생이 행복해진다. 이때 꿈 없이 보내게 되면 남은 인생이 지루하고 힘들어지게 된다. 실패를 하더라도 당신이 하려고 하는 일이 싫어지지 않고 계속할 수 있는 그런 일을 하라. 그렇게 되면 남은 인생이 어려움은 있을지언정 마음만은 행복하게 될 것이다. 이때 꿈을 이루기 위해 최선을 다하지 않으면 당신의 인생은 세상에 의해 왜곡되고 비틀어져서 말년에 끔찍한 얼굴을 거울에서 보게 될 것이다.

⑧ 왕(旺)

어느덧 중년이 되어서 가장 정력적이고 왕성하게 일을 할 수 있는 때이니 요새로 보면 40세에서 50세라고 할 수 있다. 세상 물정도 충분히 알게 되어서 세상을 알게 되니 스스로의 능력만 있으면 거칠 것이 없다. 각자가 깨우친 세상의 모습에 따라 각자가 생각한 꿈을 실현할 수 있는 때이다. 스스로의 능력만 있으면 어느 누구도 건드리지 못할 것이다.

하지만 스스로 능력이 없으면 가장 만만한 사람에게만 왕 노릇을 하게 될 것이다. 젊은 시절에 꿈을 제대로 꾸지 않고 허송세월하였다면 이 시기의 자신은 가장 왕성한 시기이지만 다른 사람이 보기에는 만만해 보이는 비굴한 삶이 될 수밖에 없다. 왕성한 힘은 결국 왜곡되어 만만한 부하직원이나 배우자나 자식만 잡게 된다.

⑨ 쇠(衰)

가장 왕성한 때가 지나서 본격적으로 쇠약해지기 시작하는 때이다. 몸이 정말 옛날 같지 않고 모든 것에 의욕이 사라지기 시작한다. 세상과 타협하게 되고 좋은 게 좋은 거라고 생각하게 된다. 무언가를 새로 시작할 의욕이 없다. 어느새 거울에는 세상의 잘못됨을 향해 한 소리도 못하고 그냥 적응하는 쇠퇴해가는 내 모습이 보이게 된다. 꿈을 꾸지 않게 되면 이 시기는 빨리 올 수밖에 없게 된다. 그래서 사람은 꿈을 꾸어야 한다. 이루어질 수 있다고 믿을 수 있는 꿈을 말이다. 그렇지 못하면 너무나도 빨리 몸과 마음이 쇠약해진 내 모습을 보게 될 것이다.

⑩ 병(病)

몸과 마음이 쇠약해지기 시작하니 외부의 몸과 마음에 주는 작은 충격에도 내 몸은 골병이 난다. 어린이처럼 약해져서 조금만 날씨가 추워도 감기에 걸리고 오히려 어리광이 늘어나게 된다. 나이가 들면 어린이처럼 된다고 하는가! 이 시기가 딱 그런 시기이다. 몸이 약해지고 마음도 약해져 섭섭한 소리를 조금만 들어도 마음의 상처가 되고 음식을 조금만 잘못 먹어도 바로 체한다. 젊을 때 절제하는 습관을 들여놓았으면 이때 스스로를 절제하면서 몸과 마음의 건강을 유지하게 된다. 하지만 젊을 때 무절제하게 생활하였으면 철저히 망가진 자신의 모습을 이때 보게 될 것이다. 이 시기가 지나면 결국 죽을 날밖에 없다.

⑪ 사(死)

옛 왕릉들을 보면 무슨 돈을 그리 저승에 싸서 가려고 그렇게 무덤을 으리으리하게 지어놓았는가. 그런 것에 대한 집착은 마음을 무겁게 만들기 때문에 맑고 깨끗한 하늘 세계에는 들어갈 수가 없을 것이 뻔한 이치인데도 불구하고 그 영화를 죽어서도 누리려고 한다. 오히려 그 집착 때문에 죽어서도 편히 눈을 감지 못하리라.

자신의 인생을 후회 없이 살면 이 시기에 정말 한 점 미련도 없게 된다. 배우자와 자식에게 최선을 다했으면 그들의 앞날에 대해서도 별 걱정할 것이 없게 된다. 죽을 때 한 점 미련이 없는 삶이야말로 최고의 죽음이리라. 어찌 보면 이것도 해탈이라 할 수 있을 것이다.

자신의 인생에 최선을 다하게 되면 그 인생에서 미련을 가질 것이 없게 된다. 하지만 꿈을 가지지 않고 허송세월을 보내게 되면 죽을 때 남는 게 미련이리라. 이것만큼 비참한 말년이 없다. 죽어도 호상(好喪)으로 죽을 수 없게 될 것이다. 미련을 남기지 않는 죽음, 그것이야말로 우리가 인생에서 꿈꿔야 할 것이 아닐까 한다.

사주에서 이 사(死)가 좋은 자리에 있으면 죽어서 잘 될 사람이라고 볼 수도 있다. 어쩌면 고흐처럼 죽어서 이름을 날릴 수도 있고 이순신 장군처럼 명예를 남길 수도 있을 것이다. 혹은 죽을 때 모습이 좋을 수 있다. 하지만 사(死)의 자리가 좋지 못하면 오히려 살아서는 별로 좋은 모습을 보지 못하게 될 것이다.

⑫ 묘(墓) 또는 장(葬)

죽으면 무덤(墓)에 들어간다. 하지만 인생을 어떻게 살았느냐에 따라 무덤의 격이 달라진다. 못자리 역시 그 사람이 산 인생에 따라 정해진다고 풍수지리에서 말한다. 나쁜 인생을 산 사람은 명당자리를 잡아도 방향이 잘못되거나 약간 위치가 빗나가서 후손이 그 길을 받지 못하게 되리라. 좋은 인생을 산 사람은 후손이 잘되리라. 후손이 조상을 배우고 싶다고 생각할 수 있는 그러한 조상이 되는 것이 바로 좋은 인생을 산 삶의 대가이리라.

훌륭한 삶을 산 사람들은 후손들에게도 영향을 미친다. 그래서 후손들이 더 좋은 삶을 살 수 있도록, 더 좋은 후손들을 낳고 또 그 후손들에게 영향을 주도록 값진 삶을 살아야 하는 것이다. 그러면 그 후손들의 마음에 당신은 영원히 죽지 않고 살게 될 것이다. 이것은 후손들의 또 다른 삶을 태어나게 할 것이다. 후손들이 태어나도 좋다고 느낄만한 그러한 조상이 되어야 한다.

반대로 후손이 당신을 아버지 또는 할아버지로서 창피하게 느끼는 그러한 조상은 되지 말아야 한다. 본인을 잊으려고 하는 후손을 원망하지 말고 잊히게 만든 스스로를 탓하라. 자신의 인생을 위해 다른 사람의 피를 빨아 자신의 배를 채운 사람의 후손들은 당신을 떠올리기 창피할 것이다. 그렇게 되면 당신은 한 번 죽는 것이 아니라 두 번 죽게 되는 것이다. 그것이야말로 진짜 죽음이다. 어느 누구에게도 기억되고 싶지 않은 그런 인간은 그 자체가 그 인간이라는 존재의 기(氣)가 완전히 사라지는 죽임이 된다.

후손들에게 기억이 되는 조상이 되면 후손들의 마음을 통해 당신은 다시 태어날 것이다. 물론 후손들이 길이길이 제사도 지내주고 추모해줄 것이다.

04

12포태(胞胎) 적용의 예

이것을 적용할 때 크게 3가지 논점이 있다. 첫째는, 태어난 년(年)을 위주로 볼 것이냐 아니면 입태(入胎)가 된 년(年)을 위주로 볼 것이냐이다. 이 부분은 사실 사주에서 매우 논란이 많이 되는 부분이다. 입태 사주로 보아야 제대로 된 사주가 나온다는 주장을 하는 사람들도 제법 된다. 아니면 서자평처럼 년(年)만 입태가 된 년(年)을 쓰고 나머지는 태어난 월(月), 태어난 일(日), 태어난 시(時)를 쓰는 견해도 있다. 그것이 아니면 『연해자평』 이후의 명리학처럼 태어난 년월일시(年月日時)를 위주로 하는 방법이 있다. 이 중 무엇이 맞는지는 독자 여러분들이 판단해볼 문제이다.

둘째는, 십간을 음양으로 나눠서 볼 것이냐? 아니면 납음오행으로만 볼 것이냐이다. 분명 『이허중명서』에는 납음오행으로만 12포태를 보았다. 하지만 후대에서 오행을 십간의 음양으로 나눠서 12포태를 보게 되었다. 이것에 대한 이론도 분명 재정립해야 할 것이다. 이 부분에 대해서는 필자들이 경험적으로 임상해본 결과, 사람마다 적용이 다른 것으로 판단하고 있다. 12포태를 적용할 때 어떤 분은 십간을 음양으로 나눠서 간명하고, 어떤 분은 납음오행을 기준으로 간명하는 것이 잘 들어맞았다.

셋째로, 형충파해(刑冲破害)나 오행의 길흉(吉凶)과 상관이 있기 때문에 이런 것들을 고려해야 하느냐인데 당연히 고려해야 한다고 본다. 왕(旺)한 자리에 형충(刑冲)을 맞았다면 당연히 좋을 리가 없다. 좋다가 말거나, 좋지만 나에게는 별 도움이 안 되는 쪽으로 인생이 흘러갈 것이다. 예를 들어 아버지 자리가 왕(旺)한테 나와 충(冲)이면 아버지는 엄청 잘나가는데 나와는 안 맞아서 맨날 싸운다거나 심지어는 가출을 할 수밖에 없는 등의 일로 괴로움을 겪게 되는 그러한 비슷한 일이 일어나는 것이다.

이런 것들을 잘 고려해서 적용하게 되면 12포태는 사주학에서 매우 좋은 적용법이 될 것이다.

여명(女命)

시간		時	日	月	年
60갑자		己 巳	甲 申	丙 寅	甲 寅
납음오행		木	水	火	水
12포태	年 중심	胞	生	病	病
	日 중심	胞	生	病	病

상기 사주를 납음오행으로 보았을 때는 년(年)으로 보나 일(日)로 보나 12포태 중 병(病)이 많다. 납음오행으로 보았을 때 시(時)인 목(木)은 년(年) 또는 일(日)이 수(水)이니 식신(食神)에 해당한다. 따라서 길신(吉神)이라고 볼 수 있는데 이 길신(吉神)이 12포태 중 포(胞)에 있다. 시(時)를 자

식궁(子息宮)으로 본다면 자식궁이 생(生) 또는 왕(旺) 등의 길신(吉神)이 되어야 좋은데, 아직 임신이 되지 않은 상태를 의미하는 포(胞)의 자리에 있으니 임신이 잘 안 되거나 임신을 하기 힘든 상황이 될 것이다.

만약 서자평의 방식이라면 일간 위주로 봐야 하고, 이때 갑신(甲申)의 신(申)은 부부궁(夫婦宮)이니 유일하게 좋다고 볼 수 있다. 게다가 남편궁과 자식궁이 사신(巳申)으로 합(合)이 되어 있어 그 합(合)으로 인해 난자인 포(胞)가 정자와 합(合)이 되어 임신을 할 수 있게 된다. 자식궁에 포(胞)가 있으니 그 자식은 무언가 새로운 바람을 불러일으킬 수 있는 힘이 내재한 자녀일 수 있다. 하지만 본인은 12포태 중 병(病)이 많으므로 몸에 지병이 많아서 많이 괴로워할지도 모른다.

남명(男命)

시간		時	日	月	年
60갑자		丁卯	己亥	乙巳	丁亥
納音五行		火	木	火	土
12胞胎	年 중심	生	墓	帶	墓
	日 중심	旺	生	病	生

만일 연간 위주로 본다면 배우자궁에 묘(墓)를 깔고 있고 조상궁인 년(年) 역시 묘(墓)이며 이 2개가 자형(自刑)이 되어있다. 따라서 배필을 만나기가 쉽지 않을 것이고 또 사해충(巳亥沖)까지 겹쳐서 좋은 자리인 대(帶) 역시 제대로 작용할 수가 없게 된다. 그나마 해묘(亥卯)가 반합(半合)이 되어 사해충(巳亥沖)과 해(亥)의 자형(自刑)을 약간은 막더라도 완전히 제대

로 막을 수는 없다. 이렇게 형충(刑冲)이 겹쳐서 작용하게 되면 12포태가 좋더라도 좋게 작용할 수가 없게 된다. 부모궁인 대(帶)가 따라서 나쁘게 작용한다고 볼 수밖에 없게 되는데, 이렇게 되면 부모궁은 딱 자기 옷 입고 자기 밥 먹는 정도의 건사만 할 수 있는 대(帶)이니 자기 건사는 확실히 할 수 있는 사람인데 문제는 충(冲)이 되어있으니 나를 가로막는 장애물들이 가끔 나타날 수 있다.

일(日)을 중심으로 보더라도 역시 좋은 자리인 생(生)이 역시나 형충(刑冲)을 맞았다. 배우자가 본인을 살려주는 자리이나 충(冲)이 되어 있으니 제대로 작용하기 힘들게 되어있다.

이 사주는 년(年)으로 보나 일(日)로 보나 자식궁인 시(時)가 제일 좋다. 따라서 자식 덕을 언젠가는 보게 될 것이다. 12포태로 볼 때에는 자식 외에는 덕(德)을 보기 힘들다고 보아야 한다.

여명(命)

시간		時	日	月	年
60甲子		癸 巳	丙 辰	辛 酉	戊 子
納音五行		水	土	木	火
12胞胎	年 중심	冠	帶	死	胎
	日 중심	帶	浴	病	胞

년(年)을 위주로 본다면 남편은 자기 앞가림 정도는 할 줄 아는 사람을 만나게 된다고 보아야 한다. 게다가 그것이 부모궁과 합(合)이 되었으니 좋다고 보아야 한다. 월(月)과 시(時)는 반합(半合)이 된다. 년(年)과 시

(時)는 정임합(丁壬合)과 같은 회(會)가 된다. 이렇게 합(合)과 회(會)가 많은 사람은 주변 사람들과 사귀기 매우 좋아하는 사람이라고 보아야 한다. 자식궁에 관(冠)이 있으니 감투 쓴 자식을 볼 수 있게 될 것이다.

일(日)을 위주로 본다면 남편궁은 매우 연약한 상태라 누구의 도움이 없다면 제대로 건사를 못하는 것처럼 느껴질 것이다. 부모궁은 병(病)이 들어 본인에게 전혀 도움이 안 된다고 생각이 들 것이다.

요약

12포태(胞胎) 보는 법

① 년간(年干)을 위주로 볼 때는 태어난 년(年)을 위주로 볼 것이냐 아니면 입태(入胎)가 된 년(年)을 위주로 볼 것이냐?

② 일간(日干)을 위주로 보는 것도 가능하다.

③ 10간을 음양(陰陽)으로 나눠서 볼 것이냐? 아니면 납음(納音) 오행으로만 볼 것이냐?

④ 형충파해(刑冲破害)나 오행의 길흉(吉凶) 등도 당연히 고려해야 한다.

VI

운기학(運氣學)과
오행의 법칙

오운육기학(五運六氣學)에서 통용되는 법칙

왜 형충파해(刑冲破害), 12포태(胞胎) 등은
운기학에서 적용하지 않는가?

사주(四柱)로 보는 운기학?

오운육기학(五運六氣學)에서
통용되는 법칙

간합(干合) 객운(客運)

오운육기학에서는 천간(天干)의 간합(干合)이 자주 사용된다. 사주에서
는 간합(干合)이 된다는 사실만 사용할 뿐 간합이 되어 또 다른 오행이 나
온다는 내용은 사용되지 않지만, 오운육기학에서는 간합으로 인해 생기
는 또 다른 오행을 적극적으로 사용한다.

甲己合化爲土 乙庚合化爲金 丙辛合化爲水 丁壬合化爲木 戊癸合化爲火

갑기합화위토 을경합화위금 병신합화위수 정임합화위목 무계합화위화

사주학에서는 어떤 사람의 사주(四柱)에 갑기(甲己)가 동시에 있다면 갑
기(甲己)가 합(合)하여서 명예를 위해 다른 사람들과 잘 화합(和合)을 하
는 경향이 있다는 말만 하지 거기서 발생하는 토(土)에 대해서는 일언반

구도 꺼내지 않는 문헌들이 대부분이다. 하지만 운기학(運氣學)에서는 주운(主運)이 있고 객운(客運)이 있는데, 주운(主運)은 무조건 목화토금수(木火土金水)의 순서대로 오고 객운(客運)은 합(合)해서 변화하는 오행을 첫 번째 오행의 객운으로 잡는다. 예를 들어 올해가 갑자년(甲子年)이면 갑(甲)을 객운에서는 목(木)으로 보는 것이 아니라 무조건 갑기합(甲己合)이 이미 되었다고 보고 토(土)로 계산을 한다. 즉 객운에서는 토(土)가 1운(運)으로 온다. 마찬가지로 을(乙)의 객운은 을경금(乙庚金)이라 금(金)이 된다. 역시 금(金)이 1운(運)으로 오게 되는 것이다.

甲子年					
五運	1運	2運	3運	4運	5運
主運	木	火	土	金	水
客運	土	金	水	木	火

乙丑年					
五運	1運	2運	3運	4運	5運
主運	木	火	土	金	水
客運	金	水	木	火	土

지충(支冲) 객기(客氣)

천간(天干)이 이러한 것처럼 지지(地支)도 역시 마찬가지이다. 지지(地支)에서는 서로 충(冲)이 되는 것은 맞지만 사주에서는 충(冲)만 사용하는 데 반해, 오운육기에서는 충(冲)이 되어 변화하는 육기(六氣)를 위주로 다룬다.

子午冲爲少陰君火 丑未冲爲太陰濕土 寅申冲爲少陽相火

자오충위소음군화 축미충위태음습토 인신충위소양상화

卯酉冲爲陽明燥金 辰戌冲爲太陽寒水 巳亥冲爲厥陰風木

묘유충위양명조금 진술충위태양한수 사해충위궐음풍목

예를 들어 사주(四柱)에서는 자오(子午)가 충(冲)이 되는 그 사실만 다뤄서 충(冲)이 되면 변동수, 이동수가 많고 충돌하고 부딪히며 위험한 일들이 자주 생긴다고 본다. 하지만 운기학에서는 자오(子午)가 충(冲)이 되어 소음군화(少陰君火)라는 육기(六期)의 더운 서열(暑熱)이 생기는 것을 더 중요시한다. 오운(五運)의 주운(主運), 객운(客運)처럼 육기(六氣)에서도 주기(主氣)와 객기(客氣)가 있는데 객기(客氣)는 객운(客運)처럼 충(冲)하여 변화하는 육기(六氣)를 위주로 본다. 예를 들어 자(子)는 오(午)와 충(冲)하여 소음군화(少陰君火)가 되는데 오운육기학에서는 이미 충(冲)하였다고 보고 갑자년(甲子年)의 객기(客氣)의 사천(司天)을 무조건 소음군화(少陰君火)로 본다. 경진년(庚辰年)의 객기(客氣)는 무조건 태양한수(太陽寒水)가 된다. 이 외의 나머지 사주학에서 쓰이는 십간 십이지의 법칙은 오운육기학에서는 전혀 통용이 되지 않는다.

약간 설명을 해보면 운기학에서의 매해 변하지 않는 주기(主氣)는 지역에 따라 다르지만 6개의 기(氣)가 무조건 이 순서대로 온다.

厥陰風木 少陰君火 少陽相火 太陰濕土 陽明燥金 太陽寒水

궐음풍목 소음군화 소양상화 태음습토 양명조금 태양한수

木　　　火　　　土　　　金　　　水

이것은 말 그대로 목화토금수(木火土金水)의 순서대로이다. 그런데 이러한 주기(主氣)는 풍토(風土) 지역에 따라 달라지므로 지역에 따라 육기(六氣)의 가감(加減)이 따라오게 된다. 다음은 매해 달라지는 객기(客氣)이다. 객기(客氣)는 무조건 이 순서대로 온다. 이 순서대로 돌고 도는 것이다.

    1 厥陰風木(궐음풍목) 2 少陰君火(소음군화) 3 太陰濕土(태음습토)

    4 少陽相火(소양상화) 5 陽明燥金(양명조금) 6 太陽寒水(태양한수)

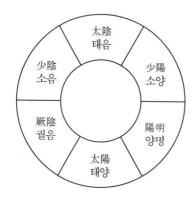

이 6개 중에 3번째 기(氣)인 사천(司天)에 뭐가 오느냐에 따라 이 순서대로 순환하면서 전개된다. 예를 들어, 올해가 정해년(丁亥年)이라고 가정해보자. 그렇게 되면 해(亥)는 사해(巳亥) 궐음풍목(厥陰風木)이니 이 궐음풍목(厥陰風木)은 3번째로 오게 된다. 그렇게 되면 이 순서가 된다.

    1 陽明燥金(양명조금) 2 太陽寒水(태양한수) 3 厥陰風木(궐음풍목)

    4 少陰君火(소음군화) 5 太陰濕土(태음습토) 6 少陽相火(소양상화)

六氣	丁亥年					
	初氣	2氣	3氣(司天)	4氣	5氣	6氣(在泉)
主氣	厥陰風木	少陰君火	少陽相火	太陰濕土	陽明燥金	太陽寒水
客氣	陽明燥金	太陽寒水	厥陰風木	少陰君火	太陰濕土	少陽相火

六氣	丙戌年					
	初氣	2氣	3氣(司天)	4氣	5氣	6氣(在泉)
主氣	厥陰風木	少陰君火	少陽相火	太陰濕土	陽明燥金	太陽寒水
客氣	少陽相火	陽明燥金	太陽寒水	厥陰風木	少陰君火	太陰濕土

02

왜 형충파해(刑冲破害),
12포태(胞胎) 등은
운기학에서 적용하지 않는가?

『태시천원책(太始天元册)』과 십간도(十干圖)

『내경』에는 그 당시 유행했던 책인 『태시천원책(太始天元册)』을 인용하여서 오운육기가 어떻게 발생하는지 설명을 하고 있다. 그 원문을 한번 보겠다.

　황제가 가로되, "원컨대 그것(五運六氣)이 시작된 바를 듣고 싶습니다."

　기백이 가로되, "밝으십니다, 질문이여! 신(臣)이 『태시천원책(太始天元册)』의 글을 보니,

　"단천(丹天)의 기(氣)는 우(牛), 여(女), 무(戊)의 분(分)을 지나고, 금천(黅天)의 기(氣)는 심(心), 미(尾), 기(己)의 분(分)을 지나고, 창천(蒼天)의 기(氣)는 위(危), 실(室), 류(柳), 귀(鬼)를 지나며, 소천(素天)의 기(氣)는

항(亢), 저(氐), 묘(昴), 필(畢)의 분(分)을 지나고, 현천(玄天)의 기(氣)는
장(張), 익(翼), 루(婁), 위(胃)의 분(分)을 지난다."라고 하는데,

소위 무기(戊己)의 부분이란 규(奎), 벽(壁), 각(角), 진(軫)이라, 곧 하
늘과 땅의 문호(門戶)입니다. 무릇 살피는 것이 시작하는 곳이 도(道)가
생기는 곳이니 통하지 않을 수 없습니다."라고 하였다.[99]

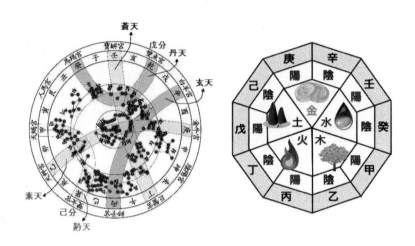

왼쪽 그림은『태시천원책』을 그림으로 그린 그림이고, 오른쪽 그림은 일
반적으로 십간을 쭉 나열해서 오행을 배열한 그림이다. 위에 인용한『내
경』의 본문 내용을 잘 보면 오운육기(五運六氣)의 시작을 28수(宿)에서 찾

---

99) 帝曰, 願聞其所始也. 歧伯曰. 昭乎哉, 問也! 臣覽《太始天元冊》文, 丹天之氣, 經于牛女戊
分; 黅天之氣, 經于心尾己分; 蒼天之氣, 經于危室柳鬼; 素天之氣, 經于亢氐昴畢; 玄天之氣, 經
于張翼婁胃. 所謂戊己分者, 奎壁角軫, 則天地之門戶也. 夫候之所始, 道之所生, 不可不通也.
『내경』「오운행대론(五運行大論)」.

는다. 28수는 원래 동서남북(東西南北) 4방위에 칠성(七星)의 관할 아래에 있는 7개의 별들을 나열해서 4×7=28로 만든 별자리이다. 따라서 오행 중 토(土)가 없다. 그런데 이 2개의 그림에서 결정적으로 다른 부분이 있다. 왼쪽 그림에서는 무기(戊己)가 정병(丁丙)과 경신(庚辛) 근처에 위치한 반면에 오른쪽 그림에서는 전혀 다른 위치에 무기(戊己)가 위치한다. 이 2개의 그림의 차이를 확실히 알아야 한다. 왼쪽 그림은 말 그대로 오행의 순서대로 돌아가는 그림이다. 그런데 오른쪽 그림은 오행(五行)의 순서가 아니라 단순히 동서남북으로 나눠서 배열한 그림이다. 무기(戊己)는 토(土)인데 왜 왼쪽 그림은 목화(木火)인 양(陽)과 금수(金水)인 음(陰) 사이에서 중재를 하고 있는데 오른쪽 그림은 전혀 달라 보이는 위치에 자리 잡혀있을까?

오른쪽 그림은 땅 위에서 오행의 법칙대로 돌아가는 모습이다. 지구라는 토(土) 기운이 제대로 작동하기 때문에 음(陰)과 양(陽)의 정확한 중간에 토(土)가 위치한다. 하지만 왼쪽 그림은 지구 밖에서 작용하는 것이기 때문에 지구라는 토(土)의 작용이 없다. 왼쪽 그림 건(乾)과 손(巽) 부분 천지(天地) 문호(門戶)에 무분(戊分), 기분(己分)을 붙인 이유는 바로 지구로 들어와서 지구의 하늘과 땅을 접해야 만물(萬物)을 탄생시키는 어머니인 토(土) 기운이 제대로 작용해서 오운(五運)의 합화(合化) 작용이 나타난다는 것을 의미한다. 그냥 우주의 허공 속에서는 하늘은 있을지언정 땅이 없다. 그리고 땅의 중력이 작용해서 만들어지는 대기권이 없으면 그 땅의 하늘 역시 없는 것이다. 수성(水星)은 대기권이 없는데 이렇게 되면 수성(水星)에서는 땅만 있지 하늘의 작용이 없는 것이다. 지구는 중력 때문에 수분을 잡아 놓게 되고 그것이 대기권을 형성하는데, 하늘로 증발하였다가 응결된 수분과 땅 위의 수분이 있게 되고 그 사이에 비어있는 성경(聖經, Bible)에서 말하는 궁창(穹蒼)인 하늘(天)이 존재한다. 이처럼 천지(天地)라고 하면 시커먼 우주의 천(天)이 아니라 지구 대기권까지의 하늘을 말한다. 이 안에 있어야 오운(五運)의 합화(合化) 작용이 나타난다는 것이다. 육기(六氣)의 충화(冲化) 작용 역시 땅의 작용이 있어서 변화되는 것이지, 지구 밖에서는 반대 방위의 충(冲)은 있을지언정 화(化)해서 다른 오행이 만들어지지는 않는 것이다. 즉, 천간(天干)의 합(合)으로 다른 오행이 만들어지는 그 자체가 만물(萬物)을 생(生)하는 부모·자식 간의 생식(生殖) 작용에서 벌어지는 일이다. 지지(地支)의 충화(冲化) 역시 마찬가지이다. 이것은 지구(地球)라는 생명을 잉태할 수 있는 땅덩어리에서만 가능하다. 만물(萬物)의 생명을 잉태할 수 있는 이 지구에서만 하늘과 땅이 부부(夫婦)의 합(合)을 이루어 새로운 주류(走類), 비류(飛類), 영장류(靈長類), 갑각류(甲殼類), 어류(魚類) 등의 생물들을 잉태해낸다. 하늘 땅의 부부(夫婦)는 그렇게 해서 생명을 통해 기쁨을 느끼고 서로를 향해 닮아가면서 생명의 꿈을 완성해나가고 있는 것이다.

연월일시(年月日時) 개념의 사주학(四柱學)

사주학에서 보는 사주(四柱)는 어떤 것인가? 연월일시(年月日時)라는 개념으로 전개는 되지만 년(年)은 월(月)보다 상위의 개념이요, 월(月)은 일(日)보다 상위의 개념이요, 일(日)은 시(時)보다 상위의 개념이다. 오운(五運)의 합화(合化)나 지지(地支)의 충화(冲化)로 만들어지는 오행은 서로 대등한 부부(夫婦)의 관계에서 만들어지는 자식 같은 개념이다. 뿐만 아니라 부부(夫婦)가 서로를 향해 닮아가는 과정을 말한다. 하지만 이 같은 부부(夫婦)처럼 대등한 것이 아니라 사주학의 연월일시처럼 위아래가 분명한 개념이라면 합(合)이나 충(沖)은 될지언정 자식 같은 새로운 오행이 만들어진다고 볼 수는 없는 것이다.

```
時 日 月 年
己 甲 丙 甲
巳 申 寅 寅
```

이렇게 되면 갑기(甲己)가 합(合)이 되고 인신(寅申)이 충(沖)이 된다. 그런데 갑기(甲己)가 합(合)이 되어도 일(日)과 시(時)가 서로 대등한 개념이 아니기 때문에 합화(合化)하여 토(土)가 만들어지지는 않는다. 인신(寅申)의 충(沖) 역시 년(年), 월(月)과 일(日)의 시간 단위가 다르기 때문에 역시 대등하지 않으므로 충(沖)은 존재하지만 충화(沖化)하여 소양상화(少陽相火)가 만들어진다고 볼 수는 없다. 이것은 28수의 기운들이 서로 섞이면서 지구(地球)로 들어오게 되었을 때 지구라는 부인(婦)과 하늘이라는 지아비(夫)가 합(合)하여 발생하는 오행 현상이다. 사주에서는 연월일시(年月日時)가 조상, 부모, 나, 자식 등의 상하(上下)의 개념이지 부부(夫婦)의 대등한 관계가 아니기 때문에 운기학의 이러한 화기오행(化氣五行)과 충화육기(沖化六氣)의 개념들이 도입되지 않는다.

육합(六合)과 운기학(運氣學)

자축합토(子丑合土) 인해합목(寅亥合木) 등의 육합(六合)으로 이루어지는 오행은 왜 운기학에서 쓰이지 않을까? 이미 앞에서 자세히 이야기했지만 간합(干合)과 지지(地支) 충화(冲化)로 만들어진 화기오행(化氣五行)과 소양상화(少陽相火), 소음군화(少陰君火), 양명조금(陽明燥金) 등의 육기(六氣)오행은 5라는 숫자를 통해 이루어지는 부부(夫婦)의 합(合)을 통해 만들어진 기운이다. 단지 연애를 통해 이루어진 합(合)이 아니라 결혼을 통해 이루어진 부부(夫婦)의 합(合)이다. 짧은 연애는 서로를 변화시키지 못한다. 서로에게 닮아가는 진정한 변화는 결혼을 통한 부부(夫婦)의 합(合)으로 이루어진다. 그러한 합(合)은 천간(天干)의 합(合)과 지지(地支)의 충화(冲化)를 통해 이루어진 화기오행(化氣五行)과 육기오행(六氣五行)뿐이다.

삼합(三合)으로 만들어지는 오행과 육합(六合)을 통해 만들어지는 오행은 그러한 오행이 아니기 때문에 본인 스스로의 천간(天干)과 지지(地支)는 그 자체가 변화되지는 못한다. 본인의 오행은 그대로 보존하고 있는 것이다. 그래서 『이허중명서』에서는 이러한 삼합(三合) 같은 오행은 진오행(眞五行)이 아니라고 이야기한다.

예를 들어, 갑자년(甲子年)이면 운기학에서는 갑기토(甲己土)이니 갑(甲)은 토(土)가 되어 객운(客運)에서 토(土)부터 시작하여 토금수목화(土金水木火)의 순서대로 전개 된다. 자(子) 역시 소음군화(少陰君火)가 되니 객기(客氣)에서 3번째 육기(六氣)인 사천(司天)이 소음군화(少陰君火)가 되어 1 태양한수(太陽寒水), 2 궐음풍목(厥陰風木), 3 소음군화(少陰君火), 4 태음습토(太陰濕土), 5 소양상화(少陽相火), 6 양명조금(陽明燥金)의 순서로 전개가 된다. 갑(甲)이 객운(客運)에서는 목(木)이 아니라 토(土)로 변화하였고, 자(子) 역시 객기(客氣)에서는 수(水)가 아니라 소음군화(少陰君火)로 바뀌어서 3번째 기(氣)에서 소음군화(少陰君火)로 오게 된다. 하지만 육합(六合)과 삼합(三合)은 새로운 오행이 하나 만들어지는 것이지 그 자신은 오행의 변화를 가져오지 않는다. 예를 들어, 묘술(卯戌)이 합(合)하여 화(火)가 만들어진다면 묘(卯)나 술(戌)이 자체가 화(火)로 변하는 것이 아니라 묘(卯)는 목(木) 그대로, 술(戌)은 토(土) 그대로 존재하고 새로운 화(火)가 하나 더 생기는 것으로 이해하면 된다. 때문에 사주학처럼 연월일시(年月日時)의 상호관계를 통한 형충파해(刑冲破害) 등이 존재하지 않는 운기학에서는 이러한 육합(六合)이 존재할 수가 없기 때문에 운기학에서 육합(六合)은 쓰이지 않는다.

형(刑), 파(破), 해(害)와 운기학(運氣學)

운기학은 주운(主運), 객운(客運), 주기(主氣), 객기(客氣) 등을 통해 한 해의 운기(運氣)를 파악하는 학문이다. 그런데 주운 객운, 주기 객기의 개념은 천간과 천간끼리, 지지(地支)와 지지(地支)끼리 서로의 연관성이 있는 학문이 아니다. 예를 들어보겠다.

時　日　月　年
己　甲　丙　甲
巳　申　寅　寅

이 사주를 보면 인신(寅申) 충(沖)이 되고 인사(寅巳) 형살(刑煞)이 된다. 사주학은 이처럼 연월일시(年月日時)의 천간(天干)과 지지(地支)끼리 서로 상호영향력을 주고받는다. 그런데 운기학의 주운 객운 주기 객기를 한번 살펴보겠다.

경자년(庚子年)을 예로 들어보겠다.

을경(乙庚)이 합(合)하여 금(金)이 되니 금운(金運)부터 객운(客運)의 1운(運)이 시작된다.

주운(主運)과 객운(客運)

運次	1운(運)	2운(運)	3운(運)	4운(運)	5운(運)
주운(主運)	木	火	土	金	水
객운(客運) 天干	金 庚	水 辛	木 壬	火 癸	土 甲

주기(主氣)와 객기(客氣)

氣次	초기(初氣)	2기(氣)	3기(氣)	4기(氣)	5기(氣)	6기(氣)
天地	사천(司天)				재천(在泉)	
주기(主氣)	厥陰風木	少陰君火	少陽相火	太陰濕土	陽明燥金	太陽寒水
객기(客氣)	太陽寒水	厥陰風木	少陰君火	太陰濕土	少陽相火	陽明燥金
地支	戌	亥	子	丑	寅	卯

이렇게 주운과 객운, 주기와 객기가 나열되는데 사주와는 다르게 천간(天干)끼리, 지지(地支)끼리 맞붙어서 어떤 관계를 따질만한 것이 존재하지 않는다. 적어도 주운(主運) 또는 주기(主氣)에 천간과 지지가 나와야 객운

(客運) 객기(客氣)와 서로 대응을 시켜서 관계를 따지는데 주운과 주기는 천간과 지지로 변환시킬 수 없이 그냥 고정으로 나온 것이라 객운 객기의 천간(天干)과 지지(地支)와의 관계 비교 자체가 불가능하다. 때문에 운기 학에서는 천간(天干)과 지지(地支)가 서로 간의 관계가 형성되지 않으므로 형(刑), 파(破), 해(害)라는 신살은 적용이 불가능하다.

03

사주(四柱)로 보는
운기학?

원래 오운육기학의 원조는 『내경』이다. 그런데 『내경』에서는 분명 운기학(運氣學)을 임상에 응용하는 방법이 구체적으로 나옴에도 불구하고 그 상징성 때문에 임상 방법을 찾지 못하거나 아니면 사용하지 않게 되어 후대의 운기학은 이상한 모양으로 변질하게 된다. 이른바 입태(入胎) 사주를 넣은 운기(運氣) 체질이 그것이다. 『내경』에는 사주의 'ㅅ'자도 나오지 않건만 이런 이론이 나오게 된 것은 적중률은 둘째치고 적어도 운기학(運氣學)의 정통과는 동떨어졌다고 할 수 있다. 『동의보감』에 나오는 입태(入胎) 사주를 뽑는 방법이 그 출발점인데 그 방법은 다음과 같다.

입태일(入胎日) 사주는 오늘날 가장 많이 전해지는 것은 바로 『동의보감』 방식의 입태일 계산법이다. 『동의보감』에 나오는 내용은 중국 원(元) 나라 때의 『금단대요(金丹大要)』[100]를 인용한 것인데 그 내용을 한번 보겠다.

『태평성혜방(太平聖惠方)』에 가로되 "하늘과 땅의 정기(精氣)는 만물(萬物)의 형(形)을 화(化)하니, 아버지의 정기(精氣)는 혼(魂)이 되고 어머니의 정기는 백(魄)이 된다. 첫 번째 달은 그 태(胎)를 품게 되니 마치 요구르트 같고, 두 번째 달은 그 열매를 이루어 오얏의 모습과 같으며, 세 번째 달은 사람의 형상이 있게 되고, 네 번째 달은 남녀로 나뉘며, 다섯 번째 달은 근골(筋骨)이 이루어지고, 여섯 번째 달은 귀밑과 머리에 털이 나며, 일곱 번째 달은 그 혼(魂)을 놀리면서 오른쪽 손을 움직일 수 있고, 여덟 번째 달은 그 백(魄)을 놀리면서 왼쪽 손을 움직일 수 있으며, 아홉 번째 달은 몸을 3번 돌리고, 10번째 달이 가득 차면 어머니와 자식이 그 속에서 나뉘어 풀어진다. 10달이 지나 태어나는 사람은 부귀하고 오래 살며, 10달에 부족한 사람은 가난하고 천하며 일찍 죽게 된다. [101]

상양자(上陽子)가 가로되 "사람이 처음 기(氣)를 받을 때는 9일이 되어 음양(陰陽)이 크게 정(定)해지고 49일에는 비로소 태(胎)가 시작되니 그런 후 7일(56일)이면 한번 변(變)한다. 그러므로 306일에 가득 찬 사람과 296에 가득 찬 사람은 모두 으뜸가는 그릇이다. 286이거나 266일은 중간 그릇이다. 256일이거나 246일은 낮은 그릇이다. 대개 천간(天干) 갑(甲)은 반드시 기(己)와 합(合)하여 바야흐로 생(生)하고, 지지

---

100) 호(號)가 상양자(上陽子)라고 알려진 원(元) 나라 진치허(陳致虛)의 저서(著書).
101) 聖惠方曰天地之精氣化萬物之形, 父之精氣爲魂, 母之精氣爲魄. 一月懷其胎如酪, 二月成其果而果李相似, 三月有形像, 四月男女分, 五月筋骨成, 六月髻髮生, 七月遊其魂而能動右手, 八月遊其魄而能動左手, 九月三轉身, 十月滿足母子分解其中, 有延月而生者, 富貴而壽, 有月不足者, 貧賤而夭.『동의보감(東醫寶鑑)』.

(地支) 축(丑)은 반드시 자(子)와 합(合)할 때 바야흐로 길러지나니, 스스로 하늘과 땅이 덕(德)을 합(合)하지 않는다면 사람은 반드시 태어나지 못한다. 그러므로 이르길 9월에는 신(神)이 퍼지고 기(氣)가 가득 차서 태(胎)가 완전해진다. 역시 이르길 10월에 태(胎)를 품게 되는 이것이 하늘과 땅의 덕(德)이 기(氣)에서 합(合)한 뒤 태어나는 것이다."라고 하였다. [102)

이 글을 보면 어머니 배 속에서 오래 있을수록 아기는 더 귀한 몸이 된다고 이야기한다. 그리고 상양자(上陽子)의 글을 인용하여 입태일(入胎日)에 대한 이론을 이야기하였다. 이『동의보감』에 나오는 이론을 이어받아 영조 1725년 윤동리(尹東里)가 편찬한 운기론(運氣論)에 관한 책이 있는데 『초창결(草窓訣)』이라는 책이다. 이『초창결』이후로 조원희(趙元熙)의『오운육기의학보감(五運六氣醫學寶鑑)』으로 운기학의 입태(入胎)와 사주(四柱) 이론은 확립하게 되었다. 실제 이 입태일은 운기학자들 사이에서 많이 사용되던 이론이었다. 이때부터 운기(運氣) 체질 사주가 거론되기 시작하였는데 중국에서는 없는 전통이었다.『동의보감』에서 계산하는 입태일 계산법을 간단히 말해보겠다.

출생일과 간합(干合)과 지합(支合)되는 날을 이용해서 찾는다. 예를 들

---

102) 上陽子曰 人初受氣也 九日而陰陽大定, 四十九日而始胎 然後七日而一變. 故滿三百有六日者 滿二百九十六日者 皆上器也. 有二百八十六日者 二百六十六日者 中器也. 有二百五十六日者 二百四十六日者 下器也. 盖天干甲必合己而方生地, 支丑必合子而方育, 自非天地合德則人必不生也. 故云九月神布氣滿而胎完, 亦云十月懷胎也, 此天地之德合於氣而後生也.『동의보감』.

어, 출생일이 갑자일(甲子日)이면 갑기합(甲己合)이 되고 자축합(子丑合)이
되니 기축일(己丑日)이 바로 입태일(入胎日)이 되는 것이다. 그리고 위에 나
온『동의보감』의 입태일과 출생일과의 날짜 차이에 대해 이야기했는데 그
것을 말해 보면 다음과 같다.

상기(上器): 306일 296일

중기(中器): 286일 266일

하기(下器): 256일 246일

다음은 한의사들에게 많이 읽히는 백남철의『오운육기학(五運六氣學)』
에 따르면 다음 도표로 나오는데 이것은『동의보감』의 뜻과는 다르다.
『동의보감』대로라면 276일은 존재하지 않는다. 일단 백남철 선생의 이론
을 먼저 보자.

태어난 날	入胎 ~ 출생 기간	器
辰戌日	296일 또는 306일	上器
巳亥日	286일	中器
午子日	276일	
未丑日	266일	
申寅申	256일	下器
酉卯日	246일	

백남철의 이론은『동의보감』에 나오지 않는 276일을 넣으니까 진술일
(辰戌日)에 태어난 사람이 296일도 되고 306일도 되는 것이다. 그런데 실

제로 계산해보면 백남철 선생 이론과 『동의보감』에 나온 이 2개의 이론은 다 날짜가 맞지 않는다. 간합(干合)과 지합(支合)으로 입태일을 계산해서 이 도표에 나온 대로 출생일에서 날짜를 앞으로 세어보면 정확한 입태일이 나와야 할 텐데 그 날짜가 다르게 된다. 『동의보감』에 나오는 내용과 이 『오운육기학』에 나오는 두 내용 다 맞지 않다는 것이다. 다음은 『오운육기의학보감(五運六氣醫學寶鑑)』에 나오는 입태 이론이다.

자오일(子午日)에 태어난 사람은 (입태일(入胎日)부터 출생일까지의 날수가) 276일이고, 축미일(丑未日)에 태어난 사람은 (입태일부터 출생일까지의 날수가) 266일이며, 인신일(寅申日)에 태어난 사람은 (입태일부터 출생일까지의 날수가) 256일이고, 묘유일(卯酉日)에 태어난 사람은 (입태일부터 출생일까지의 날수가) 246일 또는 306일이며, 진술일(辰戌日)에 태어난 사람은 (입태일부터 출생일까지의 날수가) 296일이고, 사해일(巳亥日)에 태어난 사람은 (입태일부터 출생일까지의 날수가) 286일이다. [103]

『동의보감』대로 하면 아래와 같은데

상기(上器) : 306일 296일
중기(中器) : 286일 266일
하기(下器) : 256일 246일

---

103) 子午日生 二百七十六日, 丑未日生 二百六十六日, 寅申日生 二百五十六日, 卯酉日生 二百四十六日三百六日, 辰戌日生 二百九十六日, 巳亥日生 二百八十六日. 『오운육기의학보감(五運六氣醫學寶鑑)』.

실제로 천간(天干)과 지지(地支)의 합(合)으로 만세력을 보면서 계산해 보면『동의보감』에 나오는 숫자는 맞지 않는다. 그런데『동의보감』에는 276일이 없다. 오히려 위에서 언급한『오운육기의학보감』의 숫자가 오히려 맞는다. 자오일(子午日)을 만세력을 보면서 계산해보면 276일이 나오기 때문이다. 그리고 246일은 묘유일(卯酉日)이고 306일 역시 묘유일(卯酉日)이다. 즉,『동의보감』대로라면 자오일(子午日)이 빠지게 되는 것이다. 그런데『오운육기의학보감』에 나오는 상기(上器), 중기(中器), 하기(下器)의 날수는 또『동의보감』과 너무 차이가 난다. 때문에『동의보감』의 상기(上器), 중기(中器), 하기(下器) 이론을 살리고『오운육기의학보감』의 입태일에 해당하는 날수를 다 같이 살리고 이 두 가지를 다 참고해서『동의보감』의 날수에 따른 상기(上器), 중기(中器), 하기(下器)와『오운육기보감』의 날짜 수를 종합해서 보면 다음 도표와 같다.

태어난 날	入胎 ~ 출생 기간	器
卯酉日	306일	上器
辰戌日	296일	
巳亥日	286일	中器
子午日	276일	
丑未日	266일	
寅申日	256일	下器
卯酉日	246일	

즉, 묘유일(卯酉日)이라도 입태일과의 차이가 306일인 경우는 상기(上器)이지만 246일인 경우는 하기(下器)가 되는 것이다. 보통 건강한 사람

은 306일로 보고, 병에 자주 걸리고 마르고 약한 사람은 246일로 본다고 한다. 이 이론은 김장생 박사의『오운육기의학보감』해설에 나온다. 이 이론이 맞는지 틀리는지는 나중에 좀 더 깊은 연구가 필요할 것이다. 현재 한국에서는 입태일을 계산할 때는 이 이론이 대세이니 입태일을 찾으려면 현재로서는 이 이론을 적용하는 것이 제일 좋다고 보인다. 일단은 천간합(天干合)과 지지합(地支合)으로 입태일(入胎日)을 찾는 방식이 가장 현재의 대세라는 것만 알고 넘어가자. 물론 이 부분도 많은 검증이 필요하겠지만 현재 가장 많이 사용하는 이론이니 참고하기 바란다.

이렇게 해서 입태일(入胎日)을 뽑으면 이 입태일은 운기학(運氣學)으로 보았을 때 몇 번째 운(運), 몇 번째 육기(六氣)에 위치하여 있는지를 따져서 입태(入胎) 체질, 그리고 본사주를 또 그렇게 따져서 이러한 체질을 계산해서 오운육기 체질로 본다. 하지만 분명히 이러한 방법은『내경』의 정통방법이 아님을 다시 한번 말씀드린다.

VII

음양오행 이치의 최고봉,
소강절!

『황극경세서』와 『매화역수』의 저자 소강절

불세출의 저서 『황극경세서』

01

『황극경세서』와 『매화역수』의 저자 소강절

소강절은 송나라 때 가장 뛰어난 역학자다. 그에 대해서 전해져 내려오는 일화가 다수 있는데, 그중에서도 가장 유명한 일화 한 가지를 이야기해보겠다.

소강절은 늦장가를 가서 30세에 결혼을 했는데 늦은 나이에 후손을 보았으니 얼마나 후손들의 앞날이 걱정이 되었겠는가? 후손들의 건강역시 걱정이 되었을 것이다. 그래서 후손들의 운명을 점을 쳐보았는데 8대까지는 아무 탈 없이 다 잘 풀리는 것으로 나왔다. 그런데 9대손이사람을 죽인 역적으로 몰려서 죽게 된다는 점괘를 보게 되었다.

놀랍고 당황한 소강절은 한가지 묘수를 생각해 냈다. 후손을 구해낼수 있는 묘방(妙方)이 적힌 글을 써서 함에다가 넣고 큰며느리한테 전해주면서

"너의 대에 아무 일이 일어나지 않으면 다음 큰며느리한테 이걸 전해

라. 그때도 또 아무 일이 일어나지 않으면 또 다음 큰며느리한테 전해라! 하지만 정말 큰 일이 생기기 전에는 그 함을 열어봐서는 안 된다."

이렇게 해서 정말 9대손 진평까지 내려갔다.

9대손 역시 소강절을 닮아서인지 뛰어났기 때문에 세자의 스승이 되었다.

어느 날 하루는 그 세자가 진평의 집에서 공부를 하고 돌아가다가 자객에게 암살을 당하는 황당한 일이 벌어졌다. 그래서 진평이 역적으로 몰리는 억울한 일이 일어나게 되었다.

부인이 진평을 만나려고 해도 역적이니 만날 수 없다는 말로 만나게도 못하게 했다. 그때 소강절이 위급할 때 열어보라는 집안 대대로 며느리에게 내려주는 함이 있다는 것을 떠올리게 되었다. 그래서 열어봤더니 그 함안에 글이 있고 또 하나의 함이 있었다. 그 글에는

"잠시도 지체하지 말고 이 함을 형조상서의 집에 가져가서 전하거라!"라고 적혀 있었다.

그래서 그 함을 들고 형조상서의 집을 찾았지만 역적의 가족이라고 안 만나줬다. 그래서 진평이 소강절의 후손이고 그 소강절 선생께서 내린 유품을 가져왔으니 유품이라도 받아달라고 말을 했더니 그제야 만나주었다. 워낙 유명한 소강절 선생이고 그 형조상서는 소강절 선생을 존경해 마지않았기 때문이다.

유품을 받은 형조상서는 부인에게 그 함을 열어보았냐고 물어봤더니 진평의 부인은

"한 겹을 열어봤더니 지체하지 말고 여기로 오라고 해서 유품을 가지고 이리로 왔다."

이렇게 말하였다.

안의 내용물이 너무도 궁금한 형조 상서는 함을 열었더니 글이 들어 있었고 그 안에 또 하나의 함이 들어있었다. 그 글을 보니 "최대한 예를 차리고 그 함 속의 글을 확인하라!"라고 나왔다.

워낙 소강절 선생을 존경했던 형조상서는 예를 갖춘 상을 마당에 차리고 그 앞에 함을 올려놓고 절을 한 후 그 함을 열어보았다. 그랬더니 그 안에 또 하나의 글이 있었는데 그 글을 확인하려는 순간 방금 전까지 앉아 있었던 집이 순간 무너져 내리는 것이 아닌가! 그 집안에 있었다면 필시 죽음을 면할 수 없었을 것이다. 놀라서 혼비백산한 형조상서는 그 글을 확인한 후 더 놀라자빠지게 되었다. 그 글의 내용은 이렇다.

"구여압량사, 활아구대손(救汝壓梁死, 活我九代孫)!"
"네가 대들보에 깔려서 죽을 것을 살려 주었으니 내 9대손을 살려내라!"

그 글을 본 형조상서는 다시 진상 조사를 시켰고 결국 세자의 왕위 계승을 막으려는 무리에 의해 세자가 살해된 것을 알게 되고 진평은 누명을 벗게 되었다. 이렇게 해서 소강절의 9대손은 대가 끊기는 것을 면할 수 있게 되었다.

이 황당하면서도 신기한 일화가 바로 소강절(邵康節)의 일화이다. 이 정도로 역학에 밝았기에 우주의 모든 이치를 밝혀내려는 시도를 하게 되었고 그 결실이 『황극경세서(皇極經世書)』라는 책에서 밝혀지게 된다.

02

불세출의 저서
『황극경세서』

하도와 낙서를 벽에 걸어 놓고 면벽수도를 하던 어느 날 우주의 이치를 깨우치게 된 소강절은 자신이 깨우친 우주가 돌아가는 이치를 한 권의 책으로 남기게 된다. 그것이 바로 『황극경세서』라는 책이다. 오늘날까지 여러 학자들이 이 책에 덤벼들어도 이 책의 참뜻을 알아내지 못한 사람이 대부분일 정도로 이 책은 매우 어려운 난이도를 가지고 있다. 소강절의 이름을 건 책은 여러 권 있지만 본인이 직접 저술한 책은 『황극경세서』가 유일하다.

원회운세(元會運世)

소강절 본인이 직접 저술한 『황극경세서』는 인간이 살아가는 큰 우주의 1년이 129,600년이고, 그 안에 우주의 1달이 10,800년이며, 우주의 하루는 360년, 우주의 1시(時: 현재 시간법으로는 2시간)는 30년이 된다. 원회운세(元會運世)의 이론을 이야기하는데 원(元)은 년(年), 회(會)는 월(月), 운(運)은 일(日), 세(世)는 시(時)가 된다.

元(年)	會(月)	運(日)	世(時)
129,600년	10,800년	360년	30년

이 이론대로 따지면 우주의 매달에 십이지지(地支)가 붙어 있는데 요새 개념으로 보면 인월(寅月)이 음력 1월이 된다. 그렇게 보면 해자축월(亥子丑月)이 겨울이 되고, 인묘진월(寅卯辰月)이 봄이 되며, 사오미월(巳午未月)이 여름이 되고, 신유술월(申酉戌月)이 가을이 된다.

우주의 하지(夏至)와 동지(冬至)

1년 12월의 가장 큰 중심은 하지(夏至)와 동지(冬至)에 해당하는 때이다. 하지(夏至)는 해가 가장 긴 때이므로 이때를 기점으로 해의 길이가 짧아지기 시작하므로 음기(陰氣)가 들어오기 시작한다. 동지(冬至)는 해가 가장 짧은 때이므로 이때를 기점으로 해의 길이가 길어지기 시작하고 양기(陽氣)가 들어오기 시작한다.

陰陽五行, 별과 그림자 그리고 다섯 원소

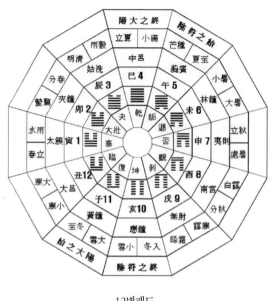

12벽괘도

　　동지(冬至)의 뒤는 내쉬는 숨이 되고, 하지(夏至)의 뒤는 들이마시는
숨이 된다. 이것이 하늘과 땅 1년의 호흡(呼吸)이다.[104]

　　이 말은 하늘과 땅의 호흡이 바로 24절기로 나타난다는 말이다. 하지
(夏至)의 뒤로 가면 모든 기운이 땅속으로 들어가기 때문에 들어 마시는 숨
(吸)이라고 한 것이다. 동지(冬至)는 반대로 그 뒤부터 땅속에 있던 생물들
이나 기운이 다 땅 위로 올라오기 시작하는 때이기 때문에 내쉬는 숨(呼)
이라고 한 것이다. 하늘과 땅이 호흡한다는 말은 소강절 선생은 이 지구
를 하나의 큰 생명체로 본 것이다. 서양의 가이아 이론(Gaia principle)보

---

104) 冬至之後爲呼, 夏至之後爲吸. 此天地一歲之呼吸也.『황극경세서(皇極經世書)』「관물외
편(觀物外篇)」.

다 훨씬 전에 이미 이러한 이론들을 이야기한 분들이 동양에는 매우 많다.

24절기는 시간의 흐름에 따라 만물과 기후가 변하는 모습을 나눈 것이다. 예를 들어, 경칩(驚蟄)은 날씨가 따뜻해지기 시작하여 겨울잠 자던 동물들이 놀라서 깨어나 활동하기 시작하는 때라고 보는 것이다. 따라서 24절기는 그냥 나눈 것이 아니라 만물과 기후의 변하는 모습이 그 글자 안에 내포되어 있다.

> 하지(夏至)의 오중(午中)은 양(陽)의 극(極)이다. [105]

위의 「12벽괘도」를 보면 하지(夏至)에 해당하는 천풍구괘(天風姤卦)는 제일 아래에 1음(陰)이 비로소 나타나기 시작한다. 하지(夏至)는 십이지지(地支) 중 오(午)를 가장 잘 나타내는 절기(節氣)이다. 여기서 말하는 오중(午中)이란 요새 개념으로 보면 정오(正午)가 된다. 딱 오후 12시가 된다. 그 시간을 기점으로 해가 기울기 시작한다. 하지(夏至)는 하루로 보면 딱 정오(正午)에 해당한다.

소강절에 따르면 지금은 우주의 하지(夏至)에 해당되는 시대에 살고 있다. 지금 현재는 오회(午會)이면서 192번째 운(運) 안에서도 10번째 세(世)가 된다. 1회가 30운(運)이니 지금은 우주로 보면 거의 반년이 지난 때라 반년 64800=360×180년이 된다. 따라서 『황극경세서』에 따르면 181번째 운(運)부터 하지(夏至)가 시작된다고 한다.

원회운세(元會運世) 중 일(日)에 해당하는 것은 운(運)이다. 나중에 공부

---

105) 夏至之午中, 陽之極.『황극경세서』「관물외편」.

를 하다 보면 알겠지만 보통 하나의 절기(節氣)는 15일을 주관한다. 즉, 하나의 절기(節氣)는 상중하(上中下) 각각 5일씩의 삼단계로 나뉜다는 것이다. 이것이 하늘과 사람과 땅이요 음양(陰陽)과 그 중(中)이다. 그중 하지(夏至)의 첫 번째 5일은 181~185운(運)이 된다. 두 번째 5일은 186~190운(運)이 된다. 세 번째 5일이 191운~195운(運)이 된다. 하지(夏至)를 3단계로 나눈 것 중에서 첫 번째 5일은 주로 양(陽)의 기운이 더 많은 때이다. 두 번째 5일을 기점으로 음양(陰陽)이 교차되고, 세 번째 5일부터 음(陰)의 기운이 비로소 속에서 피어오르기 시작한다.

하지(夏至)는 1음(陰)이 비로소 생(生)하는 때라고 한다. 즉, 음(陰)과 양(陽)이 교차하는 시기란 뜻이다. 소강절 선생의 이론에 따르면 우주의 음과 양이 가장 크게 교류가 되는 때가 바로 동지(冬至)와 하지(夏至)이다. 그런데 동지(冬至)는 추운 겨울이라 모든 생물이 다 땅속으로 들어가고 하지(夏至)는 모든 생물이 다 땅 위에서 생활하는 때라 우리에게 중요한 때는 바로 하지(夏至)이다. 원회운세(元會運世)로 볼 때 이때는 인류에게는 가장 큰 위기이자 기회가 되는 때이다.

사람의 일생으로 볼 때 가장 몸이 성장하는 때가 바로 하지(夏至)이고 이때를 기점으로 더 이상의 외형적인 키의 성장은 없게 된다. 사람이 성장기에 더 이상 클 수 없을 만큼 키가 크게 되면 그 이후는 정신적인 성장을 하게 된다. 마찬가지로 우주의 1년 중 하지(夏至) 이후에는 인류가 물질적인 성장의 극에 이르고 그 이후부터는 정신적인 성장을 하게 된다. 그 하지(夏至)의 중간인 정오(正午)는 185~190운(運)이었는데 이미 지나갔고, 지금은 하지(夏至)의 3번째 마디 중 192운(運) 중에서도 10번째 세(世)에 있다. 물질적인 성장이 거의 극(極)에 다다른 지금 시대 이후로는 정신적인 것이 인류에게 매우 중요한 시대가 오게 될 것이다. 서양은 이것에 대비해서 전 세계의 종교나 사상을 공부하고 연구하는 데 혈안이 되어있다. 그런데 우리는 서양과학의 뒤꽁무니를 좇다가 동양의 위대한 사상과 종교를 스스로 버리고 있다. 서양의 동양학문과 종교에 대한 연구는 우리가 상상하기 힘들 정도로 많은 자료가 축적되어있다. 이대로 가다가는 동양의 사상과 종교가 어느 나라 사상과 종교인지도 분간할 수 없게 되어버릴 우려마저 드는 현시대이다. 나중에는 서양이 동양의 학문을 자기들 거라고 주장해도 대답도 못하는 상황이 되지 않을까 우려가 들기도 한다.

『정역(正易)』에서 말하는 후천(後天)

『정역(正易)』이라는 조선시대 말기에 김일부가 쓴 책이 있다. 그 책에는 우주의 양(陽)의 시간대를 선천(先天), 음(陰)의 시간대를 후천(後天)으로 나뉘어서 이론을 전개한다. 그 이론대로 따지면 하지(夏至)에 해당하는 186~190운(運)을 지나 191운(運)이 시작되면서부터 후천(後天)은 어느 정도는 이미 시작되는 것이라 할 수 있다. 『정역』에 나오는 한 구절을 말하겠다.

> 반고(盤古)에서 5번째로 화(化)한 (후천의) 원년(元年)인 임인년(壬寅年)부터 청(淸)나라 광서제(光緒帝) 10년 갑신년(甲申年)까지 118643년이니라.[106]

---

106) 盤古五化元年, 壬寅, 至大淸光緖十年甲申, 十一萬八千六百四十三年.『정역(正易)』.

이 이론에 따르면 118643÷60=1977 … 23이 나머지가 된다. 반고 5화 원년(元年)인 임인년(壬寅年)부터 118620년까지 세면 그때는 바로 임인년(壬寅年)이 된다. 그 임인년(壬寅年)부터 23을 세면 여기서 갑신년(甲申年)이 나와야 당연한 이치인데 이상하게 갑신년(甲申年)이 나오지를 않고 갑자년(甲子年)이 나온다. 탄허 스님의 제자인 소양 선생에 따르면 김일부 선생께서 이 글을 쓰셨지만 사실 후천의 비밀이기 때문에 열심히 공부한 사람만 알아보게 하기 위해 약간을 바꿔났다고 이야기한다. 그 이론에 따르면 후천(后天)의 시작은 임인년(壬寅年)이고 『황극경세서』에 따르면 양기(陽氣)가 전혀 존재하지 않는 해회(亥會)를 제외한 나머지 회(會)를 가지고 계산하면 20년의 차이만 보정하면 계산은 맞게 된다. 즉, 반고 오화 원년인 임인년(壬寅年)부터 광서제까지가 118643년이 아니라 118663년이라는 것이다. 그렇게 되면 광서제까지가 딱 갑신년(甲申年)이 된다. 광서제 10년은 1884년이니 2017년까지는 133년 차이가 난다. 그것을 합하면 저번 우주의 후천 시작년부터 지금 우주의 후천이 시작되는 년(年)까지 걸린 시간이 나오게 된다.

반고(盤古)는 우주의 조화(造化) 자리인 공(空)이기 때문에 그 자리는 『정역』의 이론에 따르면 묘술(卯戌)이지만 5토(土)의 자리는 술(戌)이니 무술년(戊戌年)이 반고(盤古) 자리로 보고 무술(戊戌) 기해(己亥) 경자(庚子) 신축(辛丑) 임인(壬寅) 이렇게 5번째가 임인년(壬寅年)이 된다. 그때를 후천(后天)의 시작으로 보는 것이다. 그 반고 오화 원년인 임인년(壬寅年)부터 118620까지가 임인년(壬寅年)이고 그로부터 43년이 지난 갑신년(甲申年)이 청나라 광서제 10년이면 2017년까지가 정확히 118796년이 된다. 우주 1년인 129600년에서 해회(亥會)의 10800년을 뺀 118800년까지 정확히 4

년이 남았고 2017년부터 정확히 4년이 지나면 무술(戊戌) 기해(己亥) 경자(庚子) 신축(辛丑)이 되어 임인년(壬寅年)부터는 다시 새로운 후천(后天)의 원년(元年)인 임인년(壬寅年)이 시작되게 된다. 하지만 사람들은 후천이 시작되었다고 바로 무슨 재앙이 일어나고 천지(天地)가 뒤집어지는 걸로 착각을 하지만 실제로 역학에서는 그렇게 보지 않는다. 사람도 대운이 왔다고 해서 무조건 무슨 일이 바로 일어나는 것은 아닐 수도 있는 것처럼 큰 운과 작은 운이 운대가 맞아서 때가 되어야 모든 일이 일어난다고 본다.

그러니 종말론에 귀를 기울이지 말고 항상 내면의 소리를 들어야 한다. 전쟁통에도 큰 재산을 쌓는 사람들이 있다. 그 어려운 시기에도 삼성 이병철과 현대 정주영은 재산을 쌓아서 그것을 밑천으로 큰 사업을 일으켜 오늘날의 대기업을 세우게 되었다. 인생에 있어서 죽을 만큼 어려운 시기가 올지라도 그 당시가 죽을 만큼 힘든 것이지 모두 다 지나고 보면 역시 '순간'일 뿐이다. 결국 또다시 인간의 삶은 흘러간다. 수십억 년이라면 몰라도 적어도 지금 시대에 인류의 종말이란 오지 않는다. 1차 대전 이후, 2차 대전 이후 인류의 삶과 생활방식이 달라진 것처럼 아무리 우리에게 힘든 일이 오더라도 삶의 방식이 바뀔지언정 그것들이 결국 다 인간의 삶이란 사실은 전혀 변하지 않는다.

스피노자가 '내일 당장 인류의 종말이 온다고 해도 오늘 사과나무를 심겠다.'고 하지 않았는가? 내일 당장 인류의 종말 같은 상황이 오는 것이 중요한 게 아니다. 아무리 힘든 상황이 오더라도 결국 사람의 일이다. 그렇다면 지금 현재 하루하루를 내가 품은 꿈의 결실을 맺기 위해 열심히 노력하는 것이 더 중요한 것이다. 지금 아무 일도 안하고 노력도 안 하는 사람이 종말 같은 상황에 가서 무엇을 이룰 수 있겠는가? 고기도 먹어본 사람이 더 잘 굽는다. 무언가를 이루면서 노력했었던 사람들이 힘든 상황에서 더 두각을 나타내는 법이다. 그렇다면 종말 같은 상황을 기다리기만 하고 아무 일도 안 하기보다는 그런 상황을 생각지 말고 오늘도 내 스스로의 꿈을 위해 열심히 노력하는 것이 더 이 시대에 필요한 자세가 아닐까 한다.

AI가 지배할 앞으로의 시대

앞으로 컴퓨터가 모든 것을 다 해주는 인공지능의 시대가 올 것이다. 때문에 컴퓨터가 아직 해줄 수 없는 것은 바로 인간의 깨달음에 해당하는 영역이다. 이 부분은 오직 사람만이 할 수 있는 것이기 때문에 앞으로는 정신적인 일이 더 많은 영역을 차지하게 되리라 생각된다.

지금도 미국의 대형병원에서는 우리나라에서 약사가 하던 일들을 기계가 하고 있고, 어떤 기자는 컴퓨터를 통해 자동으로 기사를 내보내고 있는 실정이다. 당연히 청소나 설거지는 기계가 하게 될 것이다. 어떤 자동차 제조회사에는 일하는 사람도 많지 않고 기계가 거의 다 작업하는 곳도 있다고 한다. 많은 법적인 지식들을 통한 일을 하는 변호사 판사 등의 법조인들은 기계가 대신 해줄 수 있다는 것도 무시하지 못한다. 심지어는 간단한 의료 수술은 기계가 할 수 있다고 한다. 더 발달하면 수술 역시 기계가 하게 되겠다. 이런 것이 보편화되면 인간의 많은 직업은 사라지게 된다. 이런 때일수록 사람의 정신 사업은 가장 큰 비중을 차지하게 될 것이라 생각된다. 이세돌을 꺾은 후 한 번도 지지 않은 알파고 안에 들어간 지식은 결국 사람의 지식이다. 이때가 될수록 사람의 지식은 더욱더 값진 것이 된다. 후천은 음(陰)의 시대이니만큼 보이는 양적(陽的)인 육체적인 일보다는 보이지 않는 음적(陰的)인 정신적인 일들이 훨씬 더 주목받게 될 것이다.

앞으로 열리는 진정한 남녀평등

양(陽)의 시대에는 남자가 우세했지만, 앞으로는 음(陰) 기운이 들어오기 때문에 남녀가 평등해지고 있다. 하지만 아직 진정한 의미에서의 후천(后天) 남녀평등은 이루어지지 않았다. 후천의 기운이 조금씩 더 다가올수록 음(陰)의 시대는 점점 더 현실화할 것이다. 나중에는 모계(母系) 사회가 자리 잡게 될지도 모른다.

인류는 그동안 남존여비(男尊女卑)로 남자는 여러 첩을 거느려도 아무런 문제가 되지 않았던 질서 속에서 살고 있었지만, 앞으로는 그것이 불가능한 세상이 올 것이다. 지금까지 여자의 정조(貞操), 절개(節槪), 열녀(烈女) 이런 부분은 실제로 남자의 권익을 보장하기 위해서 존재한 개념이었다. 여러 명의 여자를 거느리면서도 다 화평하게 다스려야 하다 보니 여자만 참아야 하고 억제해야 하는 그러한 질서를 주장했던 것이 지금까지의 남자들이 이끌어 왔던 시대였다. 하지만 앞으로의 후천(后天) 세상은 그렇지 않을 것이다. 여자의 정조, 열녀를 주장하고 싶으면 남자부터 정조를 지키고 열남(烈男)이 되어야 한다는 것이다. 그것이 불가능하면 둘 다 자유롭게 생활을 하게 될 것이다. 남녀가 동권이 될 테니 말이다.

음양(陰陽)의 완전한 교차가 일어나려면 지구는 그동안의 여러 양(陽)의 질서를 벗고 새로운 음(陰)의 질서를 몸 안에서 받아들여야 한다. 그 때문에 지구에서는 여러 가지 구조의 변동이 일어나기 때문에 심한 지각 변동이나 질병 같은 것이 퍼질 수 있다. 지금은 『황극경세』의 원회운세(元會運世) 상, 192운(運)의 끝부분에 위치한 시대이다. 하지만 이러한 이치들은 자연적인 상황에 따라 일어나는 일들이지 무엇을 믿는다고 살고 죽는 문제가 아니라고 보는 것이 역학(易學)의 견해이다.

1~10의 숫자에 담긴 인류의 역사

1~10까지는 우리 손가락의 숫자이고 이것이 인간의 수(數)의 역사이다. 손가락으로 10까지 세면서부터 인간은 수학(數學)이 시작된 것이다. 한 손가락은 5개이고 두 손을 다 합하면 10개이다. 한 개의 손으로는 힘을 완전히 받지 못하여 완성되지 못하고 두 개의 손이 다 동원되어야만 비로소 무엇을 움직이려는 우리의 의도가 완성이 된다. 1~5의 한 가운데에는 3이 있고, 6~10의 한 가운데에는 8이 있다. 상수(象數) 철학에서는 3과 8은 목(木)이라고 한다. 3은 하늘과 땅이 만나서 생명이 이루어지는 숫자이다. 이 3이 생명의 터전인 땅(5토)을 만나서 번식하게 되면 8이 된다. 이 1~10까지의 숫자를 반으로 나눠서 1~5, 6~10으로 나누면 그 중심에 3과 8이 있는데 이 말은 만물 변화의 중심에는 항상 목(木)의 생명이 있다는 것이다. 생명이 시작되는 이 3과 8의 목기(木氣)는 모든 생명의 중심이

된다.

다음은 이 내용을 설명한 김일부의 『정역(正易)』 글이다.

10은 9~10까지 숫자의 중(中)이고, 9는 7~10까지 숫자의 중(中)이며,

8은 5~10까지 숫자의 중(中)이고, 7은 3~10까지 숫자의 중(中)이며,

6은 1~10까지 숫자의 중(中)이고, 5는 1~9까지 숫자의 중(中)이며,

4는 1~7까지 숫자의 중(中)이고, 3은 1~5까지 숫자의 중(中)이며,

2는 1~3까지 숫자의 중(中)이고, 1은 1~1까지 숫자의 중(中)이니라.[107]

(숫자에서의) 중(中)은 10~10부터 1~1까지의 공(空)이고, 요순(堯舜)

임금의 궐중(厥中)[108]이며, 공자(孔子)의 시중(時中)의 중(中)이니라. 일

부(一夫)가 말하는 바 5를 감싸고 6을 머금어서 10에서 물러나고 1에서

나아가는 위(位)이다.[109]

1~10까지 숫자에 존재하는 여러 가지 중(中)을 이야기하고 있다. 이 글

을 자세히 쓰면 복잡하니 몇 가지만 이야기해보겠다. 1~7의 숫자는 북두

---

107) 十, 十九之中. 九, 十七之中. 八, 十五之中. 七, 十三之中. 六, 十一之中. 五, 一九之中. 四,
一七之中. 三, 一五之中. 二, 一三之中. 一, 一一之中. 『정역(正易)』
108) 궐(厥)을 '그 궐'자로 나오기도 하지만 그럴거면 그냥 상투적으로 '기(其)'라고 썼을 것이
다. 하지만 굳이 '궐(厥)'이라고 쓴 것은 궐(厥)이 가지고 있는 어떤 의미를 이야기한다고 보아
야 한다. 궐(厥)은 '그, 다하다, 끝'을 의미한다. 만약 '다하다, 끝'을 의미한다고 보았을 때는
끝까지 갔을 때의 중(中)이라는 해석이 가능하다. 즉, 가장 추운 동지(冬至)에 1양(陽)이 회생
(回生)하면서 비로소 생(生)하는 것처럼 인간이 극한의 괴로움에 몰렸을 때 생기는 중(中)을
궐중(厥中)이라고 한다.
109) 中, 十十一一之空, 堯舜之厥中之中, 孔子之時中之中. 一夫, 所謂包五含六, 十退一進之
位. 『정역(正易)』

칠성(北斗七星)을 떠올릴 수 있는데 4번째 별이 바로 전체 북두칠성의 중심이 된다. 1~5라면 목화토금수(木火土金水) 오행을 떠 올릴 수 있는데 그 중 3번째 오는 토(土)가 전체 오행의 중심이 된다. 1~3이라면 천인지(天人地) 삼재(三才)인데 천인지(天人地) 중에서 중심은 바로 2번째인 '사람'이다. 1~9까지의 9궁 낙서(洛書)의 중심은 바로 5다. 저 글 중 일부를 문왕팔괘로 대응시켜보겠다.

8간(艮)은 5~10까지 숫자의 중(中)이고, 7태(兌)는 3~10까지 숫자의 중(中)이며,

6건(乾)은 1~10까지 숫자의 중(中)이고, 5(中)은 1~9까지 숫자의 중(中)이며,

4손(巽)은 1~7까지 숫자의 중(中)이고, 3진(震)은 1~5까지 숫자의 중(中)이며,

2곤(坤)은 1~3까지 숫자의 중(中)이고, 1감(坎)은 1~1까지 숫자의 중(中)이니라.

1~5는 선천(先天)이고, 6~10은 후천(后天)이다. 선천(先天)의 중심은 동방 진(震)이 되고, 후천(后天)의 중심은 동북방 간(艮)이 된다. 중(中) 자리를 제대로 설명한 사람은 윤집궐중(允執厥中)을 말한 요순임금과 그 중간에 시중(時中)을 말한 공자와 1~10까지 숫자의 중심인 5와 6, 사람으로 보면 오장육부(五臟六腑), 지구로 보면 오운(五運)육기를 통해 세상이 돌아가는 이치를 밝힌 김일부 자신을 이야기한 글이다. 그리고 이러한 중(中)을 통해 세상의 역사가 돌아간다는 것을 말한 것이기도 하다.

문왕팔괘도

『주역(周易)』에 간괘(艮卦)를 풀이한 말에 이러한 말이 있다. 간괘는 위의 문왕팔괘도를 참고하자.

간(艮)은 동북쪽의 괘(卦)이니 만물(萬物)이 끝을 이루는 곳이고 처음을 이루는 곳이라. 그러므로 간(艮)에서 말이 이루어지느니라. [110]

誠(정성)은 言+成이다. 즉, 말이 이루어지는 것이 바로 정성이다. 말로 한 것이 행동으로 정확히 실천되려면 부단한 정성을 기울여야 한다. 『중용(中庸)』에 '성자(誠者)는 천지도(天之道)'라고 나온다. 진정한 정성은 하늘의 해가 매일 뜨고 지는 것처럼 하루도 빠지지 않고 움직이는 하늘과 같아야 한다는 뜻에서 한 말이다. 그래서 『중용(中庸)』에 '성지자(誠之者) 인지도(人之道)'라고 한 것처럼 하늘의 한치도 변하지 않는 정성(精誠)과

---

110) 艮東北之卦也, 萬物之所成終而所成始也, 故曰成言乎艮. 『주역(周易)』「설괘전(設卦傳)」.

닮아가려고 정성스럽게 노력하는 것이 사람의 길이 된다. 지금까지 흘러왔던 그러한 하늘과 모든 인류의 정성이 동북쪽인 간방(艮方)에서 그 말이 이루어지는 정성이 실현되는 것이다.

간괘(艮卦)는 '개(狗)'다. [111]

지금은 『황극경세(皇極經世)』의 원회운세(元會運世) 중 192운(運)의 유세(酉世)라고 할 수 있다. 이중 유(酉)의 해와 개(戌)의 해가 지나면 아마도 우리나라에게 좋은 일들이 일어나지 않을까 한다. 우리의 소원인 남북의 화합(和合)도 세계로 뻗어가려는 한국의 꿈도 아마 이루어지는 발판이 마련되지 않을까 싶다. 물론 그 전에 세계사적으로는 매우 좋지 않은 코로나19 바이러스 이상의 전염병과 전쟁 같은 끔찍한 일들이 일어날 수도 있지만…

간(艮)의 마음(心=忄)은 한(恨)이다. 간(艮)은 산(山)이라 우리나라는 그 한(恨)이 산처럼 쌓여있다. 오랜 세월 동안 이리 치이고 저리 치이고 수많은 한(恨)을 쌓아서 지금까지 버텨왔다. 앞으로도 다들 많이 힘들겠지만, 인내와 노력으로 견뎌내서 보다 더 찬란한 미래가 우리 앞에 펼쳐질 수 있도록 진심으로 기원한다.

---

111) 艮爲狗. 『주역』 「설괘전」.

맺음말

　처음 이 책을 쓸 때를 생각해보았다. 이치 없이 경험과 임상만 중시하는 역학계와 한의학계를 보면서 소위 이치란 것이 무엇인지 생각할 수 있게 해주고 싶었다. 그러기 위해 많은 공부를 했고 많은 노력을 해왔다. 그리고 지금도 그 노력은 계속되고 있다. 그 수많은 노력과 수많은 공부를 하면서 지새웠던 밤들 속에서 '남들에게 무언가를 가르쳐 주는 것이란 것이 진정 존재하는가?' 하는 의문이 들기 시작하였다. 남에게 무언가를 알려주고 싶어서 쓴 책이 결국은 우리 스스로에게 많은 것을 가르쳐주는 일상이 되어버렸다. 이 때문에 공자는 『예기(禮記)』에서 '교학상장(教學相長), 가르침과 배움은 서로를 자라게 한다.'라고 이야기한 것이라 생각한다. 남이 배울 수 있는 것들은 나도 그것을 통해 배우게 되고 나에게 도움이 되는 것들은 남에게도 도움이 되는 것이라는 사실을 진심으로 알게 되었다. 이 책이 끝마칠 때쯤 우리들의 공부는 하나하나 쌓여 감을 느낄 수 있었다. 마음속에서도 텅 빈 공허감이 아닌 무언가를 했다는 충만함으로 느껴지게 되었다.

처음에는 정말 틀린 것이 없는 올바른 이치를 알리기 위해 쓴 책이었지만 결국 세상에 하나도 틀림없는 이치는 존재하지 않는다는 것을 알게 되었다. 『중용(中庸)』에는 "정성(誠)된 것은 하늘의 길이고, 정성(誠)되고자 노력하는 것은 사람의 길이다"라는 말이 있다. 말(言)이 이루어지는(成) 정성(誠)은 말한 그대로 현실로 완벽하게 이루는 능력이다. 하지만 사람들은 그렇게 하기 정말 힘들다. 수백 개의 계획을 세웠다가 지우고 또 세운다. 하늘의 길은 별들과 지구와 달이 하루도 어김없이 돌아가는 것처럼 완벽하고 허점이 없다. 하지만 사람의 길은 오늘도 세웠던 계획이 허물어지는 것을 느끼며 내일 또 계획을 세운다. 이렇게 하면서 점점 완전한 하늘의 길과 닮아가고자 노력하는 것이 사람의 길이다. 틀림이 없는 길을 추구하기보다는 틀림이 없기 위해 최선을 다하는 길이 바로 사람의 길이 아닐까 한다. 그런 의미에서 비록 모자라지만 우리는 이 책을 쓰기 위해 최선을 다했다고 생각한다.

인류가 시작하면서 지금까지 정말 많은 일이 있어 왔다. 마치 지금 당장 세상이 끝날 것 같은 일들도 있어 왔고 시간이 너무도 흐르지 않은 지겨운 일상도 존재해왔었다. 앞으로도 세상이 끝날 것 같은 일들은 존재하지만 아마 그래도 세상은 끝나지 않을 것이다. 그래도 많이 힘든 순간들이 존재할 것이다. 하지만 지나고 나면 언제 그랬냐는 듯이 또 우리에게 현실은 우리로 하여금 다시 미소 짓게 해줄 것이다.

그 많은 순간순간은 모두 의미가 있는 것이고 그것이 모여서 현재를 만들어왔다. 수많은 지금이 모여서 이제 우리에게는 미래가 열리고 있다. 한 번도 겪어보지 못한 미래가 열릴 것이다. 이것은 과거의 인류에게도 열려

왔던 세상이다. 그러한 과거와 현재와 미래의 이치를 알게 되는 데에 이 책이 약간의 동기부여가 된다면 이 책을 쓴 우리들은 기쁠 것이다.

우리 필자들 학식의 깊이는 너무도 모자라고 부족하지만, 우리 자신의 마음과 노력에 부끄럽지 않은 책을 쓰기 위해 최선을 다하였다. 이 책을 마주하는 독자께 한없이 모자란 책이겠지만 우리 필자들의 노력만이라도 알아주신다면 큰 보람을 느낄 것이다. 그 힘으로 다가올 미래를 위해 기쁜 마음으로 오늘도 책장을 넘긴다.

참고문헌

『공자, 잠든 유럽을 깨우다』, 황태연·김종록, 김영사, 2015.

『九章算術·周髀算經』, 차종천 지음, 범양사, 2000.

『궁통보감(窮通寶鑑)』, 김정혜·서소옥·안명순 옮김, 이담북스, 2012.

『今釋黃帝內經 素問·靈樞』, 裵秉哲 譯, 成輔社, 1995.

『낙록자부주(珞琭子賦注)』, 문종란 편역, 이담북스, 2016.

『낙록자삼명소식부주(珞琭子三命消息賦注)』, 문종란 편역, 이담북스, 2017,

『內經 經絡診斷學』, 저자 선재광·박현국·김기욱, 경락진단학회, 2000.

『노자와 21세기』, 김용옥, 통나무, 1999.

『노자의 목소리로 듣는 道德經』, 최진석, 소나무, 2001.

『對譯東醫寶鑑』, 허준 지음, 동의보감국역위원회 옮김, 법인문화사, 1999.

『대육임필법부(大六壬畢法賦) 평주』, 능복지 원저, 이우산 평주, 대유학당, 2010.

『동이음부경 강해』, 김수길·윤상철 공역, 대유학당, 2014.

『동파역전(東坡易傳)』, 소식 지음, 성상구 옮김, 청계, 2004.

『맥학』, 김상연, 신홍메디사이언스, 2014.

『命理精說』, 李俊雨, 明文堂, 1983.

『백호통의역주(白虎通義譯註)』, 김만원 역주, 역락, 2018.

『별과 우주의 문화사』, 쟝샤오위앤 지음, 홍상훈 옮김, 바다출판사, 2008.

『부도지(符都志)』, 원저 박제상, 편저 윤치원, 대원출판, 2002.

『사기(史記)』「서(書)」, 사마천 지음, 김원중 옮김, 민음사, 2011.

『사기(史記)』「열전(列傳)」, 사마천 지음, 김원중 옮김, 민음사, 2007.

『三命通會』, 萬民英 著, 武陵出版有限公社, 1996.

『三命通會』, 朴一宇, 明文堂, 2003.

『四柱精說』, 白靈觀, 明文堂, 2002.

『삼명통회적요(三命通會摘要)』, 저자 萬民英, 편저 金正安, 문원북, 2017.

『서경강설(書經講說)』, 이기동, 성균관대학교 출판부, 2007.

『說文解字注』, 許愼 編纂, 殷玉裁 注, 대성문화사, 1992.

『소강절의 선천역학』, 高懷民 지음, 곽신환 옮김, 예문서원, 2011.

『소강절의 철학』, 李昌壹 지음, 심산출판사, 2007.

『蕭吉의 五行大義에 나타난 五行說 研究』학위논문, 장종원, 원광대학교, 2015.

『素陽正易註解』, 素陽, 해지출판사, 2003.

『실증주역』(상·하), 황태연 지음, 청계, 2012.

『易으로 보는 동양천문 이야기』, 강진원, 정신세계사, 2006.

『역학원론(易學原論)』, 韓長庚, 도서출판 향지, 2012.

『易學原理講話』, 한규성, 예문지, 1997.

『역학철학사(易學哲學史) 1』, 지은이 주백곤, 옮긴이 김학권 외 4인, 소명출판, 2012.

『淵海子平』, 吳淸植 번역, 대유학당, 2008.

『淵海子平精解』, 沈載烈, 明文堂, 1972.

『禮記』, 권오돈 역해, 홍신문화사, 1993.

『오운육기의학보감(五運六氣醫學寶鑑)』, 趙元熙 원저, 김장생 편저, 2014.

『오운육기학(五運六氣學)』, 백남철, 한림의학사, 1979.

『五行大義』, 김수길·윤상철, 대유학당, 1998.

『완역성리대전 5(洪範皇極內篇)』, 윤용남 외 9인 역주, 學古房, 2018.

『우리가 정말 알아야 할, 우리 별자리』, 안상현, 현암사, 2000.

『宇宙變化의 原理』, 한동석, 대원출판, 1966.

『원천강오성삼명지남(袁天綱五星三命指南)』, 원천강 지음, 孤鳳거사 옮김, 퍼플, 2017.

『醫部全錄 3(영추)』, 陳夢雷 외, 대성문화사, 1986.

『醫部全錄 4(난경)』, 陳夢雷 외, 대성문화사, 1986.

『이허중명서(李虛中命書)』, 이허중 지음, 김정혜·서소옥·안명순 옮김, 이담북스, 2012.

『장자(莊子)』, 안동림 역주, 현암사, 1993.

『적천수강해(滴天髓講解)』, 구경회, 동학사, 2013.

『적천수천미(滴天髓闡微)』, 임철초, 명문당, 2002.

『점성학이란 무엇인가』, 유기천, 정신세계사, 1995.

『정역과 주역』, 윤종빈, 상생출판, 2009.

『정역도서(正易圖書)』, 저자 하상역 외, 역주자 양재학, 상생출판, 2018.

『주역과 세계』, 圓低 金碩鎭, 編著 重山學會, 東信출판사, 1990.

『주역선해(周易禪解)』, 지욱 지음, 박태섭 옮김, 불광출판사, 2007.

『주역선해(周易禪解)』, 지욱 지음, 김탄허 옮김, 교림출판사, 2015.

『주역 왕필주』, 왕필 지음, 임채우 옮김, 도서출판 길, 1998.

『주역의 과학과 도』, 이성환·김기현, 정신세계사, 2008.

『周易의 陰陽思想 硏究』학위논문, 신철순, 원광대학교, 2013.

『주역인해(周易印解)』, 윤상철·김수길 공역, 대유학당, 1997.

『주역전의(周易傳義 上·下)』, 성백효 역주, 전통문화연구회, 1998.

『周易·正易』, 韓長庚, 도서출판 삶과꿈, 2001.

『주역천진(周易闡眞)』, 유일명 지음, 임채우 옮김, 청계, 2006.

『주역철학사(周易哲學史)』, 지은이 廖名春 외 2인, 옮긴이 심경호, 예문서원, 1994.

『中國醫學大系(難經本義)』, 秦越人 撰, 滑壽 注, 商務印刷館, 1990.

『仲景全書』, 張仲景, 大星文化社, 1992.

『中庸 한글역주』, 김용옥, 통나무, 2011.

『집주완역 中庸』, 김수길 번역, 대유학당, 2001.

『漢書』, 班固, 유페이퍼, 2013.

『한영성경전서』, 대한성서공회, 1992.

『協紀辨方書』, 標點 梁湘潤, 武陵出版有限公社, 1996.

『황극경세(皇極經世 소·강·절)』, 원저 소강절, 역자 윤상철, 대유학당, 2002.

『黃帝內經素問』, 洪元植 校譯, 傳統文化硏究會, 2000.

『黃帝內經靈樞』, 洪元植 校譯, 傳統文化硏究會, 2001.

『黃帝內經素問解釋』(上·下), 정종한 편역, 의성당, 2010.

『회남자(淮南子)』(上·中·下), 유안 편저, 안길환 편역, 명문당, 2001.

『McMINN'S 인체해부학』, P H Abrahams 외 2인 원저, 도서출판 한우리, 1999.

陰陽五行
볕과 그림자 그리고 다섯 원소

> 역학과 한의학의 뿌리, 음양오행으로
> 세상의 이치를 읽는다

초판 1쇄 발행 2021년 12월 22일

초판 2쇄 발행 2024년 3월 28일

지은이 김상연·이명훈·장필순

펴낸이 조동욱

펴낸곳 와이겔리

등록 제2003-000094호

주소 03057 서울시 종로구 계동2길 17-13(계동)

전화 (02) 744-8846

팩스 (02) 744-8847

이메일 aurmi@hanmail.net

블로그 http://blog.naver.com/ybooks

인스타그램 @domabaembooks

ISBN 978-89-94140-43-8   03150

＊책값은 뒤표지에 있습니다.

＊잘못 만들어진 책은 바꿔 드립니다.